A MENTE HUMANA

Margaret Donaldson

A MENTE HUMANA

Uma exploração

Tradução WALDÉA BARCELLOS
Revisão JEFFERSON LUIZ CAMARGO

Martins Fontes
São Paulo 1996

*Esta obra foi publicada originalmente
em inglês com o título HUMAN MINDS,
por Penquin, Londres, em 1993*

1ª edição
abril de 1996
Tradução
Waldéia Barcellos
Revisão da tradução
Jefferson Luiz Camargo
Revisão gráfica
Marise Simões Leal
Lilian Jenkino
Produção gráfica
Geraldo Alves
Paginação
Studio 3 Desenvolvimento Editorial
Capa
Alexandre Martins Fontes
Ilustração da capa
Patricia Helena Lima

Dados Internacionais de Catalogação na Publicação (CIP)
(Câmara Brasileira do Livro, SP, Brasil)

Donaldson, Margaret.
A mente humana / Margaret Donaldson ; [tradução Waldéia Barcellos]. – São Paulo : Martins Fontes, 1996.

Título original: Human minds.
ISBN 85-336-0480-7

1. Conhecimento – Teoria 2. Intelecto 3. Pensamento I. Título.

96-0909 CDD-153

Índices para catálogo sistemático:
1. Mente humana : Psicologia 153
2. Processos mentais : Psicologia 153

*Rua Conselheiro Ramalho, 330/340 01325-000
São Paulo SP Brasil Telefone 239-3677*

Em memória de minha mãe,
Nan Lennox Donaldson,
pela infância que me proporcionou

Prefácio

É uma experiência interessante, embora a princípio perturbadora, seguir uma linha de raciocínio a partir de idéias conhecidas e depois descobrir que se está indo numa direção inesperada que leva a resultados não previstos.

As origens deste livro estão em algumas perguntas sem resposta que permaneceram comigo depois de ter escrito *Children's Minds*. Suas conclusões foram para mim placas sinalizadoras que apontavam para mais além; e, depois de algum tempo, a necessidade de descobrir o que havia por lá tornou-se irresistível. No entanto, quando fiz minhas primeiras tentativas nesse sentido, eu acreditava saber como seria a configuração do campo a percorrer. E imaginava que um novo patamar, sob a forma de novas conclusões, não seria muito difícil de ser alcançado. Revelou-se que eu estava enganada. A exploração que daí resultou custou-me muito tempo e levou-me a um território distante do que eu conhecia bem.

A certa altura, um crítico perspicaz que havia tido a gentileza de ler um esboço escreveu as seguintes palavras, imaginando a viagem em termos marítimos: "Sinto que você está entrando em águas tão perigosas que eu estaria sendo muito desleal se não ficasse, aqui da margem, acenando, gritando e tentando fazer com que você mudasse de rumo." Sorri da imagem e, ao mesmo tempo, levei-o a sério. Mas que outro rumo? Parecia não haver nenhum outro caminho, a não ser voltar atrás e abandonar o empreendimento. Isso eu não me sentia capaz de fazer.

O que mais preocupou meu crítico foi a passagem, que ocorre no meio do livro, do debate psicológico para o histórico. Cheguei, porém, à conclusão de que o recurso tanto à psicologia quanto à história era necessário se eu não quisesse evitar alguns dos tópicos mais importantes aos quais o desenvolvimento da argumentação me havia levado. Sabia muito bem que esse passo era arriscado. Sentia-me exposta e vulnerável, como devem sempre se sentir aqueles que cruzam as fronteiras disciplinares, se encararem a extensão do perigo de incorrerem em erro. Contudo, o medo de errar não deveria induzir à paralisia. Além disso, vale lembrar que não estamos imunes a erros dentro das disciplinas que consideramos nossas. Pode-se mesmo argumentar que esses erros são do tipo mais perigoso, já que trazem a chancela de alguma espécie de autoridade. Isso por si só significa que eles têm a tendência a estar mais profundamente arraigados. Costumam estar enredados no nosso amor-próprio, e é difícil extirpá-los.

Naturalmente, procurei consultoria em história, e tive a felicidade de contar com os comentários abalizados de Rosalind Mitchinson. Espero tê-los usado bem. Sem dúvida apreciei nossas conversas, e tirei muito proveito delas. Sou-lhe extremamente grata pela orientação.

À medida que evoluía a argumentação do livro, não foi só na direção da história que precisei cruzar fronteiras.

Também veio a parecer necessário escrever sobre certos aspectos da religião – e, nesse ponto, tinha uma consciência ainda maior da necessidade de auxílio. Recebi a ajuda generosa de John McIntyre. Poder contar com seu vasto conhecimento de teologia, filosofia e, até mesmo, de psicologia, renovou minha confiança e foi um privilégio.

Na questão específica do budismo, tive ainda o auxílio de duas pessoas com conhecimentos especiais dessa religião: Rod Burstall e Tom Thorpe. Os dois fizeram comentários que considerei esclarecedores, e que sem dúvida me permitiram aprimorar o que eu havia escrito. Devo ainda admitir que meu exame do budismo é inevitavelmente o de alguém alheio a ele, com um ponto de vista incomum. Escrevo, porém, com respeito e com gratidão pelo que aproveitei, em termos pessoais, dos meus estudos dos ensinamentos budistas e da orientação desses dois amigos.

Também precisei de ajuda de dentro da minha própria disciplina, e esta me foi generosamente concedida. Sou grata a Jerome Bruner por sugestões importantes, que aceitei até onde me senti capaz. Ainda assim, algumas das suas idéias levantaram questões que estavam além do meu alcance nesta obra. Talvez elas venham a servir como um novo conjunto de placas sinalizadoras.

Jess Reid, Alison Elliot e Morag Donaldson mantiveram seu apoio ao longo de anos, lendo pacientemente capítulo após capítulo com notável constância, escrevendo críticas e debatendo idéias comigo em profundidade. Tenho uma enorme dívida para com eles. Um valioso apoio, de outra natureza, que também se estendeu ao longo do tempo, veio de Shimon Abramovici e Tony Fallone, que muito me ajudaram com pesquisas em bibliotecas.

À medida que o trabalho se aproximava de uma conclusão, tive a felicidade de receber os comentários de David Bloor, Robin Campbell, Kath Davies, Tony Fallone, Barbara Gardiner, Robert Grieve, Paul Harris, David Hay, Lynne Murray, Chris Pratt, Martin Hughes, Janet Simpson, Jane Turnbull, Colwyn Trevarthen e Jennifer Wishart. Eles me apontaram muitas possibilidades de aperfeiçoamento, e sou grata a todos.

Quero também agradecer a meu agente, Caradoc King, cujo entusiasmo pelo livro foi para mim um grande estímulo, e a meus editores Jon Riley, em Londres, e Dawn Seferian, em Nova York, por suas sugestões importantes e pelo generoso apoio.

Marcia Wright, Avril Davies e Rosemary Teacher datilografaram a maior parte dos originais, que muitas vezes foram difíceis de decifrar. Agradeço por sua paciência, talento e carinho.

É tradicional agradecer ao cônjuge por último, e meu marido, Stephen Salter, sem dúvida conquistou essa distinção. É a única pessoa, que eu saiba, que leu o livro inteiro do fim para o começo. Isso não é tão absurdo quanto parece. Ele se oferecera para inserir um grande número de revisões num disquete, e começou pelo final para que a inserção de uma modificação não alterasse o número da página da inserção seguinte. Isso tornou a tarefa mais fácil, mas foi, ainda assim, um trabalho inevitavelmente longo e entediante. Sou-lhe extremamente grata por ter se encarregado desse trabalho exaustivo.

Além disso, também, agradeço-lhe uma contribuição mais duradoura: seu firme apoio ao empreendimento todo, mesmo quando o objetivo parecia estar se afastando, em vez de aproximando. Ele é um homem que compreende o envolvimento e o compromisso, e sabe que, embora as idéias possam surgir como um lampejo, a elaboração das suas implicações pode ser muito demorada.

Edimburgo
Janeiro de 1992

Primeira Parte

O desenvolvimento na infância

1. Modos da mente: uma introdução

Há alguns anos, nos Estados Unidos, um homem conseguiu enfiar cem cascavéis num saco em 28 segundos. Foi um recorde na época, e é bem provável que já tenha sido superado. O comportamento desse homem foi estranho, até mesmo aberrante. A maioria de nós não sai por aí, enfiando cascavéis em sacos, com o exclusivo propósito de demonstrar como somos bons nessa atividade. Esse ato inusitado revela, porém, algo de fundamental sobre a natureza humana. Apesar de sua estranheza, ilustra uma qualidade que todos nós compartilhamos.

Muitas sugestões foram apresentadas sobre as qualidades que nos distinguem como espécie. Entre os itens propostos figuravam a capacidade de usar a linguagem, a técnica de opor o polegar ao indicador para o controle no uso de uma ferramenta, a consciência do bem e do mal – e assim por diante com alguma variedade, de tal forma que é óbvio não haver nenhum sentido em tentar descobrir qual deles é *o* certo. Contudo, o homem das cascavéis demonstra uma característica crucial para a compreensão da espécie humana: ele ilustra nossa extraordinária capacidade de formar novos tipos de objetivos. Uma das nossas características mais espantosas é a de sermos extremamente prolíficos na "geração de intenções". Estabelecemos para nós mesmos metas das mais diversificadas naturezas. Uma pessoa cria o objetivo de empurrar gente para dentro de câmaras de gás. Uma outra, o de salvar crianças abandonadas das ruas de Calcutá. As duas são seres humanos.

Essa diversidade não significa, porém, que não tenhamos metas comuns. Há certos tipos de objetivos gerais que são extremamente difundidos entre nós – na realidade, universais, a não ser em certas condições patológicas – como o objetivo de compreender as coisas ou delas fazer sentido, e o de nos comunicarmos mutuamente.

Além disso, compartilhamos com os outros animais certas exigências fisiológicas que vivenciamos, como a fome, o desejo sexual, etc. É característica nossa, porém, o fato de sermos capazes de transcender esses impulsos, embora isso não seja fácil. Podemos nos impor em algum objetivo novo que exija que os neguemos. Podemos resolver entrar em greve de fome ou fazer votos de eterna castidade.

Não estou tratando aqui do problema filosófico do livre arbítrio, mas do fato psicológico da experiência da escolha. Na medida em que passamos por essa experiência, *assumimos* responsabilidade. Assumimos um compromisso. Em muitos casos, esse compromisso não dura. Eventualmente, porém, pode acontecer que, dentre todas as possibilidades abertas a nós, em algum estágio cheguemos a uma opção que se revela definitiva e exclusiva, de tal modo que, daí em diante, adaptando ligeiramente as palavras de Emily Dickinson, fechamos as válvulas da nossa atenção como se fossem de pedra[1].

Os seres humanos que se fixam desse modo num único objetivo de concentração total são muito poucos e tendem a pertencer a certos grupos culturais que aprovam esse tipo de envolvimento. Sua existência, entretanto, já revela que, enquanto espécie, possuímos mais um atributo além da capacidade de gerar intenções novas e variadas. Possuímos também a capacidade de perseguir nossos objetivos com enorme tenacidade. Essa tenacidade tem uma série de fontes, mas sobressai entre elas o fato de que nossos objetivos costumam fazer-se acompanhar por sentimentos muito poderosos. Assim, eles se tornam importantes para nós, e, em casos extremos, podem se tornar mais importantes do que a própria vida.

Não é corriqueiro que alguém prefira morrer a desistir de um objetivo. Mesmo assim, exemplos desse comportamento são suficientemente comuns para que não nos surpreendamos demais quando ouvimos falar deles. E somos propensos a sentir admiração e respeito mesmo quando consideramos que o comportamento está mal direcionado, que não vale a pena morrer por aquele objetivo.

Apesar desses fatos confirmados pela experiência e pela observação, empreenderam-se inúmeros esforços no sentido de explicar o comportamento humano sem recorrer absolutamente ao conceito de intenção ou propósito. Esse conceito, porém, costuma ressurgir sob uma forma ou outra dentro da psicologia, por mais que se tente expulsá-lo. E a ironia é que a tentativa de mantê-lo afastado costuma ser sustentada por uma intenção apaixonada: a intenção de ser "científico" de uma forma moldada segundo as atividades dos físicos.

Não deveríamos, por outro lado, ceder à ingenuidade de supor que o que as pessoas fazem é sempre e exclusivamente determinado pelo que acreditam estar tentando fazer. Existem muitas coisas das quais não temos consciência. Além disso, podemos nos enganar a nós mesmos. Esses são tópicos aos quais retornaremos em capítulos posteriores.

A criação de novos objetivos é algo que nos ocorre com facilidade porque temos cérebros capazes de pensar em possíveis estados futuros – capazes de considerar não apenas o que é, mas também o que poderia ser.

Existimos num mundo de "fatos concretos", mas podemos imaginá-lo transformado. E a partir de uma tenra idade já sabemos que, dentro de certos limites, somos capazes de transformá-lo. É de grande significado para nós descobrir como esses limites são fixados, uma atividade intimamente relacionada ao objetivo geral de compreender como é o mundo. Neste contexto, "o mundo" inclui outras pessoas como um componente de extrema importância. E, se tivermos um mínimo de sensatez, ele também nos inclui a nós mesmos.

O pensamento humano lida com o modo como as coisas são, ou, pelo menos, como nos parecem ser, mas cumpre essa função por meios que geralmente implicam algum sentido de como as coisas não são, ou ainda não são. Ele trata da realidade e da possibilidade, mas um certo reconhecimento da possibilidade já está implícito na própria descoberta da realidade, sempre que ela se realiza pelo processo caracteristicamente humano de fazer perguntas. É desse ou daquele jeito?

Todos nós fazemos perguntas desse tipo quando somos jovens, e há os que não perdem o hábito. Alguns chegam mesmo a se deixar fascinar por uma única pergunta e passam a vida tentando encontrar uma resposta. Quando Einstein tinha dezesseis anos, fez a si mesmo uma pergunta que desde então ficou famosa: "Se eu viajasse com um raio de luz, o que veria?" Ele estava se instigando a considerar a possibilidade, jamais concretizada na experiência humana, de se deslocar à velocidade da luz[2].

É uma questão de enorme interesse saber como Einstein chegou a avaliar o significado exato dessa pergunta, transformando-a, assim, na *sua* pergunta pessoal. Por enquanto, porém, o que conta é que, depois de optar por ela, o físico passou os dez anos seguintes em busca de uma resposta. Ao ser finalmente encontrada, essa resposta assumiu a forma da teoria da relatividade restrita, que levou a uma revolução nas idéias sobre a natureza do espaço e do tempo.

Anos mais tarde, Einstein disse sobre si mesmo: "Não tenho nenhum dom especial. Sou apenas apaixonadamente curioso."[3]

Podemos contestar a primeira parte dessa declaração, mas, no que diz respeito à segunda, temos de aceitar o que ele diz – e sem surpresa. A tenacidade necessária para conseguir sua resposta tinha de vir de alguma emoção forte. Sem isso, ele sem dúvida teria desistido. Por outro lado, Einstein não poderia ter alcançado a resposta se não fosse competente num certo tipo de pensamento – um pensamento que nos concedeu um poder imenso e, com esse poder, muitos problemas. Jamais compreenderemos a situação da humanidade nos dias de hoje se não compreendermos não só a natureza desse pensamento, mas também de que modo ele se relaciona com o resto do funcionamento mental, o que, por sua vez, depende de uma compreensão de como a mente se desenvolve a partir do nascimento. O conhecimento do ser baseia-se no conhecimento do tornar-se, nesse caso seguramente, se não sempre.

Sob muitos aspectos, mentes diferentes apresentam um desenvolvimento diferente. Trata-se de uma verdade óbvia, que está implícita em grande parte do que já foi dito sobre a geração de objetivos e a experiência da escolha. No entanto, também existem áreas comuns. Existe uma estrutura dentro da qual são contidas as variantes.

Minha visão dessa estrutura comum implica a distinção de quatro modos principais de funcionamento mental. Eles entram em cena sucessivamente à medida que crescemos, mas um não substitui o outro. Nenhum deles jamais se perde, a não ser em casos de enfermidade ou ferimentos graves. No entanto, dentro de cada modo ocorrem mudanças ao longo do tempo. Eles não são estáticos. Por exemplo, o funcionamento do primeiro modo na primeira infância é muito diferente do funcionamento do mesmo modo na idade adulta.

Ao definir os modos, dois tipos de critério são usados. Em primeiro lugar, há o *ponto de interesse.*

O que quero dizer aqui com a palavra "interesse" é de mais fácil entendimento se eu afirmar que o "interesse" de uma mente a qualquer dado momento é aquilo *de que tratam* suas percepções, pensamentos, emoções ou ações. Se eles não tratassem de nada, não haveria interesse e, portanto, naturalmente nenhum ponto de interesse, o que indicaria que nenhum dos modos, como aqui definidos, estaria em operação.

O fato de se ter um objetivo em mente é em geral visto como um atributo fundamental dos estados ou atos mentais. E essa qualidade de ter um "caráter intencional" é conhecida em filosofia pelo termo técnico "intencionalidade"[4]. Preferi empregar o termo "interesse" devido ao risco de que "intencionalidade" fosse considerada uma propriedade exclusiva das intenções, quando, na verdade, as idéias, as esperanças, as crenças e congêneres também estão incluídos no significado técnico, da mesma forma que signos e símbolos que representam alguma outra coisa. Nesse sentido filosófico, a "intencionalidade" remonta aos filósofos escolásticos e seu uso da palavra latina "*intendere*", com o significado de "estender-se ou tentar alcançar".

Falaremos, portanto, de pontos de interesse. Distinguiremos quatro deles, e servirão para especificar os quatro modos principais. O outro tipo de critério, do qual trataremos em breve, gera subdivisões das quatro categorias principais. (Quando se fizer referência a essas subdivisões, elas ainda serão chamadas de "modos" em vez de "submodos", para evitar uma terminologia carregada.)

No primeiro modo – o único disponível na primeira infância – o ponto de interesse é sempre o momento presente, a parte do espaço diretamente perceptível, "o aqui e o agora". Esse modo é chamado de *modo pontual.*

Mais tarde, tornam-se possíveis outros pontos. Por exemplo, o segundo modo, que é chamado de *modo linear,* tem um ponto de interesse que inclui o passado pessoal e o futuro pessoal[5]. Quando funcionamos no modo linear, olhamos para trás, para o que já aconteceu na nossa vida até agora, ou olhamos adiante, para aquilo que consideramos acontecimentos possíveis. Com o tempo, estende-se a abrangência para além dos limites da experiência pessoal, mas, por definição, o interesse ainda é por acontecimentos específicos, reais ou concebíveis.

Esses dois exemplos já deveriam deixar claro que o "ponto de interesse" é definido em termos de espaço-tempo. Observe-se, no entanto, que *ponto* de interesse não é o mesmo que *foco* de atenção. Dentro do aqui e do agora – e, de forma ainda mais óbvia, dentro do passado e do futuro pessoais – há um vasto leque de opções que a mente pode selecionar como dignas de especial interesse e consideração.

O segundo tipo de critério, necessário para definir as subdivisões, é a maneira pela qual os componentes da experiência – a percepção, o pensamento, etc. – são ligados ou separados. Nas primeiras manifestações do modo pontual, eles estão indissoluvelmente entrelaçados. E então, passo a passo, certas separações tornam-se possíveis; e essas novas possibilidades trazem consigo uma mudança dramática naquilo que a mente pode fazer.

O desenvolvimento se expande em duas direções a partir da densa compacidade do primeiro modo. Numa direção, há extensão naquilo que é possibilitado pelo ponto de interesse. Na outra, ocorre a separação dos distintos componentes da vida mental, para que eles possam funcionar com um grau crescente de independência[6].

Quais são, no entanto, esses componentes? Para a definição dos modos, são usados quatro: a percepção, o pensamento (no sentido do conhecimento, da compreensão, da solução de problemas), a emoção e a ação (ou seja, a ação dirigida, que difere do movimento reflexo e do movimento passivo, como, por exemplo, quando somos forçados a nos mover por alguém ou alguma coisa).

Fica imediatamente óbvio que um outro conjunto de componentes poderia ter sido escolhido. Que dizer da imaginação, por exemplo, da memória ou da linguagem? Só posso responder que minha escolha dos critérios reflete minha avaliação das distinções mais significativas – aquelas que proporcionam o melhor *insight* de como a mente se desenvolve. Entretanto, as contribuições de atividades como a imaginação, a recordação e o uso da linguagem irão inserir-se repetidamente nas argumentações que se seguem.

Dos quatro componentes definidores, há um que exige maiores comentários neste estágio. Devemos deixar claro desde o início o que significa, aqui, o termo "emoção". Em especial, de que forma as "emoções" diferem, se é que diferem, dos "sentimentos"? O ponto crucial é que as emoções são nossos sentimentos de valor. Elas demarcam a importância. Experimentamos a emoção somente com relação *ao que importa.*

Mesmo assim, a esta altura é necessário fazer uma distinção, pois dispomos de mais de um único tipo de reação à importância. Vamos supor que estamos olhando para um belo quadro, uma grande obra de arte. Existem dois meios de reconhecer sua qualidade. Por um lado, é possível avaliá-lo como o faria um especialista, recorrendo a vários indícios capazes de determinar se ele foi realmente pintado pelo suposto artista, se está em boas condições, por quanto seria arrematado num leilão, e assim por diante. Trata-se de um *juízo* de valor, e pode realizar-se em total ausência de emoções. Por outro lado, podemos ficar parados diante do quadro sem fazer nada disso, e *sentir* diretamente seu significado. Podemos nos "comover". Eu, por exemplo, não consigo olhar para o auto-retrato de Rembrandt na Scottish National Gallery sem me deparar com o valor direto, sem senti-lo fisicamente. A experiência é profundamente emocional. O quadro tem importância para mim.

A diferença entre juízos de valor e sentimentos de valor é sem dúvida enorme, e a distinção precisa ser ressaltada. Na prática, porém, os juízos e as emoções não são sempre – ou geralmente, como acredito – tão distintos quanto no exemplo mencionado. É comum que eles estejam interligados, até mesmo que sejam interdependentes. Assim, quando a emoção surge, a experiência freqüentemente contém um forte componente de juízo ou de interpretação. Por exemplo, imagine-se vendo um ponto de luz na escuridão. Será que ele desperta uma emoção? E, em caso positivo, qual emoção? Depende.

Considere duas situações. Na primeira, você está deitado na encosta de uma montanha, com ferimentos graves que o impedem de se movimentar. Um amigo foi buscar ajuda. Nessas circunstâncias, você vai achar que a luz *significa* um salvamento. Ela terá uma alta importância pessoal, e você experimentará emoções fortes: alívio, esperança, alegria. Tudo isso você sentirá intensamente, com seu corpo.

No caso da segunda situação, imagine-se um fugitivo que se esconde num bosque. Você sabe que há gente à sua procura com intenções hostis. Nesse caso, a luz será interpretada como perigo. Mais uma vez, a importância será enorme para você, e as emoções serão igualmente fortes – mas diferentes. Você sentirá medo. A intensidade desse medo será afetada também pela avaliação da sua capacidade de lidar com a situação, como Richard Lazarus salientou[7].

No entanto, é fácil imaginar circunstâncias menos dramáticas nas quais o ponto de luz não desperte nenhuma emoção – circunstâncias nas quais sua presença ou ausência não faça diferença, nas quais ele, como se diz, não signifique nada. Um acontecimento que não é significativo não desperta nenhuma emoção.

Neste seu uso, "significativo" deve ser interpretado com rigor. Para os seres humanos, o que é "significativo" não surge apenas vinculado a aspectos como a ameaça física ou o salvamento de uma situação perigosa. Sua abrangência é muito mais vasta. Nós podemos, por exemplo, amar alguém. A pessoa amada é alguém que importa, e a existência de um outro que significa muito para nós passa a ser a fonte de sentimentos extremamente fortes e variados. Da mesma forma, como já vimos, pode-se perceber a arte como algo profundamente significativo, e ela irá gerar emoções correspondentes. O mesmo se aplica à música.

As relações entre os juízos de valor e os sentimentos de valor podem tornar-se mais complexas do que vimos até agora. Considere o seguinte caso. Um amigo meu relata não poder ouvir "God Save the Queen" sem sentir uma forte onda de emoção. No entanto, ele se sente constrangido com isso, pois considera a monarquia anacrônica. Surgem dúvidas, então, sobre a alegação de que sua reação involuntária ao hino nacional está relacionada ao que é importante para ele? Creio que não. O que está acontecendo é que uma antiga fonte de valor, atualmente negada, mas que ainda surge como sentimento, entra em conflito com um juízo posterior. Este, por sua vez, faz surgir um novo sentimento de valor: o constrangimento. E é claro que a fonte de importância da qual este se origina é a imagem que a pessoa tem do próprio eu. A integridade dessa imagem é ameaçada se a pessoa experimentar – apesar de si mesma, como se costuma dizer – uma emoção que não consegue aprovar. Não é raro que isso aconteça[8].

Com base nessa análise, é evidente que temos muitos sentimentos que não são emoções. Imaginemos, por exemplo, a fome ou a dor. Elas não são emoções, embora possam ser acompanhadas de emoção. Podemos nos enfurecer com a causa da dor ou, por outro lado, podemos saber que a dor está sendo provocada por uma tentativa de nos ajudar. Podemos sentir medo de que dores maiores e piores irão sobrevir sem nenhum limite previsível. Também podemos saber que a dor é breve e limitada, e que logo terminará. E existe até mesmo a questão do masoquismo, no qual, por motivos complexos, certos tipos de dor são procurados e, num certo sentido, apreciados. Portanto, a dor, por mais intensa que seja, não é mais – ou não é muito mais – *inerentemente* emotiva do que o ponto de luz. O mesmo se aplica à fome. Podemos ter entrado em jejum por decisão própria.

As emoções são uma subclasse dos sentimentos. Como ocorre com muitas outras categorias, esta possui exemplos centrais ou prototípicos, e vai ficando mais difusa quanto mais próxima de seus pontos limítrofes. Ou seja, às vezes é razoável que nos sintamos inseguros quanto a considerar um sentimento uma emoção ou não.

Por exemplo, o tédio é uma emoção? Ter uma resposta firme não é nem um pouco mais necessário do que ser capaz de determinar se uma cor verde-azulada é verde ou azul, ou ser capaz de dizer, com exatidão, onde traçar um limite entre a amizade e o conhecimento. O importante a reconhecer é que uma emoção prototípica – um caso indiscutível – costuma ser um forte indício de que algo é importante para a pessoa que a sente.

Se voltarmos agora a uma consideração da natureza dos modos, ficará evidente que os dois critérios (ponto de interesse e separação de componentes) estão envolvidos no movimento do modo pontual para o modo linear. Quando o ponto de interesse se transfere do momento presente para o passado ou para o futuro, essa transferência acarreta o "isolamento" da percepção e da ação das outras junções – ainda interligadas –, de tal modo que a vida mental no segundo modo prossiga sem elas. Pois não podemos perceber diretamente ou agir de acordo com o que não está aqui e agora[9].

Não se fará nenhuma tentativa de descrever os modos posteriores em detalhe, pois uma explicação sobre eles seria obscura antes dos argumentos que se seguem. A estrutura modal não foi imaginada *a priori*, mas foi surgindo gradativamente e através de muitas modificações a partir de uma consideração das evidências e dos argumentos apresentados nos sete capítulos seguintes. A melhor maneira de entendê-la talvez seja acompanhar o desenrolar da história. No entanto, algumas pessoas podem sentir a necessidade de um panorama mais completo desde o início. Ou uma visão geral pode mostrar-se útil num ponto mais adiante, caso alguma coisa não fique clara. Por isso, o esqueleto da estrutura está delineado num apêndice à página 371. Por enquanto, porém, um ou dois esclarecimentos gerais podem transmitir alguma idéia da natureza dos desdobramentos que teremos de examinar.

Para além do modo linear, o passo mais importante consiste em movimentos no sentido do impessoal. Ou seja, a mente começa a ser capaz de funcionar de formas que atingem alguma independência dos objetivos pessoais. Torna-se possível, por exemplo, pensar em problemas de alguma generalidade.

Isso implica um afastamento do interesse por eventos específicos em vidas específicas. Implica também um movimento na direção de uma crescente separação entre as funções mentais. Da mesma forma que os pensamentos e as emoções se isolam da percepção e da ação com a chegada do segundo modo, nesse estágio os pensamentos e as emoções podem ser isolados de certos objetivos pessoais e, até certo ponto, uns dos outros.

Não estou me referindo ao estado da mente em que se permite que o pensamento vagueie sem objetivo consciente, estado que às vezes chamamos de sonhar acordado. Trata-se de um estado interessante, mas não está envolvido nos modos posteriores como aqui definidos. Estes exigem um contraste diferente. Por um lado, existe o pensamento dirigido para a solução de algum problema pessoal – como concretizar ou evitar algum acontecimento – e isso é típico do segundo modo. Por outro lado, é também possível aos seres humanos pensar com o objetivo de compreender algum aspecto do jeito como as coisas se dão. Nesse sentido, há uma tendência para a impessoalidade, muito embora o movimento possa ser impulsionado por uma intensa curiosidade pessoal.

A idéia de um *pensamento* desse tipo é bem conhecida. Mas o que dizer da emoção? Podemos dar passos no sentido da impessoalidade no que diz respeito às emoções também? E, em caso positivo, que tipo de experiência daí resulta?

A princípio, a maioria das pessoas no tipo de cultura que chamamos de "ocidental" talvez considere essa idéia estranha. Trata-se, porém, de uma idéia à qual a segunda parte do livro, do capítulo 9 em diante, dedicará muita atenção.

O processo de "abertura" nessas duas direções é aquele que chamei anteriormente de *descontextualizar*[10]. Para começar, o conceito é o de que a mente funciona no contexto da sua própria totalidade e no contexto externo de pessoas, coisas e acontecimentos. Cada aspecto do funcionamento é sustentado pela inclusão nesse todo, de tal forma que a vida mental fica alojada num molde – um molde que é ao mesmo tempo benéfico e limitador. Então, aos poucos, rompe-se a unidade, e novos meios de fazer e de experimentar se tornam possíveis. Estes são muito mais difíceis de iniciar – e especialmente de manter –, mas oferecem enormes ganhos em termos de flexibilidade e poder.

Falei anteriormente em contextualizar e descontextualizar como se houvesse apenas uma simples dicotomia a ser reconhecida. Distinções mais precisas, porém, serão feitas a partir de agora.

2. *Alguns processos humanos para lidar com fatos concretos*

"Vá, vá, vá, disse o pássaro: a humanidade não pode suportar muita realidade."

T. S. Eliot

Os seres humanos conhecem os perigos da vida melhor do que os outros animais, e precisam lidar com uma gama mais extensa de medos. Como nos julgamos e nos sabemos capazes de agir de maneira impensada ou indigna, tememos a vergonha, a culpa e a perda do amor-próprio. Conhecemos os riscos de acidentes ou enfermidades, e a certeza, se conseguimos evitá-los, da perda de nossas forças na velhice. Sabemos que os ladrões arrombam casas, que estupradores e assaltantes atacam, que se pode perder o emprego. Sabemos que se pode perder o amor. Sabemos que, mais cedo ou mais tarde, teremos de morrer.

Será o caso de os seres humanos se caracterizarem pela timidez e pelo medo, por estarem sobrecarregados com um peso desses? De modo algum. Em comparação com outros animais nós somos, enquanto espécie, extraordinariamente audazes, até mesmo irresponsáveis. Considere-se o modo como lidamos com o fogo. Os outros animais fogem dele, mas já há muito nós o trouxemos para dentro de casa, fazendo-o servir aos nossos propósitos. E, se mais alguma prova for necessária, basta pensarmos numa rodovia movimentada.

Considerando-se nosso conhecimento do perigo e nossa ampla experiência do medo, como se pode explicar essa nossa audácia? Parece sensato encarar a pergunta examinando primeiramente as características dos processos pelos quais tomamos conhecimento de qualquer coisa. O conhecimento do perigo não é – não poderia ser – exclusivo. Ele deve compartilhar características com outros tipos de conhecimento. Será que existem atributos do conhecimento humano em geral que nos ajudem a compreender como um conhecimento extraordinariamente extenso do medo pode andar junto com uma ousadia extraordinária?

Uma forma comum, mas praticamente não investigada, de falar sobre o conhecimento é aquela que o considera uma *coisa* que recebemos – um tipo abstrato de coisa, sem dúvida, mas que mesmo assim tem uma propriedade típica da coisa, ou seja, a de poder ser passada a outra pessoa. Costumamos falar de "obter" conhecimento como poderíamos falar de obter uma geladeira ou um carro novo – ou mesmo de receber um elogio de alguém. Será apenas um modo de dizer? Isso mesmo. No entanto, ele traz a implicação não menos poderosa por passar freqüentemente despercebida, de que quem recebe o conhecimento é passivo, e de que o conhecimento já nos chega pronto e acabado. Ele ainda pode conter a implicação de que o recebimento do conhecimento nos deixa essencialmente intactos: nós apenas "possuímos" mais alguma coisa. O quadro assim descrito não corresponde ao nosso modo de ser.

A maior parte do conhecimento que importa para nós – o conhecimento que constitui nossa concepção do mundo, das outras pessoas e de nós mesmos – não se desenvolve de forma passiva. Nós chegamos a saber através de processos ativos de interpretação e integração. Nós fazemos perguntas, que podem ser expressas em palavras ou não, e que podem ou não ser dirigidas a outras pessoas. Dispomos de muitos tipos de estratégias para descobrir respostas. Lutamos – e a luta pode ser longa e árdua – para fazer sentido.

A noção de que criamos nossos próprios sistemas de conhecimento foi vigorosamente defendida por Jean Piaget. De acordo com ele, o desenvolvimento da mente consiste principalmente na construção de "estruturas cognitivas" e na recriação dessas estruturas em formas novas e mais bem integradas durante longos períodos[1].

Outros, como Erich Fromm, parecem querer ir ainda mais além na rejeição à ênfase dada ao conhecimento como algo "semelhante à coisa" (que Fromm diria ser perigosamente comum na nossa educação e em toda a nossa cultura) e argumentam que os tipos de "vir a conhecer" que importam são mais bem descritos não como mudanças no que *temos*, mas como mudanças no que *somos*[2].

Entretanto, a diferença entre Fromm e Piaget nesse sentido não é tão grande quanto poderia parecer a princípio, já que na opinião de Piaget essas "estruturas", por sua presença ou ausência, determinam o que somos enquanto seres pensantes e conhecedores. Elas são a matéria da qual são feitas as mentes inteligentes.

É claro que existem certos conhecimentos, como o do ano de nascimento de Napoleão ou o nome da capital do Chile, que nos deixam essencialmente inalterados, em especial se os "obtivermos" simplesmente porque alguém nos disse. Existem, porém, outros tipos de conhecimento que nos afetam profundamente. E é ainda mais importante reconhecer que os *processos* de vir a conhecer nos transformam. Isto se aplica especialmente aos casos em que esses processos envolvem esforços prolongados, autônomos.

Quando examinamos o desenvolvimento da mente humana, estamos falando de processos de autotransformação: processos pelos quais nos tornamos seres diferentes. Entretanto, ao salientar a *auto*transformação, não deveríamos jamais nos esquecer de que esse não é um esforço solitário. Dependemos, das maneiras mais cruciais, da ajuda dos outros. E os outros podem nos atrapalhar ou nos reprimir, também. Isso se aplica da primeira infância em diante.

Surge agora uma pergunta: na medida em que os processos de vir a conhecer são autônomos, nós podemos escolher o que iremos saber? E, seguindo o mesmo pensamento, podemos escolher o que não iremos saber? Podemos nos recusar a saber o que não queremos saber?

Trata-se de uma pergunta vastíssima, com muitas ramificações. Antes de mais nada, existe um sentido óbvio no qual podemos nos recusar conscientemente a realizar o esforço que muitas vezes está envolvido no vir a saber. Segundo consta, James Thurber teria feito o seguinte comentário: "Não entendo a eletricidade e não quero que ninguém me explique." Num estilo de determinação semelhante, é bastante comum que as crianças se recusem a aprender o que os adultos tentam lhes ensinar. Há a história do menino que aconselhou seu irmão mais novo a não acertar as contas, "porque, se você acertar, eles não vão parar de lhe dar cada vez mais contas".

A questão, porém, nem sempre é tão simples e direta. Ela se torna ainda mais complexa pelo fato de podermos saber de muitas maneiras diferentes, caracterizadas por diferentes graus de percepção.

Um exame desse tópico torna quase inevitável o uso de metáforas visuais – termos como *claro* e *escuro*, já que eles parecem se adequar tão bem ao caso. Alguns tipos de conhecimento encontram-se à luz da plena consciência. Outros se situam nas sombras, nos limites do círculo iluminado. Outros, ainda, estão na escuridão mais além.

Apliquemos esta idéia ao nosso conhecimento rotineiro do perigo. Enquanto dirigimos a grande velocidade numa rodovia, sabemos que estamos numa atividade perigosa, mas as partes centrais e plenamente iluminadas da nossa consciência não estão ocupadas por esse conhecimento. Um fato inesperado pode, porém, trazer rapidamente o conhecimento do perigo "à plena consciência". Quem testemunha um acidente grave geralmente dirige com mais cautela a partir de então, pelo menos durante algum tempo; e o efeito é mais pronunciado, mais duradouro, naqueles que de fato participaram da colisão e foram feridos na ocasião. E no entanto, antes do acidente, eles *tinham*, num certo sentido, *perfeito conhecimento* do perigo[3].

O mesmo vale para outros tipos de riscos. Por termos uma capacidade considerável de manipular nossa própria consciência, geralmente damos um jeito de não pensar neles a não ser que as circunstâncias os empurrem para o foco da nossa atenção. É por isso que um grave acidente nuclear, como o de Chernobyl em 1986, exerceu um impacto tão acentuado na opinião pública, pelo menos durante algum tempo. No entanto, as pessoas diferem em sua capacidade de afastar medos desagradáveis do seu campo imediato e mantê-los afastados[4].

Conhecimentos do tipo que estivemos considerando – conhecimentos que se situam nos limites da consciência – sempre estão prontos para se transferir para o centro. Eles estão ao nosso alcance, mesmo que não lhes demos atenção. Somos capazes de falar sobre eles. Mesmo que os ignoremos, de fato sabemos que eles existem.

Contudo, podemos também ter conhecimentos que, para continuar a metáfora, se situam numa escuridão tão profunda que não temos consciência alguma de que eles estejam lá. É assim que, expressando esse paradoxo, podemos saber sem saber que sabemos. O que imediatamente levanta a possibilidade de que podemos nos recusar a saber sem ter consciência de ter agido dessa forma.

Cosideremos, a princípio, um exemplo que se refere a um estado patológico, mas que é extremamente revelador. Quando pessoas com olhos normais sofrem cirurgias para remoção do córtex visual na parte posterior do cérebro, elas dizem que não conseguem mais enxergar. Sua experiência consciente é a de serem totalmente cegas. No entanto, pesquisas realizadas por Weiskrantz revelaram que algum tipo de informação visual ainda está sendo recebido[5]. Weiskrantz incentivou as pessoas com esse problema a tentar adivinhar o que tinham diante dos olhos. Como foi possível verificar, essas "adivinhações" estavam corretas com tanta freqüência que ficou claro que não se tratava absolutamente de adivinhações. O acerto era freqüente demais para ser atribuído ao acaso. As pessoas tinham algum conhecimento genuíno do que estava diante dos seus olhos, muito embora acreditassem não estar vendo nada. Elas sabiam sem saber que sabiam.

Podemos supor, com segurança, que essas pessoas não estavam se recusando a saber o que sabiam; elas não conseguiam. O importante, por enquanto, é simplesmente estabelecer que a distinção entre *saber* e *saber que se sabe* pode ser comprovada. Ela pertence à condição humana. Nossa constituição é tal que nos é possível ter conhecimentos dos quais não nos damos conta.

É muito fácil encontrar exemplos não-patológicos. A linguagem é uma rica fonte, ainda que, nesse caso, uma formulação diferente seja mais oportuna. Não se trata tanto de não sabermos *que* sabemos. Nós não sabemos exatamente *o que* sabemos. Quando usamos nossa língua materna, funcionamos com conhecimentos implícitos na maior parte do tempo, e costumamos enfrentar enorme dificuldade para tentar torná-los explícitos. Minha primeira consciência desse fato surgiu quando fui à França em meu tempo de estudante e ganhava meu sustento dando aulas de conversação em inglês aos alunos mais adiantados do *lycée* local. O problema era que eles às vezes esperavam que eu não falasse apenas, mas que explicasse as regras. Para perceber como isso pode ser difícil, pense nas palavras *some* e *any*. Se o inglês for sua língua materna, você sabe exatamente quando e como usar essas palavras. O conhecimento é tão firme e seguro que sua aplicação não exige absolutamente nenhum raciocínio. Tente, porém, dizer exatamente o que você sabe, e descobrirá que não é nada fácil. O conhecimento que você acumulou enquanto aprendia a língua não é de fácil acesso àquela parte do cérebro que poderia refletir sobre ele e colocá-lo em palavras. Em termos de plena consciência, você não sabe.

Também nesse caso, não há obviamente nenhuma justificativa para se falar de uma recusa a saber. Na realidade, a maioria de nós deixa de desenvolver um conhecimento explícito da nossa própria língua porque não precisa dele. Os lingüistas são a exceção. Ao escolher a língua como objeto de estudo, eles se dedicam à construção de sistemas de conhecimento de uma natureza explícita. Dedicam-se a moldar seus conhecimentos de uma forma que lhes permita não apenas falar *com* ele, mas *sobre* ele.

A distinção entre o conhecimento implícito e o explícito era feita no inglês médio com o auxílio de uma palavra que, infelizmente, desapareceu do uso comum – o substantivo *acknowledge*. Essa palavra significava o conhecimento (*knowledge*) de natureza explícita. Era substancialmente diferente, em significado, do termo moderno "reconhecimento" (*acknowledgement*), embora a ligação seja fácil de se ver. Havia também o verbo "*to acknow*" com o significado de "vir a saber ou reconhecer" ou "admitir ou revelar o próprio conhecimento". Nessa última acepção, ele está bem próximo do verbo moderno "*to acknowledge*", mas, no passado, a idéia de admissão era apenas parte do significado[6]. Os dois termos antigos parecem valiosos, e irei usá-los*.

Está claro, portanto, que nosso conhecimento não é todo homogêneo. Em alguns casos, podemos dizer prontamente o que sabemos – dizê-lo aos outros ou a nós mesmos. Podemos investigar nosso conhecimento e refletir sobre ele. Esse é o conhecimento *explícito*. Ele é explicado em detalhes, acessível ao exame e à indagação minuciosos. Mas aquilo que sabemos nem sempre está à disposição para ser inspecionado. Parte dele pode estar obscura.

Admitindo-se a possibilidade de que o conhecimento permaneça obscuro, a pergunta seguinte tem por objetivo saber se ele poderia ser mantido obscuro deliberadamente. Será que teríamos bons motivos para agir assim de propósito, e não apenas por negligência ou omissão? Existem coisas das quais poderíamos preferir nunca ter um conhecimento explícito? Ou existem ocasiões em que poderíamos decidir empurrar de volta para as trevas algo que antes pertencia ao conhecimento explícito? Que vantagem isso nos traria?

....

* Como em português não dispomos de termos equivalentes, distingui entre "*acknow*" e "*know*" através do uso da qualificação do conhecimento como "explícito" e "implícito", respectivamente. (N. do T.)

Para o ser humano, pode ser difícil suportar a realidade. O conhecimento nem sempre é confortável ou acalentador. Quando a realidade que vivenciamos não nos agrada, mostra-se contrária aos nossos objetivos, não se amolda aos nossos desejos profundos, nosso primeiro impulso é sempre o de alterá-la. Somos grandes manipuladores, no sentido literal. Usamos nossas mãos, em conjunto com nosso cérebro, para transformar o mundo físico, inanimado. Além disso, em sentido figurado, freqüentemente tentamos manipular outras pessoas, para fazer com que elas se comportem de um modo que nos seja conveniente. O que acontece, porém, quando a realidade se revela resistente, inexorável? Suponhamos, por exemplo, que deparemos com alguma incompatibilidade renitente na natureza da existência, de tal modo que dois desfechos, ambos desejáveis, sejam mutuamente excludentes. O que fazer?

Bem, nesse caso, mais um recurso está à nossa disposição. Se não podemos mudar o mundo, talvez possamos mudar nossa concepção dele. Afinal, nós construímos essa concepção, e não simplesmente a recebemos. Temos, portanto, *voz ativa* naquilo em que ela se torna. (Observe-se esse jeito de falar. Ele é revelador.)

O capítulo 5 irá examinar as origens evolutivas da nossa capacidade de manipular nossa própria percepção. Há, sem dúvida, limites ao que se pode conseguir sob esse aspecto. Às vezes, a construção desmorona. Mesmo assim, continuamos sendo arquitetos e pedreiros inteligentes.

Até aqui, falei como se a realidade – a realidade a ser alterada ou, não sendo isso possível, a ser concebida com uma visão diferente – fosse exterior a nós. No entanto, para os seres humanos, a realidade com a qual é preciso lidar inclui o eu. Nós temos consciência do eu. Conhecemos e vivenciamos nosso eu. E nos julgamos. Gostamos, ou não, do que conhecemos.

Não gostar do próprio eu pode ser um experiência particularmente desagradável. Quando ela ocorre, há o costumeiro par de possibilidades (além da aceitação da verdade desagradável): mudar o eu, ou mudar nossa forma de "ver" o eu; mudar o que somos ou mudar aquilo de que temos conhecimento explícito. Freqüentemente, a segunda dessas opções deve parecer a mais atraente.

Vamos agora reunir alguns dos pontos mais pertinentes e ver o que eles indicam.

Nós chegamos a conhecer as coisas por um processo ativo. Interpretamos o mundo, lutamos por *fazer* sentido. Nossos tipos mais importantes de conhecimento não vêm prontos e acabados. O mundo que interpretamos inclui nosso eu. Desenvolvemos conceitos ou imagens do nosso eu. Julgamos a nós mesmos.

Podemos saber de maneiras diferentes. Parte do nosso conhecimento é explícito, às claras. Sabemos que temos esse conhecimento. Podemos explicar o que sabemos, e às vezes como chegamos a saber, ou como justificaríamos a alegação de que se trata de "conhecimento". No entanto, também temos conhecimentos que ficam, em graus variáveis, implícitos, obscuros, dos quais não falamos, que às vezes não são passíveis de serem mencionados.

Gostamos de "assumir o controle". É típico que tentemos manipular o que encontramos. Tentamos mudar o mundo para ele se adequar aos nossos objetivos. É freqüente que esses objetivos sejam poderosos e passionais. E é freqüente que a realidade lhes ofereça resistência.

Em grande parte do funcionamento humano, o saber e o pensar estão permeados pela emoção. Isso quer dizer que eles podem estar impregnados de felicidade, mas também, não raramente, de tristeza e dor.

Essas considerações, vistas como um todo, tornam altamente previsível que nós tentemos exercer controle sobre aspectos do nosso próprio conhecimento – que deveríamos pretender nos proteger de experiências desagradáveis, manipulando nossa própria consciência. Elas insinuam que nos poderia parecer conveniente, sob certas circunstâncias, não ter conhecimento explícito do que se conhece. Nesse contexto, deveríamos considerar que o que se conhece inclui o que nos lembramos de ter acontecido, pois as lembranças, quando surgem, costumam estar carregadas de emoção. Elas são fontes poderosas de alegria ou de tristeza.

Ficará evidente para qualquer pessoa familiarizada com a obra de Freud que a argumentação precedente nos levou a uma idéia central à teoria psicanalítica. A partir de uma consideração de certas características gerais dos seres humanos, e sem contar com evidências clínicas, chegamos a uma noção muito próxima do conceito de repressão ou defesa: o conceito da proteção do ego através da manipulação do conteúdo da consciência[7].

A concepção freudiana desse tipo de defesa equivale à alegação de que dispomos de meios ("mecanismos de defesa" na terminologia de Freud) para rejeitar o conhecimento explícito. Podemos saber e, mesmo assim, nos recusar a saber explicitamente. Considero ser esse um conceito de enorme importância, indispensável se quisermos compreender nosso eu. Trata-se de uma verdade sobre como nós somos.

No entanto, não creio ser conveniente, neste contexto, invocar as estruturas freudianas do ego, do id e assim por diante. A meu ver, os mecanismos de defesa servem principalmente para defender o espaço vital do presente, o único tempo em que podemos ser e fazer. Estamos lutando por liberdade de ação – e alguma paz – no aqui e no agora.

Compartilho da perspectiva de Freud até o ponto de acreditar que os processos defensivos começam cedo na vida; mas concordo com Daniel Stern quanto ao fato de que as primeiras experiências não são desejos e fantasias de deformação da realidade mas, sim, esforços diretos no sentido de lidar com a realidade. Como diz Stern, evidências extraídas do estudo de bebês (de um tipo não disponível a Freud) não nos dão nenhum motivo para supor que o princípio do prazer venha primeiro, e que o princípio da realidade venha depois[8]. Pelo contrário, como veremos mais adiante, hoje parece evidente haver maior probabilidade de surgimento de distorções da realidade quando desenvolvimentos posteriores da mente tornaram possível a manipulação da própria consciência. Isso, porém, é ainda inteiramente compatível com a percepção de que muitas defesas adultas são falhas como são por terem buscado sua origem nos esforços de uma mente imatura. Pois os desenvolvimentos indispensáveis que nos permitem manipular nossa consciência não demoram muito a surgir.

Ao falar das defesas, Freud usa uma imagem que considero extremamente esclarecedora. Ele compara as atividades da mente que molda sua própria consciência às de um redator-chefe que revisa um texto, trabalhando no sentido de chegar a um rascunho final aceitável[9]. Os vários mecanismos têm, portanto, equivalentes distintos em termos editoriais. A repressão por amnésia equivale à eliminação total de partes do texto, como no caso de um jornal censurado que vai para o prelo com lacunas nos locais onde o texto foi cortado. É assim que porções inteiras de uma vida são esquecidas.

Da mesma forma, a negação equivale à inserção de um "não":

não
"Eu ∧ odeio meu pai."

A projeção equivale a alterar o sujeito de uma frase:

Ele é
"~~Eu sou~~ preguiçoso, inútil."

O deslocamento é o mesmo que mudar o objeto de uma frase:

inimigo
"Odeio meu ~~pai~~."

E assim por diante. Dessa forma, escrevemos para nós mesmos uma versão autorizada da nossa vida. Ela pode realmente chegar a representar uma Sagrada Escritura, a ser reverenciada, a servir de modelo para se pautar uma vida. É, portanto, muito pouco surpreendente que ela ofereça resistência à mudança, mesmo quando está nos prejudicando. E costuma ser prejudicial basear nossa vida nesse tipo de distorção da verdade. Veja-se, por exemplo, que a versão "cortada" não desaparece para sempre. Em algum ponto das profundezas, ela ainda permanece para nos perturbar. Como diz Freud, o que foi recalcado tende a retornar. Na verdade, a realidade insuportável não é tornada suportável através desse artifício.

A argumentação precedente está subordinada à idéia de que nós construímos nossa concepção das coisas, de nós mesmos inclusive. Ela depende da alegação de que nossa experiência do mundo é a experiência de uma interpretação. Como de costume, porém, é importante não exagerar. Se essa idéia for muito forçada, surge o perigo de se dar tanta ênfase à realidade subjetiva que o que acontece *a nós*, ou de algum modo a despeito de nós, é ignorado.

Existem alguns antídotos para isso. Um deles consiste em ter em mente que podemos interpretar *mal*. A realidade pode não ser diretamente conhecível, mas falar de má interpretação, equívocos e mal-entendidos não é absurdo. As interpretações podem ser melhores ou piores. Elas podem estar mais próximas ou mais afastadas do jeito que as coisas são, embora nem sempre seja fácil dizer qual desses é o caso. Não obstante, temos certas estratégias para decidir. Todos nós sabemos o que é descobrir que se esteve errado.

Para recorrer a um exemplo trivial, porém claro, todos nós sabemos que estamos sujeitos a certas ilusões da percepção. Por exemplo, duas linhas numa figura podem parecer ter comprimentos diferentes. Podemos, porém, medi-las. Se a medição revelar que as duas têm o mesmo comprimento, saberemos que a impressão perceptiva, mesmo que parecendo irrefutável, está errada.

Há uma satisfação em desfazer uma ilusão, a não ser que essa ilusão sirva a um objetivo importante na nossa vida – e às vezes, felizmente, mesmo nesse caso. Mas por quê? O fato é que nossa predileção por moldar as coisas de acordo com o desejo mais íntimo é contrabalançada por um outro objetivo mais sério: o objetivo de compreender, de chegar à verdade. Isso também é inato a nós, embora nosso compromisso com ele varie, tanto de um indivíduo para outro quanto no mesmo indivíduo de acordo com as circunstâncias específicas.

O segundo antídoto é o de considerar a experiência compartilhada. Imaginemos o caso em que dois amigos vão juntos a um concerto. Num certo sentido, embora estejam juntos, os dois não têm a mesma experiência. Salientar esse ponto é salientar a interpretação. O que eles *compreenderem* da música, como se diz, irá depender do seu conhecimento musical e da sua sensibilidade, entre outras coisas. A música irá significar algo diferente para cada um deles. Mesmo assim, sob um outro aspecto, que também não pode ser negligenciado, eles vivem a mesma experiência: um grupo de músicos está sentado diante deles na sala de concertos, produzindo um conjunto de sons. E, mais tarde, os dois amigos podem conversar sobre características da experiência compartilhada. Eles podem discordar até mesmo quanto a questões concretas. Será que o pianista errou uma nota? Mas isso eles podem discutir. Têm uma base para formar uma opinião, ao contrário de um terceiro amigo que tivesse ficado em casa.

Finalmente, o terceiro antídoto consiste em pensar em casos nos quais o que nos aconteceu dependesse muito pouco da interpretação. Por exemplo, nós podemos ter recebido um golpe na cabeça. A realidade impõe-se, então, com vigor.

Mais tarde, supondo-se que sobrevivamos, é provável que retornemos à nossa atividade costumeira e tentemos explicar o ocorrido de modo a fazer com que ele se encaixe de uma forma ou outra naquilo que vemos como o modelo da nossa vida. Podemos dizer: "Só eu mesmo! Sou sempre o azarado." Ou: "Esse foi o jeito que Deus encontrou de me forçar a pensar, de me fazer mudar de direção." Ou ainda: "Imagine só, se aquilo não tivesse acontecido, eu provavelmente nunca teria conhecido você."[10]

Essas explicações afetarão a lembrança do ocorrido. Entretanto, certos pontos essenciais permanecerão: nós recebemos *mesmo* um golpe na cabeça. Geralmente, distinguimos muito bem a diferença entre algo que aconteceu e algo que imaginamos. Por exemplo, um estupro verdadeiro é muito diferente de um estupro imaginário. Mesmo assim, Freud, que a princípio acreditava nos seus pacientes quando lhe falavam de estupro e sedução na infância (como era freqüente que fizessem), veio a afirmar mais tarde que muitos não estavam recordando acontecimentos reais; eles relembravam fantasias da infância, e não sabiam dizer a diferença.

É verdade que, se uma lembrança/fantasia remontar a um período muito distante na infância, o que realmente aconteceu pode nem sempre ser fácil de determinar. Em certas circunstâncias, as crianças pequenas parecem não ter segurança quanto à distinção entre o que imaginaram e o que é real. Por esse motivo, elas podem temer monstros e fantasmas imaginários[11].

Um dos alunos da famosa Escola Ortogênica de Bruno Bettelheim para crianças gravemente perturbadas era um menino que tinha fantasias paranóides. Revelou-se que, aos três anos de idade, ele havia sofrido a terrível experiência de ser enforcado – tendo a corda sido cortada bem na hora – por seu irmão mais velho e seus amigos, que o haviam apavorado para que não contasse nada a ninguém. O menino que sofreu esse trauma não tinha nenhuma lembrança consciente do fato. No final, porém, seu irmão contou a verdadeira história do que havia ocorrido[12].

Esse é o caso de algo que surgiu sob a aparência de fantasia, mas que mostrou ter por base um acontecimento real. A argumentação deste capítulo e do que se segue sugere que distorções no sentido oposto também ocorrem. No entanto, Freud afinal chegou a alegar não só que ocorrem distorções e confusões, mas que a distinção entre fatos e fantasias não tem importância: "até o presente momento, não conseguimos indicar nenhuma diferença nas conseqüências, quer a fantasia quer a realidade tenha desempenhado maior papel nos acontecimentos da infância"[13].

Jeffrey Masson, ao longo de uma análise sobre os motivos que levaram Freud a uma mudança tão dramática de posição – análise que, embora bem embasada, pouco reconhece o mérito de Freud –, argumenta que "na realidade, há uma diferença essencial entre os efeitos de um ato que ocorreu e de outro que foi imaginado"[14]. E há mesmo.

3. *O modo pontual e suas origens na primeira infância*

O primeiro modo, que se chama *modo pontual*, já foi definido como um funcionamento no qual o ponto de interesse é a porção de tempo-espaço vivenciada diretamente que a pessoa ocupa no momento: o *aqui* e o *agora*. Mais uma vez, como na tentativa de definir a emoção, os limites são pouco definidos. Onde o "agora" começa ou termina? Ou ainda, será que uma bola que acabou de rolar para baixo do sofá pode ser considerada "presente" para nós, mesmo que não consigamos vê-la? Não faz sentido lutar para responder a essas perguntas[1]. Limites pouco definidos estão por toda a parte e são inevitáveis.

O que precisamos considerar em seguida é o surgimento desse modo na vida do indivíduo. Quando ele começa? Que forma ele apresenta de início?

É claro que não podemos falar em pontos de interesse antes que se faça presente alguma capacidade para o interesse. Portanto, uma pergunta válida deve ser a de quando podemos dizer que essa capacidade normalmente começa a se manifestar na vida humana.

Pode ser útil neste estágio relembrar a distinção entre *ponto* e *foco*, traçada à página 15. Dentro de um determinado ponto, são possíveis muitos focos de interesse diferentes. O aqui e agora imediato pode parecer relativamente restrito, mas é rico em possibilidades para o envolvimento do nosso interesse, e, sem dúvida, nossas mentes não são capazes de lidar com todas elas ao mesmo tempo. Por isso, o interesse implica a seleção. Ele implica pelo menos alguma capacidade para a discriminação, alguma capacidade de enfoque. Se não pudéssemos distinguir uma coisa de outra, como poderíamos nos interessar por alguma delas? Precisamos, portanto, determinar em que ponto da vida a criança começa a ter uma mente capaz de se interessar pelas coisas com algum tipo de controle e organização.

A dificuldade de se saber o que um bebê pode perceber, pensar ou sentir é bastante óbvia. Nenhum de nós consegue se lembrar, e não podemos usar a linguagem para fazer perguntas a um bebê. Dessa forma, durante muito tempo pareceu impossível descobrir qualquer coisa sobre as mentes muito tenras.

É claro que a falta de conhecimentos firmemente embasados não impediu que as pessoas especulassem. Nem impediu que elas transformassem especulações em afirmações, e criassem grandes estruturas teóricas sobre alicerces tão instáveis. Teremos de considerar algumas delas em maior detalhe mais adiante, mas, por enquanto, precisamos apenas observar que a maioria dos teóricos da primeira metade do século XX não atribuía aos bebês mais novos o suficiente, em termos de percepção estruturada e capacidade para o pensamento, a emoção ou a ação dirigida, que tornasse razoável considerá-los capazes de interesse por qualquer coisa. Grandes surpresas deveriam surgir, porém, quando afinal começaram a ser descobertos meios para permitir que os bebês demonstrassem a extensão dos seus poderes mentais.

Um importante avanço ocorreu durante a década de 50, quando Robert Fantz elaborou uma técnica experimental que, superficialmente, era simples e óbvia a ponto de parecer banal: ele colocou dois cartões, cada um com um desenho diferente, a uma distância adequada diante do rosto de uma criança e simplesmente anotou a proporção de tempo que a criança gastava olhando para eles[2].

A grande vantagem desse método era a de ele usar uma resposta – a de olhar de um lado para o outro – que os bebês são capazes de apresentar pouco depois do nascimento. Assim, foi possível descobrir algo a respeito de como os bebês vêem o mundo quando só têm algumas semanas de idade.

Fantz descobriu que os tempos de fixação podiam diferir acentuadamente. Bebês de oito semanas, por exemplo, olhariam por um tempo significativamente mais longo para um centro do alvo do que para um arranjo de listras; e, por volta dos quatro meses, preferiam olhar mais tempo para um desenho semelhante a um rosto do que para um alvo. Esse tipo de descoberta justificou duas conclusões ao mesmo tempo: os bebês estavam vendo as diferenças, e também tinham suas preferências. Eles consideravam certos desenhos mais atraentes ou *em algum sentido* mais gratificantes do que outros. É difícil perceber, nos dias de hoje, como essa descoberta pareceu empolgante na época.

Naturalmente, um ponto fraco do método está no fato de as duas conclusões não poderem ser separadas. Se os resultados forem positivos, as duas conclusões estão justificadas. Se eles forem negativos, não há meio de se determinar se isso ocorreu porque nenhuma diferença foi percebida ou porque não existiu nenhuma preferência. Se os bebês vissem as diferenças mas não tivessem preferências, os resultados seriam os mesmos de uma situação em que não conseguissem ver nenhuma diferença.

Entretanto, já que foram obtidos resultados positivos, ficou estabelecido que o universo visual, mesmo de um bebê pequenino, não é apenas um borrão difuso, uma névoa indefinida, uma miscelânea totalmente confusa, como anteriormente se julgava provável. Em outras palavras, os bebês percebem de uma forma estruturada. E, dentro do mundo estruturado inicial, algumas coisas recebem maior atenção do que outras.

Há mais do que uma opinião possível sobre o que está implícito nessa segunda conclusão. Uma forma de encará-la está em dizer que a criança descobre maior interesse visual num desenho do que em outro e, portanto, *opta* por olhar mais tempo para ele, exatamente como um adulto poderia considerar um quadro especialmente agradável e, por isso, ficar mais tempo parado diante dele, a examiná-lo, numa galeria de arte. De acordo com outra interpretação, porém, os bebês não estão escolhendo um desenho tanto quanto sendo "conquistados" por ele. Essa segunda argumentação está baseada na idéia de que os bebês são automaticamente atraídos por certas características do mundo, talvez por aquelas que sejam especialmente eficazes em estimular seus sistemas nervosos. Marc Bornstein, por exemplo, descobriu que os bebês costumam olhar mais tempo para cores mais saturadas do que para cores menos saturadas, e mais tempo para linhas horizontais ou verticais do que para linhas oblíquas. E, em ambos os casos, há indícios de que os estímulos preferidos (as cores mais fortes, as linhas horizontais e verticais) produzem maior atividade no sistema visual do cérebro. Por isso, Bornstein afirmou que a criança não está explorando os estímulos, mas está sendo controlada por eles[3].

A afirmação de Bornstein era, portanto, a de que o comportamento da criança está sujeito a um controle muito direto do exterior. Deveríamos, porém, observar que o bebê não passa absolutamente o tempo *todo* olhando para o objeto preferido. Não existe, assim, nada tão automático ou previsível quanto um reflexo, mesmo que o objeto observado por mais tempo seja, num sentido neurológico extremamente direto, o mais estimulante.

Além disso, dispomos agora de uma grande quantidade de novas pesquisas. E a conclusão que está surgindo com clareza é que, nas palavras de Eleanor Gibson, "os recém-nascidos exploram os acontecimentos"[4]. Ela examina três questões básicas. Primeiro, o recém-nascido está realmente explorando o mundo – ou seja, um mundo concebido como algo que está "lá fora"? Em caso positivo, essa exploração está sendo realmente dirigida pelo bebê, não se tratando, apenas, de uma questão de resposta compulsória à estimulação? E, finalmente, essa atividade inicial tem conseqüências importantes para o desenvolvimento futuro? Gibson demonstra, em minha opinião de modo convincente, que, no atual estado do conhecimento, é muito provável que a resposta a todas as três perguntas seja "sim".

É claro que o que os bebês muito novos podem fazer é limitado e nem sempre muito eficaz; mas eles se mostram capazes de tipos de exploração que vão muito além do que a observação eventual possa sugerir. Algumas das provas mais convincentes dizem respeito a um tipo de "descoberta" que envolve não apenas o olhar, mas o fazer, produzindo efeitos sobre o mundo. Surpreendentemente, o aparecimento dessa capacidade na primeira infância mostrou-se perfeitamente passível de estudo, pressupondo-se suficiente engenhosidade por parte dos pesquisadores.

Em circunstâncias comuns, os bebês não têm muita oportunidade de controlar o mundo. É muito restrita a faixa de ação ao seu alcance. Para citar um exemplo, se eles chorarem quando não aparecer seu alimento, isso pode indicar não uma expectativa frustrada, mas simplesmente um desconforto físico. Por isso, para descobrir do que os bebês são capazes nesse sentido, precisamos engendrar situações especiais nas quais seus poderes limitados de movimentação e manipulação não mais imponham limites às atividades da sua mente.

Vários dispositivos foram criados com esse objetivo. Um dos mais úteis é um móbile, instalado de tal forma que o bebê no seu* berço possa controlá-lo com movimentos dos braços e pernas, ou mesmo por movimentos da cabeça num travesseiro provido de sensor. Uma alternativa pode ser a de instalar um aparelho que acende um mostrador luminoso sempre que o bebê olha, digamos, para a esquerda, ou quando faz uma seqüência específica de movimentos com a cabeça. Existem também muitos outros meios de proporcionar ao bebê uma extensão incomum de poder sobre o que acontece. Até mesmo sua resposta de sugar pode ser usada se o bico da mamadeira estiver ligado a algum transformador visual ou auditivo. Kalnins e Bruner, por exemplo, organiza-

....

* Creio que o problema do pronome a ser usado para a referência à criança acabará sendo solucionado pela aceitação geral de "*they*" (eles) tanto como singular quanto como plural. Já existe, afinal, o precedente de "*you*" (você ou vocês). No entanto, meu ouvido ainda insiste em aceitar "*they*" exclusivamente como plural. Por isso, minha solução neste livro é a de empregar "ele" e "ela" em capítulos alternados**. (N. do A.)

** Esse problema não ocorre em português, já que o gênero do pronome possessivo em nossa língua é o objeto possuído, não o de quem o possui. Na tradução de outros pronomes, mantive o gênero masculino quando se trata do "bebê" e o feminino quando se trata da "criança". (N. do T.)

ram uma experiência de tal forma que os bebês, ao sugar, podiam pôr uma imagem em foco ou tirá-la de foco[5].

Esses tipos de estudos geraram resultados muito claros: em seus primeiros seis meses de vida, os bebês conseguem aprender rapidamente a exercer um controle efetivo. Além disso, eles parecem apreciar essa atividade. John Watson, por exemplo, trabalhando com um móbile, relatou terem surgido "arrulhos e sorrisos vibrantes" por volta do terceiro ou quarto dia de exposição. E Hanus Papoušek observou sinais de tristeza quando o controle e a previsão falhavam – quando as luzes num mostrador não acendiam mais como a criança esperava que acendessem, ou, em outras palavras, quando o bebê não conseguia entender o que estava acontecendo[6].

É importante observar que nesses estudos as crianças não receberam alimentos ou brinquedos que as incentivassem. Não houve para elas nenhuma recompensa a não ser o sucesso dos seus próprios esforços. Nesse tipo de experiência, descobre-se geralmente que os níveis de atividade caem uma vez que a competência tenha sido alcançada. Os bebês de Papoušek, por exemplo, em geral não continuavam a acender as luzes uma vez resolvido o problema de descobrir como fazê-lo. Ele concluiu que o interesse não estava em ver as luzes, mas em estabelecer o controle efetivo.

Algumas das implicações dessa conclusão devem agora ser examinadas. Se um bebê se satisfaz ao aprender a prever acontecimentos no mundo e a controlá-los, então, supostamente, ele dispõe de algum conceito de um mundo "lá fora" a ser controlado. E, por conseguinte, supõe-se que ele tenha alguma noção de si mesmo como agente controlador. Essa conclusão, porém, opõe-se ao que durante muito tempo foi a opinião ortodoxa entre os psicólogos evolutivos. A opinião aceita (entre aqueles dispostos a sequer tocar no assunto do conhecimento de si mesmo) era que o bebê não conhece a si mesmo, porque não se diferenciou do resto do universo. Era essa a afirmação feita por Piaget, e também pela teoria psicanalítica clássica. Freud alegava que os recém-nascidos não fazem nenhuma distinção entre o eu e o outro, e não reconhecem nenhuma realidade externa. E Margaret Mahler, acompanhando essa tradição, declarou que os primeiros meses de vida são um tempo de "simbiose" entre a mãe e o bebê – uma espécie de continuação da vida pré-natal, durante a qual o bebê, em termos psicológicos, não é absolutamente uma pessoa autônoma[7].

Piaget foi, sem dúvida, influenciado pela idéia de Freud; mas ele a empregou de maneiras diferentes, como o alicerce para seus próprios argumentos quanto ao curso posterior do desenvolvimento cognitivo. Esses dois homens, com suas teorias vigorosamente elaboradas, foram tão influentes que, quando os dois estão de acordo, a questão tende a parecer resolvida.

A afirmação de Piaget de que a indiferenciação entre o eu e o não-eu é o estado inicial normal estava baseada em evidências de um tipo que, a princípio, parece muito forte. Sua pesquisa havia indicado que, quando um bebê está às voltas com um brinquedo, e esse brinquedo é retirado e coberto com um pano, até a idade de oito ou nove meses a criança não faz nenhum esforço no sentido de afastar o pano e apanhar o brinquedo de volta. Piaget considerou ser essa uma prova de que a criança não faz nenhuma idéia de que vive num universo de objetos duradouros, *um dos quais é ela mesma*. Ele argumentou que a inexistência da procura por um objeto escondido sugere que, para a criança, esse objeto deixou de existir, que, na realidade, longe dos olhos é o mesmo que longe do pensamento; e ainda, que o desenvolvimento da noção de objetos independentemente permanentes – o "conceito de objeto" – está indissoluvelmente ligado ao conhecimento do eu. Segundo esse raciocínio, a pessoa chega a saber que existe como ser distinto na medida em que distingue seu próprio eu do resto do universo. A tese é a de que as duas idéias necessariamente se desenvolvem juntas.

Ora, se isso fosse verdadeiro, é claro que a satisfação das crianças ao aprender a mover o móbile, a acender as luzes ou a pôr em foco uma imagem não poderia derivar de um aumento do sentido da sua própria competência; pois como poderia existir um sentido de competência onde não existe nenhum sentido do eu? Da mesma forma, como poderia haver prazer em se aprender a deixar uma marca no mundo se não houvesse nenhum conhecimento de um mundo lá fora a receber essa marca? Se aceitarmos a idéia de Freud/Piaget de uma ausência inicial de diferenciação – ou de um "egocentrismo total e inconsciente", como Piaget às vezes a denominou – então, as provas obtidas por Papoušek e outros têm de ser interpretadas de outras formas. Papoušek, por exemplo, afirmou que os bebês de seu experimento estavam comparando as informações que lhes chegavam sobre o mundo com um "padrão" interior; isso equivale a dizer que eles já tinham algum tipo de modelo mental de como é o mundo. No entanto, se eles ainda não tivessem se distinguido do resto do mundo, isso não pareceria possível. É, portanto, importante descobrir se os indícios da existência desse estado inicial não-diferenciado são tão fortes quanto Piaget acreditava que fossem.

Um exame do conceito de objeto fica adiado para o próximo capítulo, já que ele gera perguntas relacionadas ao surgimento do modo linear. Há, porém, uma outra questão que talvez seja ainda mais fundamental. Qualquer que seja o caso quanto ao desenvolvimento da crença num universo de "coisas" sólidas e permanentes, será realmente verdade que ela é inseparável da crença num universo distinto de nós mesmos? Será que não podemos ter uma sem a outra?

Deixando de lado a argumentação específica de Piaget, não há dúvida de que para um adulto, a princípio, as duas idéias podem parecer intimamente ligadas. No nosso raciocínio normal, estamos comprometidos tão profundamente com a noção de um mundo de objetos que permanecem "os mesmos" ao longo do tempo que dificilmente consideramos a possibilidade de mundos de constituição diferente (a menos, é claro, que estejamos envolvidos em especulações filosóficas). No entanto, as duas idéias não são, em princípio, necessariamente ligadas. E pode até ser que elas sejam adquiridas separadamente. Um bebê poderia atingir primeiro um sentido do seu eu como algo distinto de alguma "outra" coisa, mas que interagisse com ela; e depois, aos poucos, ele formaria uma idéia de como esse "outro" se constitui e como se deve lidar com ele.

É difícil ter certeza, mas inclino-me a acreditar que algum sentido do eu surge muito cedo.

Há boas razões para se supor que, a partir da primeira infância, nós deveríamos distinguir a percepção dos nossos próprios corpos em funcionamento da percepção do mundo lá fora. Em primeiro lugar, o contraste entre as sensações que temos quando movimentamos o ambiente e as que temos quando é o ambiente que se move, e nós que apenas nos submetemos ao movimento, pode ser muito primitivo, já que sistemas nervosos muito mais simples do que o nosso conseguem detectar essa diferença. Johnson alega que um organismo incapaz de distinguir entre sua ação sobre o mundo e o próprio mundo "seria incapaz até mesmo de começar a se adaptar à realidade e a organizar atos"[9].

Dispomos também agora de comprovação experimental de que bebês de quatro meses são sensíveis à diferença entre olhar algo que se move enquanto eles estão parados e olhar algo que está parado enquanto sua própria posição muda. Eles parecem achar que um objeto é estacionário quando seu deslocamento em relação a eles resulta do próprio movimento dos bebês – exatamente como fazem os adultos. Mas, além disso, eles consideram que um objeto está em movimento quando ele realmente está, mesmo se eles próprios também estão se movimentando num grau correspondente – mais uma vez, exatamente como fazem os adultos[10].

Outro ponto pertinente é o seguinte: trata-se de uma característica da sensação normal do funcionamento do próprio corpo o fato de ela nos proporcionar um sentido de continuidade – de derivar do passado e se dirigir para o futuro. Observe-se que esse sentido de continuidade não precisa depender da elaboração de um passado pessoal extenso, que contenha eventos específicos relembrados, nem de qualquer noção de um futuro prolongado. Impõe-se apenas um sentido de estados que continuamente cedem lugar a outros estados. Contraste-se com isso o fato de que a informação recebida sobre o mundo pode gerar – e muitas vezes gera – descontinuidades abruptas.

Assim, o sentido de um eu diferenciado e duradouro poderia, em princípio, preceder qualquer convicção sobre objetos permanentes no mundo mais além. Afinal de contas, muitos objetos da percepção que chegam "de fora" não são absolutamente percepções de objetos duradouros. Existem as sombras e os reflexos; existem manchas de leite ou de poeira que podem ser limpas, desaparecendo totalmente para sempre. Há coisas que se queimam ou dissolvem diante dos nossos olhos. Portanto, poderia levar algum tempo para se descobrir quando um desaparecimento de algo que se vê tende a fazer-se acompanhar de um reaparecimento, e quando isso não acontece.

Essas não são, porém, as únicas considerações relevantes. Pois agora temos todo um novo conjunto de indícios relativos a esse tópico – indícios que não estavam à disposição de Piaget quando ele fez suas considerações.

Até há pouco tempo, havia um consenso quase geral de que um recém-nascido recebia sensações do tato, da visão, da audição, etc., que inicialmente não apresentavam inter-relação entre modalidades. Assim, por exemplo, saber como era um objeto ao toque não forneceria nenhuma informação sobre o que esperar se ele fosse visto. De acordo com essa opinião, as experiências iniciais eram fragmentadas. A organização estruturada não era fornecida; ela era algo que tinha de ser atingido, atingido através de um trabalho longo e árduo segundo uma teoria construtivista como a de Piaget, ou através de processos associativos mais passivos, mas ainda prolongados, segundo os behavioristas. Esses dois tipos de teoria, tão diferentes sob certos aspectos, compartilhavam a idéia fundamental de que os relacionamentos entre os sinais dos diversos canais sensoriais não nos eram fornecidos prontos e acabados, mas tinham de ser estabelecidos passo a passo.

Agora sabemos que essa hipótese é, no mínimo, altamente questionável. Já há algum tempo vêm se acumulando indícios de que a percepção, no início da vida, é "supramodal" ou "amodal" em níveis gerais. Ou seja, ela transcende um canal sensorial específico. Por exemplo, num estudo freqüentemente citado, Meltzoff e Borton deram a bebês de três semanas de idade chupetas para chupar, encobrindo os olhos das crianças para que elas pudessem sentir a forma da chupeta, mas não conseguissem vê-la. Foram usados dois formatos distintos, e cada criança experimentou apenas um deles. Quando, mais tarde, foram mostrados a esses bebês duas chupetas uma ao lado da outra, eles olhavam com maior freqüência para a chupeta do formato que eles anteriormente haviam conhecido chupando. Portanto, a resposta ao novo dado visual foi influenciada pela experiência anterior na modalidade do tato[11].

Gibson comenta que essa pesquisa se mostrou difícil de ser repetida, mas ela sugere que a razão pode estar no fato de que os bebês de apenas um mês de idade prestam pouca atenção a formas visualmente apresentadas. Ela relata que um outro estudo seu, usando o movimento, apresentou a tendência a sustentar a mesma conclusão geral: a percepção no início da vida tem uma característica amodal[12].

Ainda há muito a ser descoberto sobre a base perceptiva com a qual o recém-nascido começa e sobre como desenvolvimentos posteriores partem dali. A análise de Gibson dá alguma idéia da complexidade das questões. No entanto, atualmente parece pouco provável que um dia retornemos à antiga idéia de que as experiências no início da vida sejam uma espécie de bombardeio por sensações desconexas.

Stern analisou os indícios a favor da amodalidade no estágio em que se encontravam em 1985 – indícios, por exemplo, de que os bebês conseguem detectar correspondências entre níveis de intensidade de luz e som; e de que eles podem reconhecer a similaridade entre um padrão rítmico que é ouvido e um que é visto[13]. Especulando sobre a qualidade que tudo isso confere à experiência de um bebê,

Stern sugeriu que surgiriam sensações de *déjà vu*. O presente estaria impregnado de uma espécie de familiaridade, mesmo na ausência de qualquer coisa que pudesse se chamar de previsão. Uma outra forma de colocar essa idéia consiste em dizer que a percepção supramodal deve ajudar a criança a se sentir "à vontade".

Um tipo de sensação de estar "à vontade" que é de importância especial pode surgir da percepção da correspondência entre a visão e a audição quando alguém olha para um bebê e fala. Evidencia-se que, desde uma tenra idade, os bebês são sensíveis à coordenação desses dois tipos de estímulo no tempo. Barbara Dodd descobriu que bebês entre dez e dezesseis semanas de idade sabem quando os sons da fala e os movimentos labiais estão em sincronia, e quando não estão[14].

Dodd comparou duas situações: uma na qual o que era visto e o que era ouvido apresentavam a correspondência normal, e outra na qual os sons eram artificialmente atrasados cerca de 400 milésimos de segundo. Quando essas duas condições eram apresentadas alternadamente (um minuto de uma seguido por um minuto da outra), tornava-se possível avaliar a quantidade de atenção prestada a cada uma. Se as crianças afastavam o olhar, brincavam com as roupas, demonstravam irritação ou quaisquer outros sinais de desvio da atenção, os observadores apertavam um "botão de falta de atenção" para registrar a duração do estado de distração. Houve uma alta proporção de concordância a esse respeito entre dois observadores independentes; e o resultado do estudo foi a conclusão de que os bebês passavam um tempo significativamente maior prestando atenção ao estímulo normal, no qual o som e a visão se harmonizavam, do que ao estímulo discrepante. (Essa conclusão valeu para os bebês enquanto grupo e para a maioria deles enquanto indivíduos, embora surgissem diferenças espantosas entre os bebês. Um deles prestou atenção aos dois estímulos quase o tempo todo.)[15]

O interesse do trabalho de Dodd vai além da questão de saber se os bebês conseguem perceber a correspondência entre o que vêem e o que ouvem, já que também diz respeito à questão de saber se a falta de correspondência os perturba. Será que eles ficam desconcertados quando os sons da fala e os movimentos dos lábios se apresentam defasados? Algumas das descrições de Dodd sugerem que a resposta é positiva.

Lynne Murray, em trabalho com bebês entre seis e doze semanas de idade, procurou especificamente sinais de aflição quando várias anomalias ou "perturbações" eram introduzidas no padrão normal de comunicação entre a criança e o adulto. Ela não se preocupou com os sons da fala ou com o movimento dos lábios, mas com sinais mais gerais de receptividade vocal e facial. Num estudo, por exemplo, ela estabeleceu que períodos curtos durante os quais a mãe e o bebê "conversariam" normalmente fossem entremeados por outros períodos em que a mãe manteria seu rosto impassível. Quando se examinou detidamente o comportamento dos bebês, muitas diferenças altamente significativas surgiram entre as duas situações[16].

Na situação normal, é típico que o bebê olhe para o rosto da mãe durante longos períodos, que faça muitos movimentos com a boca e a língua e que sorria com freqüência. Caretas e expressões zangadas, se ocorrerem, são passageiras. Há uma forte impressão de que estão em andamento esforços determinados no sentido da comunicação.

Na condição do "rosto impassível", por outro lado, Murray descobriu que os sorrisos diminuem, que as caretas e expressões carrancudas aumentam, e que o bebê apresenta a tendência a desviar o olhar com maior freqüência e a mexer nas próprias roupas ou com as próprias mãos. Ele aparenta perturbação; e os esforços de comunicação, quando aparecem, são hesitantes e inseguros.

A partir desses indícios, portanto, um bebê de seis semanas de idade já reconhece a diferença entre uma mãe receptiva e uma mãe indiferente, e parece não gostar de se deparar com esta última.

Em experiências posteriores, Murray comparou as reações de mãe e filho em duas situações: uma na qual o parceiro, apesar de não se encontrar no mesmo aposento, aparecia ao vivo numa tela de televisão, possibilitando, assim, uma "conversa" normal; a outra, na qual a imagem da televisão era de fato um *replay* do episódio imediatamente anterior. O bebê estava, portanto, vendo uma série perfeitamente normal de expressões amáveis no rosto da mãe. Tudo o que estava faltando era uma interação genuína.

É extremamente interessante descobrir que esta última situação parecia perturbar os bebês tanto quanto a expressão impassível. Ali também, eles costumavam desviar o olhar, fazer caretas, zangar-se. E também as mães foram afetadas quando foram expostas à mesma simulação, sem aviso. Sua fala alterou-se de modo significativo, de tal modo que elas fizeram mais comentários de tom aparentemente negativo e mais referências a si mesmas, entre outras mudanças. Esta última conclusão indica que a contribuição do bebê é realmente importante para o sucesso do intercâmbio, a partir da perspectiva da mãe.

Murray conclui que "as manifestações de protesto ou solicitação e de aflição diante do colapso da comunicação corroboram a hipótese de que o bebê tem intenções de se envolver em interações recíprocas, harmoniosas".

Felizmente, essas intenções costumam ser bem concretizadas. Como Colwyn Trevarthen tanto nos relembrou, os bebês, desde que lhes seja dada qualquer oportunidade razoável, parecem experimentar muita alegria e felicidade nas suas relações com os outros. Trevarthen afirma que, na nossa cultura, passamos a considerar a emoção sob perspectivas essencialmente negativas, que são mal orientadas e prejudiciais[17].

Os indícios que estivemos examinando demonstram ser o bebê extremamente competente sob muitos aspectos – sensível, curioso, um aprendiz eficaz. Da mesma forma que muitos outros estudos, eles também revelam com clareza que os bebês manifestam uma sensibilidade especial com relação a outros seres humanos. Ou seja, dentro do ponto de interesse do aqui/agora, o *foco* do interesse está muitas vezes voltado para os relacionamentos com pessoas. Esse fato pode parecer pouco surpreendente. Nem sempre, no entanto, ele recebeu a importância que lhe deve ser atribuída se quisermos compreender o desenvolvimento humano. Já vimos que, na primeira infância, o mundo inanimado também desperta grande interesse nas crianças. A experiência que a criança tem do mundo é, porém, em grande parte intermediada por outras pessoas; e é um traço distintivo da nossa natureza o fato de nosso aprendizado não se realizar no isolamento.

Aprendemos, sim, desde o início. E a dimensão da nossa competência precoce talvez pareça representar alguma dificuldade para a argumentação que venho desenvolvendo. Poderia realmente acontecer que, para uma pessoa como a que o bebê se revela ser, toda experiência se resuma ao *agora*? Afinal de contas, o aprendizado não implica a lembrança?

O exame da natureza da memória infantil virá no capítulo seguinte. Para adiantar alguma coisa, porém, parece provável que os bebês com menos de oito meses ainda não apresentam uma memória de um passado prolongado e organizado que se estende por detrás deles. Embora acontecimentos passados já possam exercer forte influência sobre a experiência presente, acontecimentos específicos não recebem uma localização exata no tempo lembrado. É assim que o evento B não é lembrado como tendo ocorrido entre o A e o C. Tampouco aparentam os bebês ter qualquer idéia de um futuro adiante, a não ser por breves previsões, possibilitadas pelo fato de que a experiência do momento presente nunca é tão breve a ponto de desaparecer, mas tem seu próprio tipo de extensão, uma garantia de continuidade. Se não fosse assim, dificilmente haveria qualquer tipo de receptividade. E, desde o início, há muitas manifestações de receptividade. Devemos, portanto, postular que, mesmo na primeira infância, existe alguma breve extensão para a frente e para trás, de tal modo que o contexto no qual a mente funciona consegue abranger o que acabou de acontecer e o que está a ponto de acontecer. Se imaginarmos o "agora" como um ponto, ele não se parecerá com o ponto idealizado e circunscrito dos matemáticos, mas, sim, com um facho de luz em movimento – uma luz tanto mais fraca quanto mais próxima das bordas, uma luz de contornos geralmente pouco definidos.

Para se ter uma idéia de como poderia ser essa experiência inicial do modo pontual, imagine-se ouvindo um concerto que lhe pareça familiar, mas não muito bem conhecido. Quando e onde você o ouviu antes? Não se sabe. Mas você deve tê-lo ouvido anteriormente, ou sua experiência atual seria bem diferente. No início do primeiro movimento, você não tem condições de prever o segundo movimento de modo algum. No entanto, à medida que o primeiro movimento se encerra, os acordes iniciais do seguinte surgem na sua cabeça. É provável que grande parte da vivência infantil seja desse tipo, a não ser pela impossibilidade da pergunta de quando aquilo teria sido ouvido antes – e não apenas por falta de palavras, mas por falta de uma concepção adequada de tempo estruturado.

A meta principal, até este estágio da argumentação, foi a de compreender a natureza geral da base mental que já está estabelecida quando o modo linear começa a entrar em cena. Antes, porém, de passar para o principal evento seguinte, vale a pena examinar brevemente algumas das formas pelas quais o modo pontual se manifesta posteriormente na vida, mesmo que apenas para salientar aqui, de início, que não há nada de intrinsecamente primitivo ou inferior nas suas atividades. Por exemplo, a linguagem é aprendida como uma extensão do seu funcionamento a partir do segundo ano de vida. As crianças aprendem a linguagem através do que lhes falam sobre os objetos e os acontecimentos à sua volta – coisas que têm algum objetivo imediato na sua vida, coisas que lhes interessam, coisas que têm importância. E, quando elas mesmas falam pela primeira vez, escolhem o mesmo tipo de tópico. A linguagem, quando começa a surgir e em grande parte dos seus usos posteriores, está alojada num contexto de acontecimentos atuais diretamente vivenciados, bem como no contexto interior de sentimentos e objetivos que o acompanha.

Também é preciso reconhecer que, embora o interesse direto pelo que está no aqui e no agora se faça acompanhar na primeira infância por uma percepção temporal restrita, isso não precisa ser assim. A restrição, quando surge, é uma função da mente do indivíduo num dado estágio de desenvolvimento. Portanto, quando um adulto se concentra numa tarefa especializada, como a de estofar uma poltrona, ocorre a absorção no que se faz no momento, que é típica do modo pontual. Existe, porém, uma enorme dependência da experiência passada e um objetivo bem formulado que se encontra em algum ponto no futuro: a poltrona acabada[18].

Assim como os ofícios, as artes visuais pertencem em grande parte ao modo pontual. Enquanto trabalham, os escultores moldam seus materiais no aqui e no agora. Os pintores preocupam-se a cada instante com o imediatismo dos seus pigmentos à medida que os aplicam à tela. E a apreciação direta da arte é uma atividade do modo pontual. Nesse sentido, "a apreciação direta" representa o ato de olhar para a obra de arte, e não deve ser confundida com certos tipos de reflexão crítica.

O caso da música é mais complexo. O compositor parece depender menos que o artista plástico de qualquer interação direta com o que está imediatamente presente. Beethoven chegou a compor obras magníficas – algumas das mais importantes de todos os tempos – quando estava surdo. No entanto, os músicos que se apresentam e seu público, quando atento, estão funcionando nitidamente no modo pontual.

Quanto à ciência, embora o empreendimento da investigação científica viesse a mostrar-se impossível sem os modos posteriores, que ainda iremos examinar, devemos admitir que o modo pontual tem um papel crucial a desempenhar também nessa atividade[19]. Por algum motivo, a curiosidade que impulsiona a ciência tem sua fonte em observações diretas insatisfatoriamente compreendidas, as quais, portanto, despertam questionamentos espontâneos. Isso vale para todas as idades, mas seguem-se dois bons exemplos com crianças pequenas. O primeiro envolve Jamie, que tem três anos e onze meses na época em que ocorre o diálogo. Jamie está parado com um adulto num caminho ao lado de uma casa de campo. Um carro estava estacionado ali perto, sobre uma base de concreto. O dia estava quente e seco.

JAMIE: Por que ele [*o carro*] está naquele negócio de metal?

ADULTO: Aquilo não é metal, é concreto.

JAMIE: Por que ele está no concreto?

ADULTO: Bem, quando chove, o chão fica mole e lamacento, não fica? [*Jamie faz que sim com a cabeça, abaixa-se e raspa a terra seca.*]

ADULTO: E as rodas afundariam na lama. Mas o concreto é firme, entendeu?

JAMIE [*empolgado*]: Mas o concreto é mole na hora de misturar! Por que ele é mole na mistura?

O adulto, que não havia pensado no assunto no contexto da conversa, ficou um pouco confuso e foi totalmente incapaz de responder a última pergunta de Jamie de modo satisfatório.

O segundo exemplo vem de uma conversa entre uma menininha e sua mãe, ouvida por acaso num ônibus. A criança aparentava ter uns quatro anos de idade.

CRIANÇA: Mãe, cadê a lua? Por que ela não apareceu hoje? [*O céu estava escuro; não se via a lua.*]

MÃE: A lua foi para a cama.

CRIANÇA [*indignada*]: As luas não têm camas!

Essa resposta foi realmente demais para a mãe. Depois de alguns segundos de silêncio, ela disse, desorientada: "Bem, então onde é que elas dormem?" E mudou rapidamente de assunto.

Nos dois exemplos, as crianças estão fazendo perguntas espontâneas sobre algo que viram diretamente. Portanto, as duas partem de um ponto de interesse no momento presente, embora o esforço para compreender logo as leve a recorrer àquilo de que se lembram ou àquilo que já conhecem: à betoneira com o material mole a virar lá dentro; ao fato de que luas e camas não estão de modo algum relacionadas. Por esses motivos, as duas crianças rejeitam as explicações que os adultos lhes dão e, supostamente, no final ainda ficam sem as informações que desejavam obter.

Esse tipo de questionamento espontâneo não é, entretanto, o único papel para o funcionamento do modo pontual na ciência. Existe uma outra subcategoria bem posterior, de natureza muito especial. Um aspecto importante da investigação científica é a tentativa de fazer observações e conduzir experiências em moldes não influenciados por objetivos pessoais além daquele da descoberta. Ou seja, há um esforço na direção do que chamamos de "objetividade". Esse é um funcionamento do modo pontual no sentido de que nos interessamos pelo que está acontecendo aqui e agora: estamos observando e, nas atividades experimentais, também estamos atuando.

Nesse estilo especial e sofisticado de percepção e ação, a original qualidade unificada da vida mental é abandonada em prol de uma fragmentação dos sentimentos e objetivos pessoais, de tal forma que restem apenas o rigoroso objetivo de descobrir "a verdade" e certas emoções pertinentes que costumam acompanhar esse comportamento, atenuando o rigor. A separação necessária é difícil de ser atingida ou mantida, e exige controle e maturidade consideráveis. (Ver, no capítulo 10, um exame mais detalhado desse tópico.)

As atividades nas quais o ponto de interesse é o mundo como nos deparamos com ele e lidamos com ele no aqui e no agora devem obviamente manter uma enorme importância ao longo da vida. Nossa sobrevivência depende da adequação desses encontros. No entanto, uma vez que alcancemos a competência, podemos não precisar mais da mente inteira para eles. É comum que, para usar o jargão contemporâneo, as atividades familiares sejam atribuídas a "sub-rotinas" – ou que cedamos o controle ao "piloto automático".

Assim, à medida que envelhecemos – e especialmente se vivemos numa sociedade próspera e razoavelmente estável, na qual as necessidades básicas sejam satisfeitas com facilidade – pode ocorrer um número cada vez menor de ocasiões nas quais nos encontremos absortos no momento presente. Em *The Silver Spoon*, um dos romances na sua crônica sobre a família Forsyte, John Galsworthy descreve um banho que Kit, filho de Fleur, toma aos quatorze meses de idade, nos seguintes termos: "Ele chutava, exultava e chapinhava na água com a alegria da dança de um mosquito, ou das piruetas de uma gralha no ar. Não agradecia pelo que estava a ponto de receber, mas pelo que estava recebendo."[20]

No entanto, quando um adulto toma banho, em geral tudo é muito diferente. As mãos regulam a temperatura, os membros sentem o calor, mas a mente costuma estar "longe". Não resta nenhuma semelhança à dança do mosquito ou às piruetas da gralha. Na qualidade de adultos, em geral nós não nos fascinamos mais com a água que jorra e salpica, com os movimentos de um patinho de plástico na superfície ou com os efeitos de espremer uma esponja. A atividade do modo pontual continua, como deveria: estamos realmente preocupados em manter a água nem quente nem fria demais para o nosso conforto, entre outras coisas. Só que outros tipos de atividade mental estão em operação ao mesmo tempo. Ou seja, outros modos limitam a abrangência do modo pontual – limitam a intensidade e o prazer da absorção na experiência direta a ponto de nos fazer perdê-la de vez, ou, pelo menos, por longos períodos.

Estamos agora em condições de voltar à questão levantada no início deste capítulo: em que ponto na vida de uma criança ela dispõe pela primeira vez de uma mente capaz de se interessar pelas coisas de uma forma até certo ponto controlada e organizada? E, se não formos capazes de responder com total certeza que é na hora do nascimento ou a partir de um determinado dia, podemos pelo menos dizer, com segurança, que isso ocorre muito cedo, certamente antes do segundo ou terceiro mês de vida, possivelmente ainda mais cedo. Os indícios examinados – e muitos outros que não foram mencionados – justificam claramente essa conclusão.

Stern sugere que há distinções a ser traçadas entre os diferentes "sentidos do eu" que vêm à tona à medida que o bebê cresce. Ele postula que os dois primeiros meses de vida proporcionam o desenvolvimento do que ele chama de "eu emergente" – um sentido do eu que deriva do "*processo* de organização emergente, bem como do seu resultado" –, ou seja, da experiência de relacionar experiências entre si. Segue-se, dos dois até cerca dos oito meses, o desenvolvimento do "núcleo do eu" – um sentido do eu que é coerente, que se distingue com firmeza do que é outro, mas ainda não caracterizado pela percepção da existência de outras *mentes.* Esses desdobramentos ocupam, assim, a totalidade do tempo quando o modo pontual é o único disponível[21].

Considero convincentes os argumentos de Stern sobre essa distinção. Creio que ela leva, se a aceitarmos, à conclusão de que o modo pontual tem início à medida que se estabelece o núcleo do eu. Essa é, pelo menos, a perspectiva adequadamente prudente a ser adotada no momento atual. Ela evita a alegação de que, no estado atual das evidências, podemos falar com segurança de um ponto de interesse a partir do nascimento. Ao mesmo tempo, ela reconhece não estar muito distante o surgimento de um comportamento que pareça, inegavelmente, expressar um interesse pelo mundo – interesse por explorá-lo, por se envolver com ele.

No entanto, ainda não é suficiente estabelecer a existência de uma capacidade para o interesse. Devemos também considerar se estão presentes os quatro componentes da atividade mental que são usados para especificar os modos. Ou seja, podemos dizer que um bebê de mais ou menos dois meses já age, percebe, pensa e tem emoções?

As evidências já apresentadas emitem sinais eloqüentes de que a resposta a todos esses itens é positiva. Contudo, talvez valha a pena acrescentar mais alguns comentários sobre a questão da emoção, que é a mais polêmica. Já vimos que Dodd e Murray relatam observações de comportamentos que parecem expressar emoção, da mesma forma que muitos outros pesquisadores e observadores. Louise Kaplan, por exemplo, nos oferece uma descrição da raiva de um bebê. "Ele esperneia e balança as grades do berço com uma fúria inequívoca. Ele morde e belisca a si mesmo, à sua mãe, ao travesseiro. Seu rosto fica vermelho, seu rosto fica azulado. Alguns bebês se enfurecem com tal intensidade que perdem o fôlego e desmaiam... É uma visão apavorante."[22]

Para quem observa esse tipo de atuação, a impressão de que o bebê *sente* raiva é irresistível. No entanto, houve quem se perguntasse se isso não seria ilusório. Como sabemos que o bebê realmente sente alguma coisa?

É claro que, num certo sentido, nunca podemos ter certeza do que sente qualquer outra pessoa, seja um bebê, seja um adulto. Os adultos e as crianças mais velhas podem, porém, relatar o que sentem. Os bebês não podem. Já se alegou, também, que de início o sistema nervoso não está maduro o suficiente para a emoção. É assim que Melvin Konner, falando dos caminhos principais do sistema límbico, afirma haver "assim, um verdadeiro sentido segundo o qual não se pode dizer que o 'fluxo do sentimento' esteja em funcionamento adequado enquanto elas [as fibras nervosas] não se encontrarem pelo menos substancialmente mielinizadas"[23]. Nesse trecho, Konner está tentando explicar a ausência de medo de estranhos amplamente relatada durante os primeiros seis meses de vida, mas ele escreve como se a pesquisa neurológica que menciona tivesse implicações mais gerais. LeDoux, entretanto, alega existirem agora provas irrefutáveis de que o que ele chama de "computações afetivas" dependem essencialmente de certos neurônios, ou redes neurais, na amígdala, no fundo do lobo temporal. Eles recebem dados não só através do córtex, mas também diretamente do tálamo. É possível, assim, ocorrer um processo muito rápido de sentimento de valor em certas situações relativamente simples. LeDoux especula que os circuitos entre o tálamo e a amígdala podem ter um papel muito importante a desempenhar nas experiências emocionais precoces, porque eles amadurecem cedo e conseguem funcionar antes que o neocórtex e o hipocampo estejam plenamente operacionais[24].

A partir dessa perspectiva, o estado atual do conhecimento neurológico não apresenta nenhum impedimento à aceitação da crença de que os bebês realmente experimentam certas variedades de emoções nos primeiros meses de vida, como as observações do seu comportamento indicam com extrema eloqüência. Parece, portanto, que os quatro componentes estão presentes.

Surge agora, porém, uma outra pergunta, que diz respeito ao estilo de relacionamento desses componentes. Podemos discerni-los intelectualmente quando refletimos sobre as capacidades dos bebês, mas seriam eles isoláveis na experiência infantil? Será que os bebês, por exemplo, conseguem perceber ou pensar de modo frio, distanciado, desapaixonado? Ou será que eles conseguem pensar, ou sentir emoção, a respeito de algo que não estejam percebendo naquele instante?

Parece altamente provável que a resposta deva ser negativa; que, não importa qual seja o foco imediato de interesse, ele é vivenciado pelo bebê como uma espécie de imersão total, de um modo que não admite isolamento de percepções, pensamentos, sentimentos e ações. Estão todos interligados – talvez se devesse mesmo dizer que estão fundidos – de tal modo que a totalidade da vida pessoal é unificada, imediata, espontânea.

É difícil – talvez impossível – provar isso; mas não conheço nada que sugira uma visão contrária. E Stern tem o seguinte a declarar:

> A experiência do bebê é mais unificada e global [mais do que a análise acadêmica poderia sugerir]. Os bebês não prestam atenção ao domínio no qual está ocorrendo sua experiência. Eles têm sensações, percepções, ações, cognições, estados internos de motivação e estados de consciência, e os

> experimentam diretamente... Todas as experiências são reorganizadas como constelações moldadas de uma combinação de todos os elementos subjetivos básicos do bebê[25].

Se a argumentação até aqui apresentada se sustenta, já estabelecemos que os bebês conseguem operar no modo pontual desde pelo menos os dois ou três meses de idade. Eles são capazes de interesse. Eles percebem, pensam, sentem emoções e agem, embora essas funções, quase com certeza, não sejam tão distintas e isoláveis quanto parecem insinuar as palavras que lhes atribuímos na reflexão analítica. A experiência do bebê é um tecido sem costuras, rico em fios, mas de trama bem fechada.

4. *O surgimento do modo linear: o passado lembrado e o futuro possível*

"A natureza opcional da vida é qualitativamente percebida como vitalidade."

Suzanne Langer

"... ocasiões reais são seleções a partir do reino das possibilidades..."

A. N. Whitehead

Trata-se de um fato acerca do universo que qualquer coisa que aconteça elimina uma infinidade de outros acontecimentos que, sem ela, poderiam talvez ter ocorrido. É assim que, além das suas conseqüências positivas, os eventos trazem consigo uma sombra vasta e vaga de conseqüências negativas: coisas que, de outro modo, poderiam ter acontecido. Por exemplo, todos nós existimos em detrimento de inúmeros irmãos e irmãs que não nasceram.

As ocasiões reais, segundo a terminologia de Whitehead, são possibilidades que tiveram acesso à realidade. São essas as realidades com as quais nos deparamos, e com as quais devemos lidar ao longo de toda a nossa vida. Nós mesmos, nos momentos das nossas vidas, estamos inseridos nessas realidades.

No entanto, nossas mentes também são propensas a considerar o meramente possível: o que poderia ter sido, o que ainda poderia acontecer.

As limitações do possível existem em virtude de como as coisas estão relacionadas. A ocorrência de A permite – talvez até exija – a ocorrência de B. Ao mesmo tempo, A elimina a possibilidade de C. Surgem assim a compatibilidade e a incompatibilidade, bem como a impossibilidade e a necessidade.

Como, porém, surge em nossas mentes a compreensão dessas coisas? O mundo, como se apresenta aos nossos sentidos, não estimula sua apreensão. As ocasiões que conseguiram se concretizar são simplesmente o que são. Elas não revelam diretamente seu próprio *status* de possibilidades realizadas, e não exibem as outras possibilidades com as quais se encontram relacionadas.

O melhor momento para a conscientização da possibilidade é o que antecede a entrada na realidade. Dispomos de um meio de acesso direto e primitivo a tal momento: através da nossa percepção dos nossos próprios impulsos no sentido de agir. Sempre que conscientemente abrigamos dois ou mais impulsos e nos perguntamos se vamos fazer isso ou aquilo, estamos tendo uma visão do reino da possibilidade. E, sempre que os impulsos são tais que a concretização de um excluiria a possibilidade de realização do outro, estamos nos deparando com a dura verdade de que a impossibilidade é uma característica do universo. Somos forçados a escolher.

Na medida em que os atos de um animal são antecipadamente determinados pela hereditariedade, esses conflitos entre impulsos não ocorrerão. E, na medida em que os recursos representacionais e da consciência forem limitados, esses conflitos, se ocorrerem, não serão vivenciados. Nos animais superiores, porém, nos quais um número cada vez maior de coisas depende da iniciativa do indivíduo, o conflito entre impulsos irreconciliáveis passa a ser mais comum. Nos seres humanos, nos quais as possibilidades de variedade são imensas, os conflitos entre impulsos serão freqüentes e inevitáveis. Certos impulsos deverão ter negada sua expressão. E esse fato, pelo menos durante alguma parte do tempo, chegará à consciência.

A descoberta de que fazer uma coisa pode excluir a possibilidade de fazer uma outra chega cedo na vida humana. As crianças descobrem bem cedo que não se pode ao mesmo tempo abraçar o ursinho de pelúcia e atirá-lo ao chão. Nesse caso, não há como fugir do fato de que um ou outro impulso terá de ser abandonado. Assim, o mundo opõe-se à criança em virtude de restrições inerentes à própria natureza do espaço e do tempo.

Jerome Bruner relata uma série de observações do comportamento de crianças entre quatro e doze meses de idade quando lhes eram oferecidos dois ou mais brinquedos sucessivamente[1]. No seu estudo, a ênfase estava voltada para o desenvolvimento da capacidade motora, mas seu trabalho também traz boas informações sobre a abordagem de impulsos conflitantes.

Aos quatro meses de idade, não havia o menor sinal de que as crianças pudessem lidar de alguma forma sistemática com mais de um impulso de uma vez. Quando um segundo brinquedo era apresentado, elas o ignoravam completamente ou transferiam toda sua atenção para ele, largando o primeiro como por distração, sem perceber o que havia acontecido. Essa atitude é típica da facilidade de distração do comportamento inicial no modo pontual: o novo evento de importância substitui o anterior.

Seguiu-se um período em que o conflito estava evidente. Uma criança que havia posto um objeto no colo para ter a mão livre para apanhar outro apresentaria sinais de um impulso de apanhar de novo o brinquedo "guardado" – um impulso incompatível com a intenção de segurar o novo. Aos doze meses, porém, era comum que já houvesse sido encontrada uma forma simples de lidar com esse problema. Na realidade, a essa altura as crianças já tinham toda a situação tão sob controle que muitas vezes previam a chegada do brinquedo seguinte, guardando rapidamente o anterior e estendendo a mão antes que o novo surgisse. Desse modo, elas demonstravam que havia sido tomada uma decisão no sentido de inibir um impulso e exprimir o outro. Elas pareciam já ter percebido que podiam ter um brinquedo ou o outro nas mãos, mas não os dois – que era necessário optar.

Uma consciência de opções, quer mutuamente compatíveis, quer não, implica alguma capacidade de antever aquilo que ainda não é – aquilo que apenas *pode* ser. Como, por definição, aquilo que ainda não é não apresenta nenhum estímulo aos sentidos, ele só pode ser antevisto por uma mente capaz de invocá-lo.

Isso não quer dizer que o ato de invocar tenha de ser independente de estimulação. Afinal de contas, é a apresentação dos brinquedos que induz a criança a pensar nas opções abertas a ela. Já a consideração dessas opções pressupõe uma consciência dos prováveis *resultados* de atos possíveis; e esses estão disponíveis para exame apenas em decorrência da capacidade da criança de trazê-los à mente.

O que chega à mente dessa forma deve ser baseado na memória, pelo menos até certo ponto. Podemos supor que a criança, ao prever o futuro, esteja recorrendo a experiências passadas. Cabe aqui uma distinção comum entre dois tipos de recordação. Existe, de um lado, a capacidade de *reconhecer*, e, do outro, a capacidade de *recordar*.

A diferença entre os dois está no fato de que, no caso do reconhecimento, ocorre um estímulo presente que aciona a memória. Vemos uma pessoa, por exemplo, e sabemos que ela é alguém que já vimos antes. Em comparação, a recordação ocorre quando aquilo que é recordado não está presente aos nossos sentidos, quando "invocamos" uma lembrança de alguém que não está mais ali. Logo, fica evidente que esta última deve pressupor um nível mais alto de autonomia e controle.

Observe-se, porém, que o reconhecimento e a recordação não têm as diferenças tão bem definidas quanto parecem. No caso extremo da verdadeira recordação, há uma lembrança não evocada diretamente por *qualquer* estímulo presente (mas que chegou até nós, talvez, por um "encadeamento de idéias"). No caso extremo do reconhecimento, existe a presença plena da coisa lembrada. Entre os extremos, diversos níveis de ajuda podem ser dados por estimulação presente. Suponhamos, por exemplo, que os bebês aprendam a acionar um móbile dando puxões numa cordinha presa aos seus dedos do pé; e suponhamos que mais tarde eles sejam colocados na mesma posição, mas sem uma cordinha de ligação. Eles irão espernear como se a cordinha estivesse lá. Sem dúvida, isso é memória, mas ela é reconhecimento ou recordação? Em geral, ela é conhecida como "recordação sugerida", mas está muito próxima do reconhecimento. No entanto, quanto mais parcial ou incompleto for o estímulo representado, mais a memória se aproximará da recordação. O exemplo mais famoso de uma sugestão mínima, porém muito poderosa, está no famoso romance de Proust, *A la recherche du temps perdu*, no qual o sabor de uma *madeleine* mergulhada no chá evoca um grande surto involuntário de recordações de tempos passados[2].

Parece pouco provável que ocorra uma recordação totalmente isenta de sugestão na tenra infância, embora devamos reconhecer que, se ocorresse, seria extremamente difícil detectá-la. O que é certo é que, por definição, ela não ocorre enquanto toda a experiência estiver confinada ao momento presente – ou seja, enquanto o modo pontual for o único disponível.

Quanto ao reconhecimento, está agora bem estabelecido que os bebês têm uma capacidade considerável de apresentá-lo nos primeiros meses de vida.

Quando se mostram dois objetos a um bebê, sendo um deles visto antes e o outro inteiramente novo, existe uma forte tendência, observada com regularidade, no sentido de que a criança passe mais tempo olhando para o objeto novo. Considerando-se que os dois objetos sejam muito diferentes e que se dê à criança tempo suficiente para olhar para os dois, esse tipo de experiência revela que a memória de reconhecimento já está em funcionamento mesmo por volta do primeiro mês de vida. Já se demonstrou que, aos cinco meses de idade, os bebês reconhecem fotografias após um intervalo de quinze dias; e há muitos indícios que apontam para o reconhecimento precoce de rostos[3].

Podemos ir mais além: os bebês recém-nascidos parecem ser capazes de distinguir os sons que ouviam no útero de outros sons nunca ouvidos antes. Relata-se que eles demonstram preferir a voz da própria mãe, e, de modo ainda mais notável, eles parecem reconhecer as palavras exatas de uma história que lhes foi lida *in utero*, pois há indícios de que preferem essa versão a uma versão com algumas palavras trocadas[4].

Devemos, porém, ser cautelosos quanto a interpretações. Essas pesquisas estabelecem que a experiência passada está afetando o comportamento presente. Elas não estabelecem que o que está na mente da criança é exatamente o que um adulto quer dizer com o termo "reconhecimento". Não podemos ter certeza de que o bebê tenha *consciência* de estar olhando para um objeto conhecido ou de estar ouvindo uma voz conhecida. E, sem dúvida, não podemos concluir que exista o que Lockhart chama de atribuição da qualidade de passado[5]. Como já vimos, é muito provável que, embora tenha uma espécie de sentido de movimento que "gira" do passado imediato para o futuro imediato, pelo menos nos seis primeiros meses de vida o bebê não disponha de nenhum sentido de um passado prolongado no qual possam ser localizados eventos específicos – e, portanto, nenhum sentido de um futuro repleto de eventos ainda por vir.

Que indícios podem determinar quando o passado e o futuro começam a figurar no consciente de uma criança? As questões são complexas e difíceis, como sempre ocorre com o tema da consciência pré-verbal. Existem, entretanto, razões para se acreditar que a memória sofra uma mudança dramática por volta de três quartos do primeiro ano. O período entre os oito e os dez meses parece ser crítico.

É por volta dessa época que os bebês começam a demonstrar medo de estranhos. Mais ou menos nessa mesma idade, eles começam a demonstrar aflição se desaparecer uma pessoa conhecida à qual estejam ligados. Kagan e colaboradores apresentam argumentos convincentes de que a aflição depende da lembrança da partida[6]. Eles sugerem que essa é a recordação autêntica de um evento passado: a criança recorda a presença anterior e a partida. O bebê mais novo, a quem falta essa capacidade de invocar o passado, não se perturba.

É claro que existem diferenças de uma criança para outra quanto à natureza precisa da nova reação que surge quando a pessoa conhecida parte, ou quando um estranho aparece. Louise Kaplan descreve essa reação como algo que vai "da perplexidade ao pânico"[7]. No entanto, é extremamente comum, nela, algum componente de aflição ou de desconfiança. E o fenômeno é tão disseminado, ocorre com tanta regularidade mais ou menos na mesma idade em culturas muito diferentes, que não se podem invocar experiências especificamente assustadoras para explicá-lo. A criança deve estar sentindo medo não do que já aconteceu, visto que mesmo as crianças tratadas com a máxima delicadeza podem reagir dessa forma, mas do que poderia vir a acontecer. O medo é um medo de um futuro desconhecido. E ele sugere que um novo tipo de pergunta surgiu na mente da criança – uma pergunta que, se a fala estivesse ao seu alcance, poderia ser expressa verbalmente como: "O que vai acontecer?" E talvez também: "Como vou lidar com isso, seja lá o que for?"

Embora o medo de pessoas tenha recebido, de longe, a maior parte da atenção, uma pesquisa realizada por Schaffer e colaboradores demonstra que objetos desconhecidos também despertam uma certa desconfiança. E isso acontece na mesma idade em que surge o medo de estranhos, ou seja, a partir dos oito meses[8]. Antes dessa idade, os bebês estudados estendiam a mão para apanhar objetos independentemente de eles serem conhecidos ou não. No entanto, dentro do período abrangido pelo mês seguinte, uma mudança acentuada ocorreu: a tentativa imediata e indiscriminada de agarrar foi substituída por um período de hesitação no qual a criança ficava sentada imóvel, como se estivesse procurando decidir quais seriam as conseqüências desse seu ato. Se essa interpretação estiver correta, então o ponto de interesse transferiu-se decididamente do presente para o futuro, e teve início o funcionamento do modo linear. Mas será que é isso mesmo? Há mais indícios a examinar.

O surgimento de novos tipos de desconfiança ou medo não é o único sinal de que mudanças importantes pertinentes ao início do modo linear estejam ocorrendo por volta do oitavo ou nono mês de vida da criança. Também surgem indícios de uma fonte bem diferente: a das pesquisas sobre como os bebês se comportam quando objetos para os quais estão olhando desaparecem subitamente, por exemplo quando se coloca sobre eles algo que os cubra.

A literatura sobre esse tema é extensa; as conclusões, complexas; e as argumentações sobre como interpretá-las, ainda mais complexas. No entanto, grande parte do debate não se aplica aos nossos objetivos presentes. A esta altura, estamos interessados apenas na luz que é lançada sobre o desenvolvimento da memória. Em especial, que tipo de memória devemos supor estar presente se quisermos uma explicação para os *sucessos* da criança? É importante fazer, e ter em mente, uma clara distinção entre essa questão e a questão de saber se os *fracassos* da criança podem ser atribuídos *exclusivamente* a falhas de memória. Certos fatos estão bem estabelecidos.

Durante o primeiro meio ano de vida, ou por aí, as crianças normalmente não tentam recuperar um brinquedo que acabaram de ver sendo escondido – debaixo de um pano, por exemplo, ou debaixo de uma xícara emborcada numa mesa diante delas. Elas agem *como se* o objeto escondido não mais existisse.

Surge, depois, uma mudança: o bebê passa tipicamente a tentar reaver o brinquedo, e conseguirá fazê-lo desde que não haja nenhuma dúvida quanto ao local do esconderijo. Suponhamos, porém, que duas xícaras emborcadas estejam sobre a mesa, de modo que não haja mais apenas um esconderijo. Imaginemos, ainda, que o bebê viu o brinquedo ser colocado debaixo da xícara A, e que o recuperou com sucesso. O que acontecerá se o brinquedo for agora escondido debaixo da xícara B, com a criança observando o tempo todo o que está sendo feito?

Os adultos costumam começar pela suposição de que essa última hipótese não apresentará nenhuma dificuldade especial. Afinal de contas, se o bebê consegue recuperar o brinquedo de um esconderijo, por que outro esconderijo igualmente visível e óbvio ofereceria maior dificuldade? O fato, porém, é que um segundo esconderijo é *mais difícil*, sim. E, ao se depararem com esse problema, as crianças entre oito e nove meses de idade costumam cometer erros. Elas procuram, mas freqüentemente não no lugar certo. Por terem encontrado o brinquedo no ponto A numa tentativa anterior, elas costumam voltar a procurar no ponto A, mesmo que tenham acabado de ver o brinquedo sendo escondido no ponto B.

Isso é o que podemos dizer, com segurança, que acontece; mas o que isso nos ensina sobre o desenvolvimento da memória? Em primeiro lugar, podemos concluir que, para que chegue a ocorrer qualquer tentativa de recuperação do brinquedo, o bebê precisa ter alguma capacidade de se lembrar de que *havia* um brinquedo, que depois desapareceu. Sem a lembrança de um passado recente contendo esse evento específico, não haveria procura.

Até esse ponto, creio eu, a argumentação não é polêmica. Se o bebê procura, é porque se lembra. Não podemos, entretanto, avançar para a conclusão de que, quando o bebê não procurou, ele não se lembrou. Alguma outra coisa que não uma falha na memória pode ter servido para inibir a procura quando a criança era mais nova. Portanto, os indícios considerados até agora não provam que ocorre uma *mudança* importante no que diz respeito à memória por volta dos oito meses de idade. Elas nos dizem algo sobre o estado das coisas a partir dessa idade; mas, isoladamente consideradas, não nos dizem nada sobre o que ocorria antes.

Felizmente, é claro, não temos de aceitar fragmentos de indícios isoladamente. A prática normal na ciência – como em outras atividades humanas – é a de reunir indícios a partir de fontes diferentes, à procura do melhor modo de conferir sentido ao todo.

Consideremos, agora, o que se pode depreender dos erros que surgem quando, depois de o bebê ter se tornado capaz de procurar, é-lhe apresentado um problema que envolve mais de um esconderijo possível. Muito já foi dito sobre a natureza "perseverante" desses erros – sobre o fato de o bebê voltar ao local em que o brinquedo foi encontrado anteriormente. Observemos, porém, que, quando estão disponíveis apenas dois esconderijos possíveis – como foi o caso na maior parte da pesquisa sobre esse tópico – os erros são necessariamente perseverantes: a criança escolhe B, que é o certo, ou volta ao A. Aparentemente, quando é oferecido um número maior de possibilidades, os padrões de procura nem sempre são perseverantes. Os erros podem consistir em escolher um lugar perto do lugar certo, em vez de voltar ao lugar em que o objeto foi encontrado pela última vez[9].

A interpretação mais razoável dessas conclusões pareceria ser a de que as crianças têm uma boa lembrança de que havia um objeto que desapareceu, mas elas não recordam com muita nitidez exatamente *onde* o desaparecimento aconteceu. Sua lembrança é imprecisa, tênue. Elas ficam facilmente confusas. Essa interpretação é reforçada por indícios relativos à importância da extensão do período passado entre o desaparecimento e o começo da busca. Num estudo, por exemplo, bebês de nove meses procuraram com sucesso no ponto B após um atraso de três segundos, depois de terem encontrado o objeto no ponto A três vezes. Já um atraso de sete segundos fez com que todas as crianças (eram oito no grupo) voltassem a olhar para o ponto A, e não para o B. Por outro lado, aos dez meses de idade todas elas conseguiam lidar com um intervalo de sete segundos sem erro.

Esse tipo de conclusão sugere um sistema em rápido crescimento. Schacter e Moscovitch acreditam ser esse, de fato, o caso. Eles sustentam a hipótese da existência de dois sistemas de memória, que denominam simplesmente de *inicial* e *avançada*. Afirmam, também, que a primeira provoca mudanças no comportamento em conseqüência de experiências, mas não resulta numa memória consciente (seja de reconhecimento, seja de recordação) de acontecimentos passados específicos. A segunda, sim. Quando ela está em funcionamento, nós temos a lembrança consciente de episódios específicos de nossa vida[10].

Os indícios analisados por Schacter e Moscovitch parecem sugerir que o sistema inicial funciona praticamente a partir do nascimento, enquanto o sistema avançado começa a operar no período entre o oitavo e o décimo mês, estando bem estabelecido antes de se completar o primeiro ano de vida. Schacter e Moscovitch consideram não haver nada que indique o surgimento de outros sistemas distintos depois dessa idade. Eles acreditam que o desenvolvimento posterior "consiste em integrar essa ferramenta a outras funções cognitivas". Sua argumentação é corroborada pelo estudo sobre a memória em adultos normais, no qual se pode demonstrar que os dois sistemas estão em funcionamento[11]. Ela é também reforçada pelos indícios obtidos a partir de estudos de certos adultos amnésicos que, ao procurar objetos escondidos, cometem erros muito parecidos com os observados em crianças de oito a dez meses de idade. A conclusão é que, nos amnésicos, foi o sistema avançado que entrou em colapso.

O funcionamento do sistema avançado, como definido por Schacter e Moscovitch, é evidentemente uma precondição para o desenvolvimento do segundo modo. Ampliando a metáfora usada para nomear o modo pontual, podemos pensar no ponto da experiência como algo que agora se alonga de modo a tornar-se uma linha.

Em sua forma mais primitiva, o modo linear consiste em ter pensamentos, emoções, planos e objetivos para a própria vida. Ele olha para a frente tanto quanto para trás; e, mesmo quando olha para trás, envolve muito mais do que uma lembrança consciente. No entanto, sem uma lembrança consciente ele seria impossível. Conseqüentemente, até onde podemos avaliar neste estágio, é improvável que seu surgimento se dê antes do período de rápida mudança de comportamento que geralmente ocorre nos últimos três meses do primeiro ano. Mas será que isso não é ainda cedo demais? Não haverá outros desenvolvimentos por vir que, mesmo não resultando no estabelecimento de um novo sistema de memória, são também necessários antes que possamos falar razoavelmente da vida pessoal como algo que passou a ser um ponto de interesse?

Katherine Nelson concordaria com isso. No volume que inclui o trabalho de Schacter e Moscovitch que estivemos examinando, ela apresenta dados colhidos de uma menininha chamada Emily durante um período de quatro meses a partir de quando Emily tinha vinte e um meses de idade. Deitada na cama, antes de dormir, ela costumava conversar consigo mesma, e o que dizia era registrado num gravador colocado debaixo do seu travesseiro[12].

Emily era uma criança brilhante, verbalmente precoce, que tinha muito a dizer. Parte do seu discurso estava relacionada aos bichinhos de pelúcia no seu berço, e envolvia as formas costumeiras do faz-de-conta. Outra parte, porém, falada num tom de voz diferente (Nelson o chama de um tipo de registro recitativo muito agudo), versava sobre um tema diferente. Emily estava pensando sobre o que lhe havia acontecido.

Duas breves transcrições dão uma idéia do estilo:

21:13 Papai traz compra...
Papai vem para casa...
É que meu papai papai de Emmy não vai trabalhar.
Papai de Emmy veio/pode/não pode.
Não sei por que papai veio/pode/não pode.
E Emmy desce lá fora.
Eu vim/posso/não posso ver primo e ver caminhão.
Eu vim/posso/não posso ver pedras, sujeira.
E papai lava tudo.

[*N. B.: "Vim/veio", "posso/pode" e "não posso/não pode"* não eram facilmente diferenciáveis na sua fala.*]

21:31 Fazer minha cama. Pode ser quando eu acordar e pode ser dormindo eu gosto dessa cama. E Emmy achou a cama tão gostosa. Emmy dizendo que Emmy achou a cama boa. Emmy não gostou. [?] Emmy, quando Emmy caiu da cama e traz [?] e às vezes faz uma cama nova para Emmy. E agora estar [?] pronta. Aquela [?] cama mim. E uma cama nova para mim. E uma cama nova para o bebê. Faz nova. E depois faz cama nova para o bebê. Eu [?] e faz cama nova para o para o meu bebezinho. Pode ser. Gosto daquele livro. Mamãe aquele livro. Não sei.

....

* No original inglês, respectivamente, "*came*", "*can*" e "*can't*". (N. do R.)

Nelson tece comentários sobre a falta de um estrutura coerente no primeiro trecho, que, como salienta, não se refere a um único episódio ou mesmo a um tema comum. Eu, porém, me pergunto com que freqüência os pensamentos dos adultos apresentam um tema comum, quando eles estão começando a cair no sono, a não ser que exista um foco provocado por algo que os perturbe. O segundo trecho foi gravado na noite em que o irmãozinho menor de Emmy – o novo bebê – foi trazido para casa. Muitas semanas antes, Emmy havia sido transferida para um quarto novo para que o bebê pudesse ficar perto dos pais, mas a mudança havia sido um acontecimento tão importante que continuava a aparecer nos monólogos desde então. Nelson diz que o trecho citado é uma fusão dos acontecimentos reais da vida de Emmy com uma história que haviam lido para ela, também semanas antes, sobre um pai que fazia uma cama nova para um novo bebê. Nelson trata esse tipo de "fusão e confusão" no pensamento de uma criança precoce com quase dois anos de idade como prova de uma hipótese de que, antes dos três anos, aproximadamente, a memória não é sistemática e vai se diferenciando apenas gradativamente de um "sistema representacional geral", que seria mais acertado chamar de "conhecimento" do que "memória", já que não faz qualquer distinção entre o geral e o específico, o distante e o recente, o rotineiro e o inusitado. Essa distinção é, sem dúvida, muito semelhante àquela entre memória "precoce" e "avançada" anteriormente examinada.

No entanto, o segundo trecho dos monólogos de Emmy, embora possa incluir lembranças de uma história, está sem dúvida organizado em torno de um tema pessoal coerente. A impressão de uma criança em luta com seus sentimentos quanto ao que aconteceu aparece com vigor, até com eloqüência: "Emmy dizendo que Emmy achou a cama boa. Emmy não gostou." Deve-se ter cautela para não exagerar na interpretação, mas será que ela poderia estar refletindo sobre o fato de ter fingido gostar da cama nova quando, na realidade, não gostou nem um pouco?

Podemos apenas especular. Os indícios são muito frágeis para mais do que isso. No atual estado do conhecimento, não seria legítimo ir além da conclusão de que as origens do modo linear estão nas mudanças que ocorrem por volta dos oito ou dez meses de idade, mas que mais algum tempo deve se passar antes que se desenvolva um sentido claro de um passado no qual eventos específicos são localizados com firmeza, e de um futuro no qual eventos específicos podem ser esperados com graus variáveis de probabilidade[13].

Fossem quais fossem os sentimentos de Emmy ao falar da cama nova e do bebê que agora estava na sua cama antiga, não há nenhuma dúvida de que o modo linear é fonte de muita dor. Refletir sobre a própria vida pode gerar alegria tanto quanto tristeza, mas é um fato lamentável que muitos de nós sejamos propensos a nos deter mais nos lamentos do que nas satisfações, mais nos medos do que nas esperanças prazerosas. Inúmeras vidas tornam-se totalmente desgraçadas dessa forma. Esse é o modo do "se ao menos..." e do "e se..." – do ressentimento, da culpa e do medo.

Muitos dos problemas mais graves da humanidade – tanto em nível individual quanto coletivo – derivam do predomínio e da força do modo linear, bem como do fato de ele entrar em cena tão cedo, quando a mente ainda é totalmente imatura.

Quanto ao entrelaçamento dos componentes da vida mental, a trama ainda está muito fechada no que diz respeito ao pensamento e à emoção. No entanto, a percepção e a ação motora direta, na medida em que estejam relacionadas ao aqui e ao agora, estão ausentes do funcionamento do modo linear. Da mesma forma, a ação planejada, quando existir, pode ser positiva e realista, ou mera fantasia. Por exemplo, se algum incidente no passado for importante para nós, podemos pensar nele e sentir o impulso de planejar uma comemoração, que pode de fato se realizar – uma festa de aniversário de casamento, a colocação de coroas num cemitério. Ou podemos planejar uma mudança de nosso estilo de vida e realmente cumprir o planejado. É freqüente, porém, que nos entreguemos a planos que não temos nenhuma intenção de executar. Podemos pensar, por exemplo, naquilo que gostaríamos muito de dizer a alguém, sabendo que essas palavras jamais serão pronunciadas. Ou podemos planejar uma vingança totalmente irreal.

À medida que amadurecemos, normalmente ocorre uma ampliação do modo linear, e isso possibilita comportamentos do tipo que chamamos de ético. Começamos a concentrar o interesse no que aconteceu ou no que pode acontecer em vidas que não sejam as nossas próprias. Elas podem ser as vidas daqueles que amamos, mas podem também ser as vidas daqueles que odiamos. Nesse último caso, é provável que surja o comportamento aético, já que ele vem na esteira do ódio, ainda que também possa vir na esteira da total indiferença.

A abrangência do modo linear pode ainda se expandir para além das vidas das pessoas que conhecemos diretamente. Podemos, assim, nos interessar por grupos especificados pela classe social, pela classificação étnica, pela filiação religiosa ou pela nacionalidade. Uma demonstração de interesse pelo bem-estar de um grupo ao qual pertençamos pode fazer com que sejamos chamados de "leais" ou "patriotas". Os mesmos termos também podem nos ser aplicados se demonstrarmos má vontade para com os membros de algum outro grupo, embora essa atitude possa igualmente atrair para nós os rótulos de "racistas" ou de "preconceituosos". Algumas pessoas conseguem transcender as lealdades grupais e demonstrar interesse pela espécie humana como um todo, ou mesmo por todos os seres vivos. Na medida em que essas pessoas, em todos esses casos, estejam interessadas no que aconteceu ou no que pode acontecer, elas ainda estarão funcionando no modo linear.

Esse tipo de extensão do modo é sem dúvida um desdobramento que só chega com a maturidade. Voltando à infância, porém, é um fato de enorme importância que o modo linear comece tão cedo na vida. Fortes emoções parecem existir desde o início; objetivos começam a ser nutridos não muito depois; pensamentos com uma capacidade considerável de ultrapassar os limites da vida pessoal estão certamente presentes antes que se tenham passado os primeiros anos da infância. Assim, tanto o prazer quanto a dor que acompanham o funcionamento do modo linear são uma parte inevitável da experiência de ser criança.

Como vimos anteriormente, todas as crianças logo descobrem que o mundo do espaço e do tempo se opõe aos nossos desejos em virtude de incompatibilidades inerentes a ele: não se pode fazer omelete sem quebrar os ovos. Essa é uma dura verdade, que provoca muito ressentimento. Existe, porém, um outro meio pelo qual nossos impulsos costumam ser frustrados, e talvez ele seja ainda mais difícil de tolerar. Uma criança descobre rapidamente as repressões derivadas da existência de outros agentes que têm seus próprios objetivos.

O tipo de vigor e paixão com os quais as crianças saudáveis perseguem seus objetivos é sem dúvida o estado normal do ser humano, mas ele causa problemas enormes, considerando-se ser essencial, para nós, que vivamos juntos, com laços emocionais muito estreitos. Pois os nossos objetivos nem sempre podem ser compatíveis com os das outras pessoas. A criança afirma sua vontade de um jeito que, para a mãe, é inconveniente – que entra em conflito com os objetivos da mãe. Ela se irrita; talvez bata na criança. É inevitável, então, que a criança também se irrite, e o impulso humano imediato é o de revidar. Há um forte anseio no sentido de pagar na mesma moeda. É freqüente, porém, que esse impulso não possa se realizar, seja porque a criança tenha medo de expressá-lo – medo do castigo, talvez, ou simplesmente medo de "não ser boa" –, seja porque simplesmente lhe falte força. Afinal de contas, um adulto pode apanhá-la à força e jogá-la num cercado, ou fechá-la num outro aposento, e a criança não satisfará seu desejo de desagravo em virtude da sua fraqueza e dependência.

Alguns estilos de convívio em sociedade facilitam mais o ser criança do que outros. E, sem dúvida, alguns pais facilitam mais do que outros. No entanto, nunca é totalmente fácil. Sempre há o medo e a frustração em certo nível. E a natureza do funcionamento do modo linear é tal que as inevitáveis experiências entristecedoras podem voltar continuamente à memória.

É claro que a experiência do modo linear nos é essencial. A vantagem de ser capaz de examinar a trajetória da vida para a frente e para trás é imensa. O problema provém do vínculo com a emoção – emoção que pode ser alegre, mas que também pode ser excessivamente dolorosa. Como poderemos sobreviver se o momento presente for o tempo todo invadido por sentimentos dolorosos que chegam em enxurrada a partir do passado lembrado ou do futuro vislumbrado? Como podemos proteger o momento presente, impedindo que ele seja totalmente encoberto?

No capítulo 2, começando com o medo como exemplo, examinamos algumas formas de lidar com essa ameaça ao presente. E salientamos que a ameaça tem início quando somos muito jovens. É evidente, porém, que ela não pode surgir enquanto o modo linear não entrar em cena.

Apesar desses aspectos da experiência inicial, seria totalmente errado dar a impressão de que a infância é cheia de tristeza. Existe, na nossa natureza, um lado que nos redime: temos uma grande capacidade para a alegria.

A não ser nas circunstâncias mais desfavoráveis, essa capacidade revela-se rapidamente e com consistência. Trevarthen observou em detalhes minuciosos a surpreendente atitude brincalhona dos bebês durante o primeiro ano de vida – mesmo durante os seis primeiros meses –, e mapeou o progresso de como os bebês gostam de ser provocados, seu sentido do cômico e sua alegria em participar de jogos e brincadeiras. Ele ressalta que a capacidade de brincar é um recurso humano de importância crítica para a comunicação e para o desenvolvimento da consciência de cooperação.

Judy Dunn acompanhou o desenvolvimento do humor em crianças pouco mais velhas, e suas conclusões são semelhantes[15]. Ela observa que, a partir dos quatorze meses de idade, acontecimentos que fogem ao normal e atos proibidos passam a ser grandes fontes de diversão, da mesma forma, naturalmente, que as palavras proibidas. Lembro-me de uma menininha de cerca de três anos que aprendeu a dizer "*piss off*"* e, sabendo muito bem que esse jeito de falar demonstrava falta de modos, usou a expressão com grande impacto quando o vigário veio fazer uma visita.

As crianças não apenas vêem graça nas coisas. Elas criam a graça para si mesmas com um prazer óbvio. Dunn fala de uma menininha que pôs um penico na cabeça e riu do que havia feito. Seu riso e sua expressão eram, porém, um claro convite para que os outros compartilhassem da sua diversão. A alegria era social.

Em geral, uma vez que sejam compreendidos as normas, os papéis e as situações sociais, extrai-se grande diversão do ato de zombar deles através da deturpação e do exagero. É assim que as crianças fazem frente à vida e não a levam a sério.

....

* Expressão vulgar que ordena a alguém que desapareça, equivalente ao nosso "cai fora". (N. do T.)

5. O *"faz-de-conta"* e a escolha conceitual

Muitos que aceitam prontamente o fato de que os seres humanos têm a capacidade de manipular sua própria consciência podem, ainda assim, achar difícil acreditar que essa técnica surge muito cedo – que as crianças mal saídas da primeira infância possuem a capacidade de modificar seus próprios modos de conceber a realidade. No entanto, restam poucas dúvidas a esse respeito. Desenvolvimentos normais ao segundo ano de vida produzem exatamente o tipo de autonomia conceitual que parece ser exigida para isso.

As manifestações dessa nova técnica mental podem variar imensamente nos seus detalhes, mas têm em comum uma característica surpreendente: as crianças tornam-se capazes de tratar o mundo, não como ele é, nem mesmo como ele poderia vir a ser, mas *como se* ele fosse outro. Elas se envolvem espontaneamente no que chamamos de "faz-de-conta" ou "simulação". É comum que isso tenha início no segundo ano de vida.

A forma prototípica das primeiras brincadeiras de faz-de-conta consiste em fazer com que objetos fisicamente presentes representem – ou sirvam como – outros com os quais de certo modo (mas talvez muito remotamente) se pareçam. Duas outras formas que aparecem bem cedo são a atribuição, a objetos, de propriedades que eles de fato não possuem, e o uso na brincadeira de "coisas" completamente imaginárias, quando na realidade só existe o espaço vazio.

Alan Leslie oferece uma análise teórica da simulação na qual dois "mecanismos" postulados são fundamentais. Um é o que ele chama de "desacoplador" ou "despertador da expressão". Quando esse mecanismo está em atividade e o desacoplamento ocorre, a representação básica do mundo por parte da criança (o reconhecimento, digamos, de que um objeto é uma banana) é "elevada", na terminologia de Leslie, a um novo contexto mental no qual ela se desvincula da percepção direta, adquire "aspas" mentais à sua volta e, assim, passa a ser uma "coisa" em si – um tipo conceitual de coisa. Assim, "isto é uma banana", quando desacoplado, não é mais uma representação *através da qual* se vê e se conhece a verdadeira banana. Ela não é mais transparente. Em vez disso, ela se torna algo *que* se olha, algo opaco. (A mesma metáfora de transparência e opacidade foi muitas vezes usada em comentários sobre o desenvolvimento da linguagem, quando as crianças tomam consciência da sua própria fala e, em vez de simplesmente usar palavras, começam a pensar sobre elas[1].)

A idéia de que, ao olhar para as coisas, os seres humanos costumam ter um impulso de exercer influência sobre elas já deve ser bem conhecida a esta altura. Considerando-se que raramente olhamos e deixamos de lado, não é de surpreender que o segundo mecanismo de Leslie seja o "manipulador". As representações desacopladas são a matéria-prima a partir da qual o manipulador trabalha. Elas se encontram disponíveis para esse trabalho exatamente em virtude do desacoplamento. O manipulador pode tomar a expressão desacoplada "isto é uma banana" e mudá-la para, digamos, "esta banana é um telefone". A nova expressão manipulada é então classificada como uma *simulação.* Ela existe ao lado – ou talvez devêssemos dizer "acima" – da representação básica, sem substituí-la e sem contradizê-la porque, embora Leslie insista em dizer que elas estão "no mesmo código", são reconhecidas como duas coisas diferentes. Assim, o *status* da expressão básica não é de modo algum ameaçado pela simulação, que, naturalmente, corresponde ao que realizamos quando sabemos muito bem que estamos fingindo.

O terceiro dos mecanismos propostos por Leslie é o "intérprete". Uma das suas funções principais é a de relacionar a expressão desacoplada ao que se percebe estar acontecendo no momento, ou a "ancorá-la em alguma representação perceptiva atual", nas palavras de Leslie.

Essa breve exposição não faz justiça à riqueza das teorias de Leslie nem às implicações que ele extrai delas no que diz respeito a outros aspectos do desenvolvimento, tanto normal quanto anormal. Voltaremos a alguns desses pontos mais adiante. Por enquanto, cabe observar mais uma característica: Leslie não examina nenhum precursor das complexas capacidades que postula. Na verdade, ele traça expressamente a diferença entre seu objetivo de descrever os "mecanismos subjacentes" e o que chama de objetivo complementar de encaixar a capacidade de fingir num padrão de transformação evolutiva. No contexto da argumentação de Leslie, a simulação simplesmente "surge" (e ele chega mesmo a dizer que, uma vez tendo surgido, ela não se desenvolve mais). Para os objetivos desta argumentação, porém, por seu interesse no que diz respeito às relações entre diferentes modos de funcionamento, a questão dos precursores não pode ser ignorada. E agora vale voltar a atenção às opiniões anteriores de Piaget sobre o assunto, todas muito bem conhecidas.

Em seu livro, *Play, Dreams and Imitation in Childhood*, Piaget fornece muitos exemplos de faz-de-conta[2]. Desses, talvez o mais conhecido seja o episódio com sua filha Jacqueline, aos quinze meses de idade:

> Ela viu um pano cujas pontas franjadas lembravam vagamente as do seu travesseiro; apanhou-o, segurou uma prega do pano na mão direita, chupou o polegar da mesma mão e se deitou de lado, rindo muito. Mantinha os olhos abertos, mas piscava de vez em quando, como se estivesse fazendo alusão a olhos fechados. Afinal, rindo cada vez mais, exclamou "né né" ("não não").

Observe-se que o riso acompanha o faz-de-conta; e que ele – ou, pelo menos, o sorriso – costuma ser relatado. Por que deveria ser assim? É difícil saber. No entanto, considerando-se a uniformidade das observações, podemos razoavelmente inferir que os sorrisos ou risos têm *alguma* importância.

É claro que, superficialmente, o comportamento demonstra má adaptação – ou pelo menos má adaptação ao mundo. No entanto, esse modo de ver a questão acaba por mostrar-se bastante equivocado.

A descrição de Piaget do que acontece está centrada no conceito de assimilação. A assimilação é a tendência conservadora de nosso comportamento. Ela "tende a subordinar o ambiente ao organismo em si" e é contrastada, na teoria de Piaget, com a acomodação, que é a fonte da mudança e submete o organismo às restrições sucessivas do ambiente. A assimilação e a acomodação, embora apresentadas em contraste mútuo, são consideradas intimamente interligadas – a princípio, dificilmente diferenciadas, e, mais tarde, amplamente complementares.

Diz-se que uma característica da função assimilativa é a de conduzir ao exercício de técnicas ou padrões de comportamento, uma vez que tenham sido adquiridos. Sempre que esse tipo de exercício se realiza sem qualquer objetivo de resolver algum problema novo e real (ou seja, na inexistência de uma tentativa de respeitar restrições ambientais), a atividade situa-se bem mais próxima do extremo assimilativo, e Piaget a chamaria de *brincadeira*. Ele também é da opinião de que essa "assimilação pura" é inerentemente agradável, e toma emprestado de Karl Bühler a idéia de "*Funktionslust*" ou "prazer funcional". O contraste se dá entre "um esforço para aprender" e "uma feliz demonstração de atos conhecidos".

Esse tipo de atividade assimilativa pura surge muito antes do início do segundo ano de vida, e Piaget dá um exemplo do comportamento de Jacqueline aos nove meses de idade, que é um interessante precursor do exemplo anteriormente citado. Jacqueline estava no berço:

> Enquanto segurava o travesseiro, ela notou a franja, que começou a chupar. Esse ato, que lhe relembrou o que fazia todos os dias antes de dormir, fez com que ela se deitasse de lado, na posição para dormir, segurando uma ponta da franja e sugando o polegar. Isso, porém, não durou meio minuto, e Jacqueline voltou à sua atividade anterior.

Esse episódio ocorreu durante uma seqüência de comportamentos que Piaget novamente considerou não conter nenhum "esforço no sentido da adaptação", sendo, portanto, essencialmente uma brincadeira. Ele salienta como

Jacqueline cumpre o ritual de se preparar para dormir "apenas porque esse esquema foi evocado pelas circunstâncias". Isso, embora seja uma brincadeira, ainda não é faz-de-conta. Jacqueline não está fingindo. O que ainda falta?

A diferença principal consiste em que, no episódio ocorrido aos nove meses de idade, Jacqueline está usando o travesseiro verdadeiro. Aos quinze meses, no episódio citado anteriormente, ela usa um pano. Nas palavras de Piaget, o esquema (o modelo de se preparar para ir dormir) agora assimila a si mesmo (assume, ou incorpora) o novo objeto; e esse objeto é inadequado do ponto de vista da adaptação efetiva. Um outro modo de colocar a situação seria dizer que, aos nove meses, Jacqueline trata o travesseiro exatamente pelo que ele é. Aos quinze meses, ela trata o pedaço de pano pelo que ele não é.

Dizer isso, contudo, não explica de modo algum por que as crianças começariam a atividade aparentemente sem sentido de tratar as coisas pelo que elas não são.

Piaget considera esse desdobramento simplesmente como resultado do "trabalho anterior de assimilação". Ele alega que o símbolo em si pode ser encontrado "em embrião" na tendência muito anterior segundo a qual modelos de comportamento adquiridos num dado contexto tendem a aparecer em outros ou a ser generalizados. Por exemplo, quando um bebê suga o dedo polegar em vez de sugar o seio, isso é uma generalização do esquema de sugar; "bastaria que o polegar servisse para evocar o seio para existir um símbolo".

Assim seria, de fato. Piaget prossegue: "Se essa evocação um dia ocorre, ela meramente continua a assimilação do polegar ao esquema de sugar, tornando o polegar o 'significante'; e o seio, o 'significado'."

Pode-se concordar com essa ênfase dada à continuidade e, ainda assim, discordar do uso da palavra "meramente", pois ela atenua a extensão da mudança. Algo de novo e muito importante entrou em cena.

A "generalização" é uma característica primitiva e amplamente disseminada no comportamento animal. Uma outra forma de dizer isso consiste em afirmar que, quando um animal – mesmo um organismo muito simples – aprendeu a apresentar uma reação a um estímulo, o comportamento tem a tendência a ocorrer subseqüentemente em reação a outros que sejam de algum modo parecidos com o primeiro. Ele se generaliza ou expande. Podemos, assim, dizer que a percepção da semelhança é difundida e fundamental. E, na realidade, seu valor adaptativo é nitidamente imenso. O que resulta é um tipo de classificação primitiva – um tipo muito útil de reconhecimento de ter encontrado "outro da mesma espécie" antes.

William James fez um dia a famosa observação de que, se um pólipo um dia chegasse a dizer: "Olá! Fulano, outra vez!", ele seria, por isso, um pensador conceitual. Isso, porém, não chega a satisfazer. O pensamento conceitual envolve muito mais. No mínimo, ele exige o reconhecimento de pontos de semelhança, e, *ao mesmo tempo, de pontos de dessemelhança* – a compreensão simultânea das formas pelas quais as coisas se assemelham e das formas pelas quais elas diferem.

Ora, se Jacqueline tivesse apenas reagido à semelhança entre o travesseiro e o pedaço de pano, isso teria sido de fato mera generalização: o "meramente" estaria justificado. Ela poderia, nesse caso, ter sugado a franja e tentado usar o pano como travesseiro. Depois, ao descobrir na prática a diferença, presumivelmente teria desistido. E não teria tido nenhum motivo para rir.

É a dessemelhança, portanto, que torna o objeto inadequado do ponto de vista da adaptação efetiva. Ao mesmo tempo, contudo, é exatamente essa própria dessemelhança o que o torna um símbolo possível. Se o pano *fosse* um outro travesseiro, ele não poderia simbolizar um travesseiro. Ao transformá-lo num símbolo, Jacqueline está usando tanto a semelhança quanto a diferença. *Ela está usando as duas ao mesmo tempo.* E isso é muito diferente da mera generalização.

E por que ela ri? Creio – embora não possa provar – que esse riso indica mais do que apenas o prazer de exercer uma técnica já dominada, mais do que uma "feliz demonstração de atos conhecidos" (ou seja, o ritual "de se preparar para ir dormir"). Desconfio que ele venha de uma fonte muito mais interessante. O que está envolvido é um grande aumento na liberdade mental – nada mais nada menos do que a descoberta de que ela é capaz de escolher. Ela pode tratar o pano como um pano – como o que ela sabe que ele realmente é, já que tem consciência das diferenças que o distinguem como "não-travesseiro". Ela pode, entretanto, tratá-lo como travesseiro apesar dessas diferenças, desde que opte por agir assim em função de seus próprios motivos.

A escolha, então, não é apenas uma escolha do que fazer; é uma escolha do que pensar e de como conceituar o mundo. Quer seja esse o motivo do riso, quer não, Jacqueline de fato fez a grande descoberta de que pode considerar o pano um travesseiro, mesmo que ele não o seja. Até certo ponto, portanto, ela pode começar a assumir o controle dos seus próprios pensamentos[3].

A explanação que acabamos de dar diverge da de Leslie sob vários aspectos. Um deles é a diferença de objetivos já mencionada, e um outro sua explicação para o sorriso, que ele imagina ter a função prioritariamente social de convidar outra pessoa a participar da simulação.

Parece provável que um convite dessa natureza faça parte do que está acontecendo, especialmente se levarmos em consideração os indícios de que as crianças, a partir dos nove meses de idade, podem se envolver numa forma de simulação interpessoal – ou seja, a provocação – e que a provocação sempre se faz acompanhar de risos e sorrisos. No entanto, também se sabe que os bebês ainda mais novos sorriem quando dominam alguma nova habilidade[4]. Esses dois motivos para o sorriso não são mutuamente excludentes quando alcançamos o tipo de realização que Leslie está examinando. Contudo, seja qual for a explicação para os sorrisos, é essencial à teoria de Leslie que as formas de simulação que se desenvolvem durante o segundo ano de vida pressuponham a capacidade de tratar os pensamentos como objetos a serem manipulados, o que está em perfeita harmonia com a conclusão à qual acabamos de chegar por um raciocínio algo diferente.

A nova técnica é um pré-requisito essencial para o funcionamento do terceiro modo, que tem por nome "modo do construto" e será examinado no capítulo seguinte. Entretanto, a capacidade para o faz-de-conta parece, a princípio, servir a outros objetivos.

Alguns desses objetivos sem dúvida dizem respeito à extensão do controle. Da mesma forma que o bebezinho se dedica a aprender a manipular o mundo físico, agora a criança um pouco mais velha volta sua atenção para a atividade de lidar com a mente.

Parece, portanto, provável que uma vez estabelecida uma medida de controle e havendo alguma opção quanto a como conceber o mundo, esse poder fica disponível para uma série de usos. Então, por que não usá-lo como uma defesa contra experiências desagradáveis, como um meio de tornar a realidade mais suportável?

Mesmo assim, se quisermos que as técnicas do faz-de-conta sejam usadas com eficácia para essa finalidade, uma coisa tem de mudar. Como diz Leslie acertadamente, quando uma criança finge que uma banana é um telefone, ela sabe muito bem que a banana não é nada disso. A representação básica mantém seu *status*. É preservada a diferença entre o que é real e o que é fingimento.

Essa diferença é exatamente o que deve ser sacrificado se quisermos que os mecanismos de defesa que alteram a consciência funcionem. O modo novo e preferido de representar a realidade deve ocupar o lugar do modo antigo, mais aproximadamente verídico, pelo menos na medida em que apenas a nova representação seja alvo do conhecimento explícito. (É claro que Freud diria que a representação antiga permanece no inconsciente.) Quando isso acontece, nos termos de Leslie ocorreu um "abuso representacional", o que quer dizer que, em seguida ao desacoplamento e à manipulação, houve mais um ato de substituição: uma representação efetivamente expulsou a outra, de tal forma que as duas não mais coexistem sem problemas. Somente esse último processo distinguiria, portanto, o mecanismo de defesa da brincadeira de faz-de-conta; mas a distinção é evidentemente crucial.

A conclusão à qual nos conduz a argumentação é que, antes dos dois anos de idade, as crianças já têm a *capacidade* de começar a estabelecer defesas de tipos que pressupõem a alteração da sua própria consciência. Seria difícil exagerar a importância desse fato para uma compreensão da condição humana.

Naturalmente, uma coisa é ter uma capacidade; e outra bem diferente, usá-la. No entanto, considerando-se o sofrimento emocional da infância, seria estranho que poderes adequados à defesa contra elas ficassem por muito tempo sem uso.

Em geral não é fácil observar o processo de "edição" defensiva enquanto ele ocorre. É normal que os indícios se dêem em retrospecto, envolvendo inferências quanto a quais teriam sido as atividades da "edição". Segue-se, porém, um exemplo surpreendente, observado na época em que acontecia.

Quando Julie tinha dois anos e quatro meses, seu primo Rob sofreu um terrível acidente: uma laje de calçamento caiu sobre seu pé, quebrando-lhe três dedos. Julie tinha, na época, um irmão mais novo, Philip, com apenas um mês de idade, e demonstrava muito ciúme dele. Já se haviam verificado incidentes em que ela tentava bater nele e arranhá-lo.

O ciúme era normal, já que Julie era filha única até a chegada de Philip, sendo o único alvo da atenção dos pais. A entrada de Philip em cena foi um choque e provocou muito sofrimento. De repente, ficou difícil demais suportar a realidade. Pouco depois do acidente com Rob, ouviu-se Julie contando a alguém que uma pedra havia caído no pé de Philip e que seus dedos estavam muito machucados. Ela não estava simplesmente confundindo os nomes. Quando desmentida, ela insistiu que o acidente havia acontecido com o irmão[5].

O que Julie conseguia ao mudar a história dessa forma? Ela estava se livrando da idéia insuportável de que o pequeno intruso estava em pleno desenvolvimento? Ela estava descobrindo um meio seguro de expressar seu próprio impulso no sentido de machucá-lo? Muito provavelmente, as duas hipóteses ao mesmo tempo.

O tema central de Freud, ao falar da defesa, é o de que o objetivo é o controle de perigosos impulsos instintivos. Ele também fala, entretanto, em lidar com idéias insuportáveis, bem como com o conteúdo conceitual da experiência, entre outros aspectos. E, é claro, quando um conceito foi efetivamente modificado, os impulsos relacionados tendem a se modificar também.

A maior parte da argumentação até agora tratou da modificação de modos de pensar: do que é alvo do conhecimento explícito. Agora, porém, algo mais direto precisa ser dito sobre o problema dos impulsos aos quais, por um motivo ou outro, é negada expressão.

Já vimos que os impulsos não podem todos ser concretizados na ação, tanto por motivos lógicos quanto em virtude das restrições do convívio com outras pessoas. Mas, quando se nega expressão a um impulso, o que acontece? Será que ele simplesmente deixa de existir, que ele se extingue?

A julgar pelo que revela a observação informal, é isso mesmo o que pode parecer. E alguns impulsos bloqueados sem dúvida desaparecem, de tal modo que é como se nunca houvessem existido. Já outros, ao ter negada a liberação imediata, encontram expressão por meios indiretos.

Parece haver três formas principais pelas quais os impulsos bloqueados conseguem algum tipo de realização alternativa. Eles podem afetar o corpo do agente, muitas vezes fazendo-lhe mal; eles podem afetar os sonhos e fantasias do agente; ou eles podem brotar, afinal, em comportamentos abertos, mas numa situação diferente daquela em que surgiram pela primeira vez.

Todas essas saídas receberam muita atenção no passado, e, sobre as duas primeiras, nada precisa ser acrescentado aqui. Existe, porém, um estudo interessante sobre a agressão na infância, e vale a pena examiná-lo com atenção pela luz que ele lança sobre a noção geral de realização alternativa e sobre a terceira saída em especial.

Margaret Manning fez extensas observações de um pequeno grupo de crianças, primeiro na escola maternal e, alguns anos mais tarde, na escola primária[6]. O foco de interesse era a ocorrência de comportamento hostil.

Para determinar quais atos deveriam ser computados como hostis, Manning e seus colaboradores adotaram o método sensato de anotar como os atos eram recebidos. Protestos, retaliações, choros e atitudes semelhantes por parte da criança a quem o ato era dirigido foram os critérios para considerá-lo "hostil". Em seguida, o contexto foi levado em consideração, e três categorias de comportamento hostil foram estabelecidas.

Primeiro, havia a "hostilidade específica", ou seja, hostilidade provocada por alguma irritação ou frustração imediata. Nesse caso, a hostilidade era uma afirmação do eu, e servia como meio para atingir algum objetivo – reaver um brinquedo, tomar a vez de alguma outra criança, insistir em que as normas da escola fossem observadas.

Em segundo lugar, vinha a "perseguição". Para que um ato fosse considerado "perseguição", era preciso que não houvesse nenhuma provocação direta e óbvia; e, nesses casos, também parecia não haver nenhum objetivo extrínseco. A recompensa era a reação da vítima. Se, por exemplo, o agressor destruísse algo que uma outra criança havia construído, ele cuidaria de se certificar de que a outra criança soubesse o que havia acontecido.

O comportamento hostil nessas duas primeiras categorias poderia ser físico ou verbal. Na terceira, porém, ele era principalmente de natureza física, e consistia em comportamentos extremamente brutais durante as brincadeiras – agarrar o outro pela garganta, jogar o outro no chão. Poderia também haver alguma intimidação durante brincadeiras imaginárias – por exemplo, prender vítimas contra sua vontade. Manning chama isso de "hostilidade lúdica". (Uma forma extrema de hostilidade lúdica é presumivelmente o que levou ao terrível trauma sofrido pelo paciente de Bettelheim – ver p. 38.)

As crianças do estudo de Manning foram divididas em quatro grupos, de acordo com as proporções relativas dos diferentes tipos de hostilidade que demonstravam. Vieram à tona, então, duas conclusões de interesse. A primeira é que houve coerência no comportamento desde o maternal até a escola primária. Crianças que demonstravam padrões particulares de comportamento quando observadas pela primeira vez ainda apresentavam tendência a se comportar do mesmo modo quatro anos mais tarde. A segunda conclusão é que foi possível estabelecer correlações entre os padrões de comportamento nas escolas e as circunstâncias da vida das crianças em casa.

Os complexos resultados que justificam a segunda conclusão podem ser resumidos como se segue.

Primeiro, as crianças que se especializavam em hostilidade lúdica vinham de famílias nas quais, nas palavras de Manning, "todos os membros da família pareciam ser negativos uns com os outros". Uma outra característica dessas famílias era o favoritismo, e os "especialistas lúdicos" costumavam ser menos favorecidos pelas mães do que seus irmãos. Manning sugere que, sentindo-se preteridos, mas desejosos de afeto, eles tentam apresentar comportamentos aparentemente amáveis, mas realmente hostis – eles podem, por exemplo, fazer ameaças com uma expressão sorridente. Os jogos permitem, assim, uma esplêndida saída.

Segundo, as crianças especializadas em "perseguições" tinham dois tipos de ambientes familiares. Elas tinham um irmão dominador, ou mais de um; ou então, tinham mães dominadoras e excessivamente controladoras. Aquelas com irmãos dominadores costumavam atormentar outras crianças da escola com provocações ou, em geral, irritando-as através de agressões verbais. Aquelas com mães muito rígidas preferiam a violência física.

Manning declara sobre estas últimas: "Essas crianças estavam entre as mais hostis, mais violentas e mais inamistosas da escola maternal." Com suas mães, pelo contrário, elas eram "inibidas e reprimidas". As mães desse grupo tinham um interesse especial pelas normas, pela aparência e pelo bom comportamento; e as normas eram impostas com austeridade, muitas vezes com rigor. Disse uma das mães: "Se uma criança tem bons modos, pode-se levá-la a qualquer lugar." A preocupação, portanto, era com o comportamento externo da criança, e parecia haver pouco interesse pela criança como indivíduo em si. Assim, a conversa entre mãe e filho era muito limitada.

Talvez tenha sido sob este último aspecto que a diferença entre os "especialistas em hostilização" e os "especialistas específicos" acabou por revelar-se com maior nitidez. As crianças cuja agressividade estava principalmente direcionada para a realização de algum objetivo alheio à própria agressividade – ou seja, que não atacavam simplesmente pelo prazer de atacar – costumavam vir de lares nos quais mães e filhos conversavam com liberdade e alegria, nos quais a conversa era cheia de vida e espontaneidade, nos quais muitos interesses eram compartilhados. A disciplina era significativamente menos rígida. As mães eram simpáticas, e não eram exigentes. Elas também não eram necessariamente carinhosas e expansivas, sobressaindo não tanto por abraços e beijos quanto por risos e sorrisos.

Há aqui, portanto, bons indícios para corroborar a hipótese de que a mentalidade humana é caracterizada por um tipo muito especial de tenacidade. Corre-se, porém, o risco de trabalhar com um modelo excessivamente simplificado dos processos que estivemos examinando. Uma vez que reconheçamos que impulsos não liberados, especialmente aqueles acompanhados por uma emoção muito poderosa, com freqüência se recusam a "prostrar-se e morrer", parece razoável dizer que eles encontram outras saídas – em sonhos, fantasias, sintomas físicos ou outros comportamentos explícitos. O risco dessa forma de falar está em supor que uma quantidade fixa de energia acompanhava o impulso inicial, e que, quando ela é "liberada" através de algum "canal" alternativo, o impulso vai *então* morrer.

Essa é a idéia subjacente à crença na catarse – a idéia de que ver um filme violento, por exemplo, despertará fantasias agressivas reduzindo, assim, a tendência a expressar a agressão abertamente, já que uma outra válvula de escape foi desse modo fornecida e a energia foi "gasta".

A mente, no entanto, nem sempre funciona desse jeito. Ela não é um sistema inerte de passagens que ligam pontos de entrada e pontos de saída. Pelo contrário, trata-se de um sistema ativo para a interpretação dos acontecimentos e para a elaboração de significados. Portanto, o modelo "hidráulico", como às vezes é chamado, deixa de se encaixar porque a energia do impulso original bloqueado não tem forçosamente de se manter como uma quantidade fixa. A atividade da mente é perfeitamente capaz de ampliá-la, ou, recorrendo a uma imagem biológica, de cultivá-la. Shylock, fiel a essa verdade, não fala de liberar seu ódio através da vingança. Ele prefere dizer:

Se eu puder apanhá-lo de jeito,
Cevarei à vontade o antigo rancor que sinto por ele[7].

Pode, às vezes, haver um escape e uma efetiva liberação. Com freqüência, porém, o "cevar à vontade" descreve com maior acerto o que ocorre.

Até aqui, estivemos considerando algumas das conseqüências emocionais da capacidade humana de guardar na mente impulsos não-realizados; mas existem outras conseqüências a serem ainda exploradas. É chegada a hora de tomar um rumo diferente e examinar as implicações para o pensamento racional.

No cerne da racionalidade, está a capacidade de fazer inferências dedutivas; e na origem dessa capacidade está a compreensão da incompatibilidade – o reconhecimento de que um acontecimento pode eliminar a possibilidade de outro. É por termos essa compreensão que podemos conceber possibilidades excludentes e terminar com "apenas uma que resta" ou com aquela que "tem de ser".

Essa conscientização pode surgir apenas em seres capazes de refletir sobre acontecimentos como *possibilidades realizadas.* Enquanto pensamos apenas nas coisas como elas são, não percebemos nenhuma incompatibilidade. Diretamente observado, o mundo não revela nenhuma. O que coexiste é necessariamente compatível. Esta varinha é mais comprida do que aquela e ponto final. Um exame das duas não produz nada com que esse fato esteja em conflito. Ou, então, essa flor é vermelha enquanto aquela é azul. Não há mais a dizer enquanto estivermos lidando com um universo estático, visto num corte transversal do tempo.

A incompatibilidade pertence a um mundo de processo, a um mundo continuamente vindo a ser – um mundo no qual, se *x* chegar a existir, *y* não chegará. Parece provável que nossa primeira apreensão dessa idéia surja quando começamos a participar do processo através dos nossos objetivos conscientes e atos intencionais. (Ver capítulo 4, no qual já houve algum exame desses conceitos.) A conscientização advém especialmente quando somos forçados a reconhecer que os impulsos no sentido de agir entram em conflito mutuamente, de tal forma que "não podemos ter os dois proveitos ao mesmo tempo". É daí que se origina nossa compreensão da incompatibilidade, e a partir dela nossa racionalidade. No entanto, é porque temos mentes que mais tarde adquirem a capacidade de representar os impulsos não-realizados sob alguma forma duradoura que chegamos a pensar na realidade como aquilo que foi possível, e que de fato aconteceu.

O capítulo 4 defendeu a crença de que sofremos a experiência básica do conflito e da escolha numa idade precoce. É claro, porém, que isso é apenas o começo, a precondição. Antes que a compreensão emergente da incompatibilidade possa ser usada em prol do raciocínio, é preciso realizar muito mais. É necessário avançar para o reconhecimento de que, embora acontecimentos conflitantes não possam coexistir, pensamentos conflitantes de forma alguma excluem-se mutuamente *enquanto pensamentos.* A mente pode "abrigá-los" livremente, embora o conflito possa ser vivenciado como algo que exige uma resolução. Somente quando ocorre a apreensão desse fato – a princípio, em termos implícitos, sem dúvida – pode ter início a atividade de reunir idéias, de combinar proposições e extrair conclusões. *A capacidade de combinar proposições e extrair conclusões é um requisito prévio para o terceiro modo.*

Quando, então, essa capacidade começa a surgir? Uma dificuldade com a qual nos deparamos imediatamente é a de que o raciocínio dessa natureza não poderia ser reconhecido – mesmo que pudesse ocorrer – enquanto não pudesse encontrar expressão através da linguagem. E as aptidões lingüísticas adequadas a uma tarefa desse porte demoram algum tempo para se desenvolver – embora demorem menos tempo talvez do que se poderia supor.

Eis um exemplo que devemos a uma criança chamada Sarah, aos dois anos e dez meses de idade. Sarah comportou-se muito mal, e seu pai bateu nela. Ela o censurou, indignada:

> "Você não bate em Sarah!
> Sarah é uma boa menina.
> Você não bate em boas meninas![8]"

Esse é um silogismo explícito. Ele segue a forma tradicionalmente exemplificada:

> "Todos os homens são mortais.
> Sócrates é um homem.
> Logo, Sócrates é mortal."

Assim:

> "Não se deve bater em boas meninas.
> Sarah é uma boa menina.
> Portanto, não se deve bater em Sarah."

A incompatibilidade que Sarah percebe (ou que pelo menos resolve invocar) está entre a noção de levar umas palmadas e a de ser uma boa menina. Sarah consegue ter em mente as duas idéias, e usa a incompatibilidade para extrair uma conclusão e embasá-la. Ela menciona em primeiro lugar a conclusão e depois a justifica, enquanto a apresentação tradicional segue a ordem contrária. O raciocínio é, porém, o mesmo; e a ordem de Sarah é a mesma que a maioria de nós usaria, creio eu, numa argumentação informal. Portanto, essa menininha, de menos de três anos de idade, demonstra estar equipada com o que temos de chamar de racionalidade.

6. Duas variantes do modo do construto

> *CALLUM: Deus está em toda parte?*
> *MÃE: Está, querido.*
> *CALLUM: Ele está aqui na sala?*
> *MÃE: Está, sim.*
> *CALLUM: Ele está dentro da minha caneca?*
> *MÃE [*ficando embaraçada*]: Bem, está.*
> *CALLUM [*tampando a boca da caneca com a mão*]: Peguei ele!*
>
> *(Callum estava com quatro anos na ocasião dessa conversa.)*

Vimos que o modo linear produz um movimento que se afasta do presente ao transferir o ponto de interesse para o passado e para o futuro pessoais. Existe, porém, um outro movimento que nos tornamos capazes de realizar – um movimento que se distancia de acontecimentos específicos na direção de um interesse geral pelo modo como as coisas são.

No funcionamento do modo linear, as percepções e as ações desapareceram, mas o campo de operação é fornecido por lembranças e projeções para o futuro. O que precisa ser alcançado para além disso é um movimento do ponto de interesse que o afaste de acontecimentos específicos no tempo. Em vez do aqui/agora ou do lá/então, a mente passa a se interessar por um ponto concebido como em algum lugar/alguma hora ou qualquer lugar/qualquer hora. Dessa forma, no terceiro modo, não mais nos restringimos a uma consideração de episódios da nossa própria experiência – ou mesmo daqueles de que soubemos através de outros. Começamos a nos interessar ativa e conscientemente pela natureza geral das coisas.

Trata-se de um desdobramento muito importante. Mesmo assim, quando ele começa a ocorrer, e por algum tempo daí em diante, até que o quarto modo entre em cena, a mente ainda não consegue funcionar sem um contexto de algum tipo conhecido. O contexto necessário é, por definição, não mais fornecido pela percepção de eventos específicos, pela lembrança deles ou pela expectativa quanto a eles. Ele precisa, assim, ser suprido por um ato deliberado da imaginação construtiva. Por esse motivo, o terceiro modo é chamado de modo do construto.

A imaginação não fica de modo algum ociosa nos outros modos, notadamente nas atividades de sondagem do futuro do modo linear, quando nos perguntamos o que poderia vir a acontecer. Também já há muito se reconheceu que o processo de relembrar o passado tem seus aspectos construtivos. No entanto, a passagem da especificidade para a generalidade faz novos tipos de exigência para a criação de contextos. Por isso, a designação "modo do construto" parece adequada.

O modo do construto é responsável por grande parte da nossa atividade mental. Ele contém grande diversidade, e há subcategorias que precisam ser identificadas.

À semelhança do modo linear, o modo do construto não depende da ação ou da percepção direta. É claro que atividades do modo pontual podem ser combinadas com o modo do construto, como quando Callum tampa a caneca com a mão; mas elas não fazem parte da sua essência. Isso nos deixa com os papéis do pensamento e da emoção a considerar. E é a variação desses papéis que gera as subdivisões.

Em algumas atividades do modo do construto, a intenção é a de pensar sem emoção ou sem paixão. Em outros casos, porém, não existe esse objetivo: a meta de excluir a emoção está ausente, de tal modo que o interesse por saber como as coisas são assume a forma de um livre entrelaçamento de pensamento e sentimento. Ou seja, a mente envolve-se em algum tipo de investigação geral e, ao mesmo tempo, permite uma reação emocional irrestrita ao tópico em questão.

Nos casos em que o pensamento e a emoção estejam presentes desta última forma, mais ou menos em pé de igualdade, falaremos do modo do construto básico. As versões anteriores do modo pontual e do modo linear – ou seja, aquelas das quais tratamos prioritariamente até agora – podem também ser chamadas de modos básicos no mesmo sentido, e devem ser diferenciadas de outras subcategorias que surgem mais tarde. Existe, por exemplo, uma espécie de funcionamento do modo pontual, de importância crítica para a ciência, no qual a meta é observar os acontecimentos presentes num estilo que chamamos de "objetivo".

No caso do modo do construto, há duas subcategorias, além da básica, que precisarão ser examinadas com alguma atenção. São elas o modo do construto intelectual e o modo do construto da percepção de valor. Segue-se, neste mesmo capítulo, um exame da versão básica e da intelectual. Um exame da versão da percepção de valor virá no capítulo 9.

O modo do construto intelectual é aquele no qual se dá uma nítida prioridade ao pensamento. Observe-se, porém, que uma certa emoção pode acompanhar – e geralmente acompanha – o tipo de investigação que chamamos de desapaixonada. Afinal de contas, se não nos importássemos com a possibilidade de resolver o problema ou de descobrir a verdade, não investiríamos muito esforço nessa iniciativa. O que é incompatível com o funcionamento do modo do construto intelectual é o tipo de emoção que interfere na investigação, tendendo a exercer influência sobre o resultado – a que faz com que, por exemplo, rejeitemos algum dado ou alguma argumentação por entrarem em conflito com algum outro ponto que queremos continuar a sustentar.

Existe uma quantidade de causas para distorções e comportamentos tendenciosos no raciocínio humano, mas o envolvimento emocional prévio com um ponto de vista é, sem dúvida, uma das principais. Na medida em que não nos livremos desse tipo de envolvimento, estaremos funcionando no modo do construto básico. Às vezes não há mal nenhum nesse tipo de funcionamento, mas há ocasiões em que ele é extremamente perigoso e indesejável. Evans, por exemplo, alega que ele pode ter graves conseqüências quando peritos são chamados a depor em tribunais. Nas suas palavras, "há provas amplamente difundidas na psicologia social de que as pessoas dispõem de mecanismos para sustentar opiniões e evitar ou desacreditar evidências que entrem em conflito com esses pontos de vista"[1].

Infelizmente, os peritos também dispõem desses mecanismos, exatamente como as outras pessoas; e, a menos que os peritos sejam extremamente conscientes de si mesmos, disciplinados e escrupulosos, eles podem alegar que estão seguindo um raciocínio rigoroso – e, na verdade, acreditar que estão agindo assim – quando não estão fazendo nada de parecido. Os riscos são evidentes.

Até agora, portanto, examinamos ligeiramente duas subcategorias do modo do construto: uma na qual o pensamento tem a prioridade; e outra na qual tanto o pensamento quanto a emoção têm seus devidos papéis, mais ou menos equivalentes, a representar. Lançaremos agora um olhar mais minucioso a cada uma isoladamente, começando pela última.

À medida que amadurecemos, todos nós desenvolvemos opiniões sobre a natureza do universo, sobre nosso próprio grupo social, sobre outros grupos sociais e sobre nós mesmos. Essas opiniões costumam ser mantidas com paixão. Elas importam para nós. Elas estão carregadas de sentimentos de valor.

É possível pensar desapaixonadamente sobre esses tópicos, como os astrônomos, físicos, sociólogos e psicólogos, por exemplo, conseguem, com maior ou menor sucesso, nas suas vidas profissionais. No entanto, aqueles de nós que se dedicam a essas disciplinas não são mais capazes do que outras pessoas de viver uma vida humana normal sem os sistemas de crenças emocionais que constituem o que chamamos de nosso "caráter" e nossas "atitudes". Esses são a parte mais íntima de nós mesmos. Podemos dar um jeito de deixá-los de lado enquanto pensamos cientificamente, embora isso não seja nada fácil. Na verdade, o esforço nesse sentido costuma fracassar, como vimos, de tal modo que o que deveria ser uma atividade intelectual "desapaixonada" passa a ser algo bem diferente.

Ainda, esses estilos de funcionamento nos quais o pensamento e a emoção estão intimamente entrelaçados costumam se reafirmar assim que nos permitimos um descanso das nossas atividades profissionais. É bastante parecido com dirigir um carro que "prefere" certas marchas, e que volta automaticamente para elas na primeira oportunidade. Portanto, o modo do construto básico geralmente não é superado à medida que envelhecemos. Como os outros modos, ele muda, mas não fica perdido com a passagem do tempo.

Parece provável que, na própria origem desse modo, esteja o primeiro aparecimento de uma noção reflexiva do eu. É provável que algum sentido do próprio eu como agente esteja presente desde muito cedo, como vimos no capítulo 3. Já a construção de um conceito de identidade, ou da imagem do eu, é uma outra história. O desenvolvimento da capacidade de pensar sobre o próprio eu, ou de conceituá-lo, parece ter sua origem por volta dos dezoito meses. Por volta dessa idade, as crianças começam a mostrar sinais de saber que, quando olham no espelho, são elas mesmas o que vêem ali. Crianças mais jovens costumam apontar para o espelho, mas a partir dos dezoito meses elas geralmente não agem assim. E, se o rosto da criança estiver marcado de alguma forma – com uma pincelada de *rouge*, talvez – pode-se obter uma prova nítida do surgimento de um novo tipo de consciência, pois as crianças mais velhas revelam interesse pela marca tocando-a ou esfregando-a no próprio rosto. Elas não esfregam o espelho[2].

Por volta dessa mesma idade de dezoito meses, as crianças também começam a ser capazes de falar de si mesmas. É freqüente que usem os próprios nomes antes de aprenderem a usar corretamente os pronomes pessoais (eu, me, você, etc.). Ou seja, uma criança pode dizer "Kate quer isso" em vez de "Eu quero isso". Quando as crianças começam de fato a usar os pronomes pessoais, elas podem eventualmente ficar confusas a princípio, dizendo "você" quando querem dizer "eu", ou vice-versa. Isso não é tão surpreendente, já que as pessoas se dirigem à criança chamando-a de "você"; mas pode gerar conseqüências divertidas como quando uma criança interrompeu um chá da sua mãe com amigas e declarou com veemência: "Mamãe, sua calça está caindo."[3]

Apesar dessas confusões, que geralmente são de curta duração (se é que chegam a ocorrer), os indícios verbais não deixam quase nenhuma dúvida de que, antes do final do segundo ano de vida, as crianças conseguem pensar sobre si mesmas e exercitam muito essa capacidade.

Aqueles sentidos do eu que estão presentes durante as atividades iniciais do modo pontual e do modo linear não precisam depender de muita compreensão de como o eu se relaciona com o resto do mundo. No entanto, a história é bem diferente quando se trata da elaboração de um conceito reflexivo do eu. Pois essa é exatamente uma tarefa através da qual almejamos conhecer nosso lugar no esquema das coisas – e nosso valor como parte desse esquema. Ela é, assim, uma tarefa inevitavelmente conceitual e carregada de valor, cognitiva e emotiva.

Segue-se que o modo linear e o modo do construto básico se desenvolvem num relacionamento muito próximo depois do surgimento deste último, exercendo enorme influência mútua. Nossas interpretações daquilo que nos acontece, nossos planos e projetos são afetados pela forma pela qual nos vemos em relação aos outros, bem como por alguns pressupostos subjacentes muito gerais quanto à natureza da existência. Além disso, a influência funciona com a mesma intensidade no outro sentido: há uma interação poderosa e constante. Mesmo assim, ainda são dois modos, diferenciados pelo ponto de interesse que for dominante a qualquer momento.

É óbvio que, no esforço de elaborar um conceito do eu e um sistema de noções gerais acerca do mundo em que vive, uma criança pequena será muito influenciada pelos conceitos e valores dos que a cercam: a princípio, pelo que for dito e feito na sua família imediata; em seguida, pela esfera cada vez maior dos seus conflitos sociais. Contudo, as crianças não esperam apenas que essas experiências lhes forneçam dados. Elas certamente aproveitam os dados que lhes chegam por acaso, mas, desde que lhes seja dado o mínimo incentivo, elas logo empreendem suas próprias buscas; elas fazem perguntas. Algumas crianças entre os três e os seis anos de idade, aproximadamente, fazem perguntas o tempo todo.

É claro que a seriedade dessa busca pode variar. A investigação de Callum quanto à onipresença de Deus tem um tom brincalhão, de provocação. Ele não está muito preocupado. Está se divertindo. Por outro lado, pode haver ansiedade em alguns dos questionamentos que ocorrem. Gareth Matthews ressalta esse ponto quando menciona John, um menino de seis anos de idade que, ao refletir sobre o fato de seus brinquedos, seus braços e sua cabeça serem todos seus, se perguntou: "Que parte de mim é realmente eu?"[4]

Perguntas menos profundas que ainda têm por alvo o entendimento geral são também muito comuns. Barbara Tizard e Martin Hughes fornecem exemplos de uma vasta gama de perguntas rotineiras. Por exemplo, como o tamanho de uma pessoa se relaciona com sua idade; o que significa ser canhoto; por que Mamãe dá dinheiro para o limpador de janelas em vez de receber dinheiro dele; por que a maior parte do xarope tem de ser guardada para o bebê (embora a criança que faz a pergunta o queira e tenha ciúme do bebê); por que Mamãe (que tem um monte de tarefas domésticas a cumprir) não pode passar muito tempo brincando; e por aí vai[5].

Essas perguntas variam enormemente em termos de peso emocional. No entanto, estão sendo examinadas através de um modo de funcionamento mental em que não ocorre o menor esforço para eliminar a emoção, em que não há nenhuma consciência de que ela devesse ficar de fora. Sempre que ela surge, é-lhe dado livre acesso. E é correto que assim seja. As perguntas não são – nem deveriam ser – neutras e desapaixonadas.

É importante considerar até que ponto somos "moldados", em todas essas questões, pela cultura na qual crescemos. Que escolha temos no final das contas – ou no início? Essa pergunta costuma despertar opiniões carregadas de emoção.

Quanto ao início – ou seja, às origens do modo do construto básico –, há quem defenda a idéia de que as crianças pequenas têm pouquíssima escolha, a não ser a de se ver e ver o mundo social através dos olhos de quem cuida delas. Por exemplo, na colocação de Peter Berger e Thomas Luckmann, os adultos "estabelecem as regras do jogo", e a contribuição da criança consiste apenas em determinar se vai jogar "com entusiasmo ou com uma resistência taciturna". Berger e Luckmann admitem que a criança não é "simplesmente passiva". Mesmo assim, de acordo com eles

> sua internalização da realidade pessoal [de quem cuida dela] é praticamente inevitável. A criança não internaliza o mundo desses outros seres significativos como um dentre muitos mundos possíveis. Ela o internaliza como o mundo, *o* único mundo existente e concebível, o mundo *tout court*[6].

À primeira vista, há uma certa qualidade irresistível nessa argumentação. Pois como poderia uma criança muito jovem conceber outras possibilidades além das que lhe são oferecidas? E é claro que as crianças realmente aceitam muitas coisas "em confiança", por assim dizer. Já a alegação de inevitabilidade – mesmo moderada pelo "praticamente" – parece menos convincente quando se levam em consideração as evidências já examinadas sobre as capacidades cognitivas das crianças pequenas. E ela parece muito menos convincente quando se presta atenção ao que muitas crianças chegam a dizer. Suas conversas são repletas de dúvidas e questionamentos e, muitas vezes, de uma capacidade de enfrentar os adultos e confundi-los.

Segue-se um exemplo pertinente, extraído de uma ocasião em que um pai estava tentando testar a inteligência do seu filhinho de três anos de idade. A primeira pergunta era sobre a identidade sexual. A conversa foi como se segue.

> PAI: Stephen, você é um menino ou uma menina?
> STEPHEN: Sou um cachorrinho.
> PAI: Ora, Stephen! Pense bem. Você é um menino ou uma menina?
> STEPHEN: Grrrrr! Uau-au!

A tentativa do teste acabou numa explosão de riso. Quem poderíamos dizer que estaria estabelecendo as regras do jogo?

O livro de Matthews, há pouco citado, é uma rica fonte de ilustrações como essa: ilustrações da capacidade das crianças de refletir sobre o que lhes dizem, em vez de simplesmente aceitá-lo, bem como de jogar com possibilidades[7]. No entanto, a presença de adultos que participam do diálogo com disposição, ou, melhor ainda, com entusiasmo – como Matthews fazia com seu próprio filho – é nitidamente benéfica. As crianças podem ser estimuladas a seguir suas carreiras precoces de pensadores independentes – ou podem ser desestimuladas. Por outro lado, há sem dúvida aquelas que são mais fáceis de desestimular do que outras.

Portanto, as crianças descobrem como as coisas são por meio de perguntas – mas não apenas com perguntas. Elas também observam e ouvem com atenção, além de lhes serem fornecidas informações ou instruções. Elas vêem televisão, brincam, discutem – e, com o passar do tempo, lêem.

Com esses meios, elas vão aos poucos elaborando sistemas de crenças altamente complexos que se tornam essenciais às suas vidas. Dar-lhes o nome de "sistemas" não quer dizer que eles sejam sempre coerentes ou que apresentem uma harmonia interna. Justifica-se, porém, o termo "sistema" porque nós geralmente não nos contentamos com crenças isoladas. Fazemos o possível para que elas se sustentem mutuamente.

As crenças às quais chegamos por esse caminho dizem respeito à imagem do próprio eu – como se é corajoso ou covarde, como se é esperto ou "bobo", como se é amado ou capaz de ser amado. Elas também se relacionam à natureza do mundo, em especial do mundo social. Observe-se que atualmente, quando está em questão a compreensão do mundo físico, damos às crianças, à medida que vão crescendo, um forte incentivo a procurar usar os modos intelectuais relativamente desprovidos de emoção. Isso, no entanto, nem sempre foi assim. Veremos mais adiante que essa atitude parece ter surgido há bem pouco tempo, o que significa que a abrangência do modo do construto básico está agora reduzida em comparação com o que costumava ser. Contudo, sua esfera de ação é muito ampla. A maioria das nossas opiniões sobre questões políticas, econômicas ou religiosas, bem como nossas avaliações sobre relações interpessoais íntimas, são resultado do seu funcionamento.

Haverá muito mais a dizer adiante sobre o modo do construto básico. Chegamos agora ao desenvolvimento inicial da versão intelectual desse modo. E, talvez de forma surpreendente, sua chegada não parece vir muito depois do surgimento da categoria básica. Naturalmente, nunca se pode determinar essas questões com algum grau de precisão. Mesmo assim, é possível encontrar evidências do que temos de chamar de atividade intelectual em muitas crianças a partir da idade de três anos, aproximadamente. Para ilustrar esse ponto, recorro à obra de Martin Hughes[8].

É de conhecimento geral que as crianças de três e quatro anos quase sempre conseguem contar grupos de objetos que lhes são mostrados, desde que os números sejam bem baixos. O que Hughes descobriu é que, com a mesma restrição, elas conseguem responder perguntas numéricas sobre situações hipotéticas. Perguntas como, por exemplo, "se houvesse duas meninas numa loja e mais uma entrasse, quantas meninas estariam agora na loja?" foram respondidas corretamente por 62% das crianças que participaram desse estudo.

Ora, é claro que o tipo de raciocínio que esses problemas exigem vai além dos modos pontual e linear. Não se trata de nada do aqui e do agora; tampouco se trata de um evento no passado ou no futuro. As meninas na loja não são meninas específicas numa loja específica num dia específico, mesmo que sejam imaginadas com total nitidez enquanto o problema é resolvido. Elas são quaisquer meninas em qualquer loja a qualquer hora. Imaginar outras meninas em outras lojas produziria a mesma resposta. Atingiu-se, assim, a generalidade.

No entanto, uma outra conclusão de importância crucial brotou da obra de Hughes – uma conclusão que ajuda a esclarecer a natureza do modo do construto intelectual ao demonstrar como ele difere do outro modo intelectual que se seguirá a ele. (Este é chamado de modo transcendente intelectual, e será examinado no capítulo 8.) Houve algo que a maioria dessas mesmas crianças não conseguiu absolutamente fazer – algo que a um adulto parece ser de uma semelhança extrema e exigir pouquíssimo mais esforço, se é que algum. Elas não conseguiam somar um mais dois. Ou seja, conseguiam somar um tijolo e dois tijolos, ou uma criança e duas crianças, ou não importa o que fosse – mesmo que não dispusessem dos tijolos e das crianças de verdade para olhar e contar – mas não conseguiam somar números.

Houve um menino chamado Ram, de quatro anos e sete meses de idade, criança brilhante e competente, que deixou explícito o problema na seguinte conversa com Hughes:

M.H.: Quanto é três mais um? Quanto dá três mais um?
RAM: Três e o quê? Um o quê? Uma letra? Quer dizer, um número?
[*Ele estava se referindo supostamente a números magnéticos usados numa atividade anterior.*]
M.H.: Quanto dá três mais um?
RAM: Mais um o quê?
M.H.: Só mais um, você sabe.
RAM [*irritado*]: Eu não sei.

Ram e a maioria das outras crianças de três e quatro anos no grupo conseguiam aceitar certas perguntas que não tinham nenhuma relação com seus interesses imediatos ou com o curso das suas vidas, e respondê-las prontamente. A pedido, sentadas numa sala com o pesquisador, elas eram capazes de voltar suas mentes para situações hipotéticas e raciocinar sobre elas. Elas conseguiam pensar numa loja com duas crianças; podiam imaginar a saída de uma dessas crianças ou a entrada de uma terceira; e sabiam computar a conseqüência dessa mudança. Não é uma realização insignificante. Entretanto, elas não conseguiam imaginar um e depois acrescentar dois. Por que não? O que é que Ram demonstra com tanta ênfase não saber? Por que ele não consegue funcionar sem uma resposta à pergunta "Mais um o quê?"?

Hughes tende a considerar essa dificuldade como pertinente ao aprendizado da linguagem da matemática e à familiarização com "traduções" de e para ela. Isso faz bastante sentido, e a idéia é aplicável a algumas das descobertas que Hughes fez quando trabalhou com crianças mais velhas. Eu, porém, não acredito que o problema fundamental de Ram seja o de aprender uma nova forma de falar; ou, pelo menos, se quisermos aceitar essa idéia, devemos nos perguntar por que essa nova forma apresenta uma dificuldade tão especial para ele e para muitos outros.

A. N. Whitehead, ao escrever sobre a matemática e a história do pensamento humano, tem coisas pertinentes a dizer[9]. Ele presume que a matemática pura teria começado quando algum desconhecido, há muitíssimo tempo, deixou de pensar em sete peixes ou sete dias, para pensar no sete. Em outras palavras, Whitehead está afirmando que esse gênio desconhecido superou o que é precisamente o problema de Ram e concebeu a idéia do número puro, tornando-se assim capaz de pensar em "mais um", sem saber "mais um o quê".

Muitos de nós, carentes do *insight* de Whitehead acerca da magnitude desse feito, ficam surpresos ao saber o quanto isso é difícil para crianças pequenas. E quase todos nós supomos, a princípio, que tudo de que a criança precisa é ser estimulada a pensar sobre muitos exemplos concretos –

vários conjuntos de maçãs, zebras, balões, entre outros – a partir dos quais elas aprendam a "abstrair" os números isolados. Eu mesma pensei dessa forma quando ouvi falar dessa descoberta. No entanto, não é assim tão fácil, como relata Hughes.

À semelhança de Hughes, não considero satisfatório encarar os problemas de Ram como se sua origem estivesse na falta da capacidade de "abstrair". Sem dúvida, os números isolados são altamente abstratos. No entanto, realçar esse fato, como até mesmo Whitehead faz, significa perder o ponto principal, deixar de ver o que é realmente tão difícil. Afinal, todo pensamento envolve a abstração. Esse fato foi realçado com freqüência, mas ainda costuma ser ignorado. Reconhecer que um certo *poodle* é um cachorro e que um dinamarquês específico também o é denota uma abstração das qualidades que os dois têm em comum. No entanto, as crianças fazem isso com facilidade e muito cedo, demonstrando grande habilidade assim que começam a falar; e a habilidade está sem dúvida presente antes disso. (Alguns dos indícios pertinentes foram examinados no capítulo 3.) Afinal de contas, uma criança muito pequena consegue reconhecer um nariz numa bola de lã escura no rosto de um ursinho de pelúcia. Alguns atributos muito abstratos precisam ser selecionados nesse ato de classificação.

O que está envolvido no movimento da mente que vai de "sete peixes" para "sete" é, de fato, uma abstração, mas é mais do que isso: trata-se de uma dramática descontextualização. Nos contextos da nossa vida normal, temos de lidar com quantidades de peixes, mas jamais nos deparamos com o sete[10].

Um número puro resiste a se encaixar em qualquer contexto humano. Podemos pescar peixes e comê-los. Podemos adorar cachorros e sentir medo deles. Podemos vê-los e tocar neles. Podemos, com muita facilidade, ter objetivos que digam respeito a eles. E, por isso, é fato que o ser concreto no sentido direto de ser tangível está relacionado à diferença. Contudo, a distinção subjacente – aquela que é da importância psicológica mais profunda – é a facilidade de relação com a vida pessoal.

Geralmente, os seres humanos aprendem cedo e prontamente a lidar com coisas que exercem influência direta sobre seus objetivos, suas esperanças e seus medos, embora às vezes esse esforço envolva muita abstração conceitual. E, quando se torna possível alguma medida de reflexão quanto à natureza geral das coisas, a facilidade de relação com o que se conhece pessoalmente não deixa de ser pertinente. Isso vale não só para o modo do construto básico, mas também para o modo do construto intelectual. Naquele tipo de problema intelectual que depende de uma elaboração imaginativa de uma situação contextualizadora – ou de uma ambientação, como se poderia dizer – a experiência direta permanece útil. A tarefa elaborativa é menos onerosa se o que precisarmos imaginar estiver próximo do que conhecemos bem, se o contexto apropriado for um contexto no qual nos sintamos "à vontade".

Isso é muito pouco surpreendente. Talvez menos óbvio seja o fato de como a tarefa elaborativa pode parecer fácil uma vez que a natureza geral da ambientação exigida for compreendida, o que é uma das razões pelas quais a natureza do pensamento no modo do construto intelectual nem sempre esteve evidente.

Examinemos o seguinte exemplo, extraído da obra de Bransford e McCarrell, que estavam estudando certos aspectos da compreensão da linguagem e usaram uma série de frases que os adultos que participavam do estudo tendiam a considerar desconcertantes[11]. Um exemplo é "O monte de feno foi importante porque o pano rasgou". Essa frase tem um significado perfeito. (Para se certificar disso, compare-a com o exemplo preferido pelos psicolingüistas, "Verdes idéias incolores dormem furiosamente".) No entanto, a maioria das pessoas fica perturbada pelo que parece uma falta de sentido até saber que a frase é "sobre" um salto de pára-quedas. Essa informação produz instantaneamente o que Roger Brown chamou, numa expressão famosa, de "estalo de compreensão".

Adultos alfabetizados, como eram os participantes da experiência de Bransford, estão perfeitamente acostumados a interpretar frases isoladas, e em geral não encontram dificuldade para deduzir seu sentido. Por que, então, essa frase – bem como outras semelhantes – apresentou tamanha dificuldade? O que os resultados de Bransford e McCarrell sugerem com vigor é que, normalmente, quando interpretamos uma linguagem que não se refere a episódios reais dos quais temos conhecimento, fornecemos contextos adequados sem perceber o que estamos fazendo. Contextualizamos a linguagem ao imaginar cenários nos quais as palavras tivessem uma probabilidade razoável de ter sido pronunciadas. Por essa perspectiva, as frases usadas por Bransford e McCarrell mostraram-se desnorteantes porque o contexto necessário era totalmente insólito e não havia nenhuma pista que indicasse qual fosse. Por isso, o estalo de compreensão a princípio não ocorria.

Por outro lado, no instante em que a pista foi fornecida, tudo ficou imediatamente claro. No entanto, a maioria das pessoas jamais saltou de pára-quedas. Como podemos, então, explicar esse esclarecimento rápido e fácil?

A questão é que, embora nunca tenhamos pulado de um avião, temos um conhecimento pessoal muito bem estabelecido do que é pular e do que é cair; podemos facilmente ver de que modo um monte de feno pode servir para reduzir os danos causados por uma queda; e compreendemos a importância da integridade de um pára-quedas no que diz respeito ao objetivo de evitar riscos. O interessante é a velocidade e a facilidade com as quais, dadas as condições corretas, esses componentes do entendimento se unem na atividade imaginativa que chamamos de "fazer sentido". O primeiro e o segundo componentes são adquiridos cedo e universalmente: eles fazem parte do senso humano (ver p. 132). O terceiro, sem dúvida, faz parte do conhecimento compartilhado por todas as crianças mais velhas e adultos no nosso tipo de sociedade. Esses antecedentes de conhecimentos comuns são cruciais para a comunicação efetiva.

O caso do salto de pára-quedas fornece uma boa oportunidade para ilustrar a diferença entre o modo pontual e o modo do construto. Imaginemos que estamos parados num campo, conversando com alguém que tivesse acabado de realizar um salto desses. Nesse caso, o funcionamento do modo pontual geraria o estalo de compreensão assim que fosse pronunciada a frase vinculando o tecido rasgado à importância do monte de feno. Considerando-se que os acontecimentos em questão não estão ocorrendo no momento, mas que se é capaz de imaginar a situação sem dificuldade, o funcionamento do modo do construto assume o controle com rapidez e naturalidade. É claro que não temos de visualizar a cena com a abundância de detalhes que um autor que escrevesse sobre o assunto poderia tentar evocar. Isso não é essencial para que a frase faça sentido, mas o que está envolvido é, da mesma forma, uma atividade imaginativa.

A não ser quando o contexto é totalmente insólito e são raras as pistas que indicariam sua natureza, esse tipo de descoberta do sentido não costuma ser vivenciado como uma atividade deliberada. No entanto, a capacidade de submeter a elaboração de contextos a um controle deliberado começa a manifestar-se mais ou menos a partir dos três anos, e ela é de grande importância para os desenvolvimentos cognitivos que estão por vir.

O funcionamento mental nos dois ou três primeiros anos de vida é caracterizado por uma grande espontaneidade. Pensamentos, emoções, lembranças e expectativas surgem a partir dos acontecimentos correntes. As crianças mais novas não costumam "dirigir o pensamento" para tópicos específicos ou "manter a cabeça ocupada" com uma coisa por muito tempo. O exemplo que se segue, quando comparado com o tipo de controle demonstrado pelas crianças de três e quatro anos de idade estudadas por Hughes, elucidará o que quero dizer.

Laura fazia parte de um pequeno grupo de crianças de dois anos com as quais trabalhei regularmente durante alguns meses. Parte do meu objetivo consistia em procurar indícios do início da compreensão numérica, mas Laura não havia revelado absolutamente nenhum sinal disso: todas as tentativas de trazer à tona algum indício haviam fracassado.

Um dia, quando Laura estava com dois anos e oito meses, ela pediu que eu lesse uma história para ela, e sua escolha foi a de um livro sobre Desmond, o dinossauro, e uma visita de férias ao Lago Ness. Para um leitor adulto não há surpresa alguma no fato de que, ao chegar ao Lago Ness, Desmond se depara com o monstro, mas para Laura foi uma enorme surpresa. Viramos uma página – e lá estava uma cena de Desmond às margens do lago, olhando para uma outra criatura, cuja cabeça e pescoço surgiam da água. "Este é o monstro", disse eu, apontando para a figura.

Ora, o dinossauro até ali não havia sido chamado de monstro, mas o ilustrador havia feito com que as duas criaturas se parecessem muito. Laura percebeu instantaneamente a semelhança, e ficou entusiasmada com ela. Apontou para um e disse: "Monstro!" e para o outro, repetindo: "Monstro!" Olhou, então, para mim com os olhos brilhando e disse: "Dois monstros!"

Meu interesse pelo conhecimento numérico de Laura era muito maior do que meu interesse pelos monstros. Por isso, tentei aproveitar a oportunidade. "Laura", perguntei, "quantas mãos você tem?" Essa pergunta resultou na resposta: "Um, dois, seis, sete." Ela também provocou um olharzinho oblíquo muito estranho para mim. Tive de rir de mim mesma, pois percebi como minha pergunta havia sido inconveniente. Laura e eu estávamos olhando para um figura de monstros. Era esse o foco do interesse, e ele estava ali diante de nós, diretamente percebido. Era sobre aquilo que estávamos falando. Minha pergunta, porém, exigia um redirecionamento deliberado da mente para um tópico abruptamente diferente – um tópico que não despertava nenhum sentimento de entusiasmo ou interesse espontâneo. E Laura não conseguiu entender nada. Creio que ela era ainda incapaz de lidar com o tipo de exigência de controle deliberado que a pergunta representava para ela. Sua exclamação espontânea sobre os monstros revelava nitidamente que Laura dispunha de algum conhecimento sobre os números (pelo menos até dois), mas ela só conseguia recorrer a esse conhecimento sob certas circunstâncias. Ela precisava de um contexto que fosse adequado e lhe desse apoio. Ainda não era capaz de elaborar esse contexto "sob medida".

É essencial reconhecer que o contexto que sustentava os pensamentos de Laura não era apenas o objeto físico – o livro ilustrado – nem mesmo minhas palavras ao lhe contar a história. Ele incluía, ainda com maior importância, seus próprios pensamentos e sentimentos – sua surpresa diante da descoberta de que Desmond podia ser considerado um monstro, e seu interesse por essa conclusão. Ele também incluía seu desejo de me transmitir essa descoberta. Ela falou de "dois monstros" quando a intenção de comunicar brotou com força e espontaneidade nela. No entanto, ela não conseguiu direcionar seu conhecimento dos números para responder a uma pergunta proposta por uma outra pessoa, num caso em que faltava um contexto adequado.

Aproximadamente na mesma época em que o modo do construto intelectual começa a se manifestar, as crianças também começam a ter a capacidade de aceitar de outras pessoas perguntas que são "abruptas" no sentido que acabamos de exemplificar. Neste exato momento, não me sinto segura para afirmar como essas duas capacidades se relacionam mutuamente. Talvez seja a nova capacidade de controle e direcionamento deliberado da mente que possibilite o início do que chamamos de atividade intelectual. Ou talvez as duas capacidades estejam intimamente entrelaçadas. Talvez – como Piaget gostava de dizer quando não havia realmente nenhum meio de isolar dois aspectos do desenvolvimento – tenhamos de considerá-las *solidaires.*

A esta altura, eu deveria ressaltar que, ao estabelecer o início da atividade intelectual nos três anos de idade ou por volta disso, estou fazendo uma distinção entre "intelectual" e "inteligente". Observam-se com nitidez muitas demonstrações de comportamento inteligente antes dessa idade.

O funcionamento do modo do construto da variedade intelectual é favorecido nas suas primeiras manifestações por certas circunstâncias. É de enorme ajuda a possibilidade de o tópico não ser de especial interesse pessoal da criança, de tal forma que não haja a probabilidade de ele despertar o tipo de emoção ao qual ela teria de oferecer resistência. Nos casos em que o raciocínio consista em tentar resolver um problema proposto por uma outra pessoa, é útil também que a criança não esteja sentindo um forte interesse por qualquer outra coisa no instante em que a pergunta é feita, e que a pessoa que lhe faz a pergunta seja conhecida e de sua confiança. E faz diferença que o esforço de imaginação envolvido no provimento de uma situação contextualizadora não seja árduo demais, pois, se essa parte for muito difícil, toda a iniciativa vai por terra.

Embora crianças de três anos estejam apenas iniciando seus esforços no sentido de investigar a natureza geral das coisas, elas já adquiriram um amplo conhecimento básico ao longo das suas atividades do modo pontual e do modo linear[12]. Nessas atividades, o interesse estava voltado para acontecimentos específicos e para o modo de lidar com eles. Contudo, a experiência adquirida proporciona a base essencial para o que virá, pois ela gerou uma familiaridade tranqüila com muitos eventos físicos e sociais comuns, bem como um reconhecimento básico de que outras mentes têm objetivos e sentimentos como a nossa[13].

Juntos, eles constituem o que podemos chamar de senso humano – uma base de conhecimento e entendimento de importância vital que todos os seres humanos de desenvolvimento normal têm em comum, e com a qual podemos contar pelo resto de nossas vidas. Dentro dos seus limites, sabemos o que estamos fazendo. Sentimo-nos à vontade. E em geral acreditamos poder funcionar com segurança e confiança – com tanta confiança que dizemos que fazemos aquilo "sem pensar". Sabemos que as bolas rolam, enquanto os cubos não rolam; que alguns objetos se revelarão mais pesados do que outros para serem levantados; que o líquido se derramará se a xícara for virada. De modo semelhante, compreendemos ofertas e pedidos de ajuda. Compreendemos provocações brincalhonas e ameaças sérias. Compreendemos a fuga e a perseguição, a ocultação e a busca, e assim por diante.

Os tipos de problemas do modo do construto intelectual com os quais as crianças podem começar a lidar são os que solicitam principalmente esse conhecimento fundamental, embora ele tenha de ser manipulado de uma nova forma. Há, porém, mais uma consideração importante. Não é apenas o caso de que grande parte dessa base comum seja conhecimento sobre as intenções humanas. Também vale afirmar que, no seu todo, ela se desenvolveu e é normalmente utilizada no curso de atividades humanas intencionais. Qual é, então, a pertinência da intenção quando, em vez de uma atividade que brota espontaneamente a partir de metas individuais ou compartilhadas, surge uma pergunta abrupta a ser encarada isoladamente, "sob medida"?

Devemos imediatamente traçar uma distinção entre os esforços das crianças no sentido de compreender as intenções de uma pessoa que lhes apresente um problema e seus esforços para compreender quaisquer intenções que possam estar envolvidas no próprio problema. Por enquanto, deixaremos de lado o primeiro aspecto, ao qual retornaremos mais adiante. Quanto ao segundo, sua importância ficará mais clara se considerarmos um exemplo.

Martin Hughes arquitetou um problema no qual a tarefa da criança consiste em esconder um "menino" – um boneco de madeira com alguns centímetros de altura – em algum lugar atrás de um muro (um muro de brinquedo sobre uma tábua) de tal forma que um "policial" colocado num ponto determinado do cenário não o possa ver. A história que acompanha a situação é que o menino se comportou muito mal e que o policial está à sua procura. Portanto, onde ele pode se esconder[14]?

Ora, de acordo com Piaget, as crianças de três anos de idade são egocêntricas, no sentido de não terem a capacidade mental de adotar uma perspectiva que não seja a sua própria. Se essa hipótese fosse correta, as crianças do estudo de Hughes deveriam ter colocado o menino onde elas próprias não o vissem, em vez de se preocupar com o alcance visual do policial. Elas deveriam ter suposto que a perspectiva do policial era idêntica à delas. No entanto, crianças de três anos conseguiram resolver o problema do policial com índices espetaculares de sucesso.

Creio que isso ocorreu porque o problema foi colocado de modo tão direto no domínio do sentido humano que a imaginação pôde operar sem entraves. As crianças puderam compreender rapidamente a intenção da fuga, a intenção da perseguição, o significado de um muro à disposição e da linha de visão do perseguidor.

Talvez alguém pudesse apresentar a objeção de que a imaginação da criança não teria realmente sido necessária – os brinquedos estavam ali, e a situação estava virtualmente pronta sobre o tampo da mesa. No entanto, não foi bem assim. Os brinquedos numa tarefa semelhante são meros apoios para a atividade de contextualização imaginativa. Espera-se que as crianças interpretem a linguagem das instruções numa ocasião em que elas próprias não estão num contexto de vida real de características apropriadas. Elas não têm nenhuma motivação que as estimule a fugir ou perseguir. Não estão na situação do problema; terão de adentrá-la mentalmente. Mesmo assim, no caso do problema do policial as intenções em jogo no problema – e as relações espaciais envolvidas – são tais que as crianças compreendem muito bem e, assim, "entrar na situação" torna-se extremamente fácil. Com freqüência, em problemas que parecem ser de idêntica simplicidade para um adulto, isso não ocorre.

Um estudo de Sally Collie ajuda a explicitar a natureza imaginativa da atividade de contextualização num caso desses. Collie trabalhou com quarenta crianças de escolas maternais, entre três anos e seis meses e cinco anos de idade. O ponto principal da pesquisa era o de diversificar a tarefa de Hughes, comparando uma condição "sensata" com outra "sem sentido". Para a primeira, Collie optou por um camundongo se escondendo de um gato; para a segunda, uma pedra se escondendo de uma árvore. Os dois problemas foram aplicados a todas as crianças, mas às vezes o "sensato" vinha primeiro, e às vezes o "sem sentido"[15].

As diferentes ordens de apresentação tiveram um efeito inequívoco. Se as crianças se deparavam com a tarefa sensata primeiro, elas se saíam bem, exatamente como as crianças do estudo de Hughes. O que é surpreendente é que, tendo ajudado um camundongo a se esconder de um gato, elas conseguiam ajudar uma pedra a se esconder de uma árvore sem sinais de perplexidade e com índices equivalentes de sucesso. No entanto, elas se saíam significativamente pior se as pedras e as árvores viessem primeiro. Pois, nesse caso, as exigências imaginativas iniciais eram maiores: o contexto apropriado era mais difícil de elaborar. Mesmo assim, uma vez que tivessem dado o primeiro passo com o problema fácil, essas crianças de três e quatro anos de idade já eram capazes de uma extensão imaginativa na direção de vivências nunca experimentadas diretamente.

A pesquisa recente está começando a lançar uma nova luz sobre o desenvolvimento precoce de poderes imaginativos. Está bem estabelecido que, quando se pede a crianças para raciocinarem a partir de premissas que contradigam o que elas sabem ser verdade, é freqüente que elas se saiam muito mal. O mesmo acontece com muitos adultos, sobretudo aqueles sem instrução formal. No entanto, Dias e Harris já demonstraram que, se forem tomadas medidas no sentido de incentivar o tratamento das premissas como fictícias, ou de alguma forma isentas das limitações da realidade, é freqüente que até mesmo crianças de quatro anos de idade consigam raciocinar corretamente a partir delas. Dos métodos usados para atingir esse resultado, o estímulo direto a "criar um quadro na sua cabeça" revelou-se o mais eficaz. Trata-se de uma descoberta de grande importância[16].

O que estive tentando provar é que tarefas de ocultação do tipo usado por Hughes dependem de uma compreensão bem-desenvolvida das intenções e de como interagem. Se uma criança tem essa compreensão, ela então tem conhecimento – algum tipo de conhecimento – das mentes humanas e de como funcionam. O fato de esse conhecimento existir fica evidente em muitos comportamentos precoces espontâneos, como já vimos; e fica evidente – mais tarde, naturalmente, mas ainda em geral antes dos três anos – no uso espontâneo da linguagem. Ao longo do terceiro ano de vida, é comum que as crianças comecem a falar de estados mentais, usando verbos como "saber", "pensar", "esperar" ou "fingir". Elas fazem isso livremente, com acerto e habilidade. Contudo, pesquisas recentes revelaram o que parecem ser falhas acentuadas na compreensão dessas questões por parte de crianças de três anos de idade[17].

Suponhamos, por exemplo, que se peça a uma criança que considere uma situação do seguinte tipo, encenada por dois bonecos, John e Peter. John põe um brinquedo numa caixa (caixa A) e vai embora. Enquanto John está ausente, Peter muda o brinquedo para a caixa B. John, então, volta. Agora a questão a ser respondida pela criança é onde John irá procurar primeiro pelo brinquedo. O que fica evidente é que, entre os três e os quatro anos de idade, uma mudança acentuada surge nas respostas. As crianças de três anos, em sua grande maioria, prevêem que John vai olhar na caixa B, enquanto as de quatro anos geralmente optam pela caixa A. Ou seja, as de quatro anos conseguem levar em conta o fato de que John não observou a mudança da caixa A para a B e, portanto, pode-se supor que ele acreditará, erroneamente, que o brinquedo esteja onde ele o deixou. Em geral, porém, as de três anos parecem ser incapazes de elaborar essa resposta. Elas costumam indicar o lugar em que sabem que o brinquedo realmente está. Ou seja, elas prevêem que John irá procurar na caixa B.

Foram desenvolvidas algumas variantes dessa tarefa. Por exemplo, pode-se mostrar a uma criança uma caixa das balas conhecidas pelo nome de Smarties (ou M & M's) e perguntar o que está dentro dela. Na grande maioria dos casos, a resposta irá naturalmente expressar a expectativa normal: "Smarties". Em seguida, mostra-se à criança que a caixa na realidade contém não Smarties, mas, digamos, um lápis. Pede-se então a ela que preveja o que uma outra criança imaginará estar dentro da caixa quando ela lhe for mostrada pela primeira vez.

A partir de estudos dessa natureza, veio repetidamente à tona a conclusão de que as crianças de quatro anos levam em conta o conhecimento que é provável que uma outra pessoa tenha numa situação dessas, enquanto as de três anos geralmente não o fazem. A típica criança de três anos, sabendo que há um lápis na caixa, parece pensar que alguma outra pessoa que não olhou dentro dela também terá o mesmo conhecimento.

Piaget certamente teria considerado esse fato mais um exemplo do egocentrismo universal das crianças dessa idade. Ele propôs que as crianças tratavam seus próprios "pontos de vista" – literais ou metafóricos – como uma espécie de falso absoluto, na crença de que o mundo seria exatamente como o vêem, ou como o conhecem, sem reconhecer que outros poderiam ter percepções diferentes, conhecimentos diferentes. A tese de Piaget era convincente, a saber, a de que as crianças pensam assim até que seja alcançado um certo estágio porque não sabem agir de outro modo. Agora, porém, há muitos indícios de que pelo menos essa tese convincente está equivocada.

As tarefas de ocultação que estivemos examinando bastam por si mesmas para demonstrar isso em termos conclusivos[18]. Portanto, se as crianças se comportam mesmo com egocentrismo sob certas circunstâncias, ainda temos de explicar qual é o aspecto dessas circunstâncias que as leva a agir assim.

Comparemos as questões sobre ocultação e busca com as perguntas sobre opiniões. Os dois tipos exigem que a criança faça previsões que superam sua própria percepção ou conhecimento. Ela está vendo que o menino está escondido. Da mesma forma, ela sabe em qual caixa está o brinquedo, sabe que na caixa de Smarties há um lápis, ou seja lá o que for. Uma resposta correta, porém, exige que ela imagine o que outra pessoa veria ou o que outra pessoa pensaria.

Ela precisa calcular qual é a "situação" dessa outra pessoa – num dos casos em termos perceptivos, no outro, cognitivos.

Vimos, agora, que aproximadamente um ano de desenvolvimento parece separar essas duas conquistas, e a princípio não surpreende que a percepção devesse ser mais fácil de prever do que os estados mentais. Deveríamos, porém, ter cautela com relação a extrair daí uma conclusão geral apressada. Em pesquisas desse tipo, muito depende das exigências exatas que uma dada tarefa apresenta à capacidade da criança em termos de elaboração imaginativa. Muita coisa também depende dos termos exatos das perguntas feitas. Por exemplo, Wimmer, Hogrefe e Perner deram a crianças entre três e cinco anos de idade uma tarefa que parece bastante simples[19]. Sentaram-se as crianças aos pares, uma de frente para a outra, a uma mesa sobre a qual havia uma caixa. Às vezes se mostrava a uma criança o que a caixa continha; outras vezes fazia-se o mesmo com as duas. Perguntou-se, então, a uma criança se ela sabia o que estava na caixa, e também se a outra criança sabia. O erro mais freqüente, muito comum entre as de três anos de idade, foi o de a criança A ter visto a criança B olhar dentro da caixa e, ainda assim, negar que a criança B soubesse o que a caixa continha.

Wimmer usou esses e outros indícios afins como base para levantar a hipótese de que as crianças nesse estágio não compreendem o que ele chama de "condições informacionais" para o conhecimento e a opinião[20]. Ou seja, embora as crianças de três anos tenham naturalmente muitos conhecimentos e muitas opiniões, elas não têm consciência das origens ou fontes desses estados mentais. Em termos mais específicos, não percebem que elas – e outras pessoas – sabem porque percebem, porque alguém lhes disse ou porque fizeram inferências.

Considerando-se as evidências citadas por Wimmer, esses argumentos parecem convincentes. Entretanto, revela-se que uma mudança no modo de formular a pergunta para as crianças pode fazer uma grande diferença. A forma da pergunta empregada por Wimmer e seus colaboradores foi: "Será que X sabe o que está na caixa, ou será que não sabe?" (As perguntas originais foram em alemão.) Num estudo posterior, porém, Chris Pratt e Peter Bryant experimentaram o efeito do uso de uma forma mais curta, mais familiar, abandonando a segunda parte do que eles chamam de pergunta "com duplo propósito" e perguntando apenas se X sabia o que estava na caixa[21]. Isso tornou a tarefa consideravelmente mais fácil. Um número significativamente maior de crianças de três anos conseguiu, então, acertar a resposta.

Kate Sullivan e Ellen Winner também examinaram os efeitos de variar a maneira pela qual essa mesma tarefa é apresentada[22]. Elas falaram explicitamente com as crianças sobre o fato de as opiniões poderem estar equivocadas; explicaram que isso pode ocorrer devido à falta de informação, e apresentaram a tarefa como uma brincadeira cujo objetivo era o de pregar uma peça em alguém.

Participaram três grupos de crianças: as "jovens", as "de meia-idade" e as "velhas". As "jovens" estavam entre dois anos e onze meses e três anos e três meses; as "de meia-idade", na faixa entre três anos e quatro meses e três anos e sete meses, e "as velhas", entre três anos e oito meses e quatro anos. Evidenciou-se que os membros do grupo velho eram ajudados por todas as três variantes, mas, nos grupos de meia-idade e jovem, não houve nenhum efeito. Ou seja, só as crianças que estavam se aproximando dos quatro anos pareceram capazes de usar a ajuda oferecida.

No entanto, Sullivan e Winner fazem uma importante observação. Elas salientam que, quando brincavam de pregar uma peça em alguém, as crianças do grupo mais novo às vezes demonstravam espontaneamente estar entendendo com perfeição a natureza da peça. Faziam comentários como, por exemplo: "Ele não vai saber nunca o que está aqui dentro!" ou "Ninguém vai saber que pusemos os lápis aqui dentro!" E esses comentários eram feitos num tom de alegria. No entanto, essas mesmas crianças que fizeram os comentários partiam, então, para responder afirmativamente à pergunta: "Quando X [uma outra criança] vir esse pacote todo fechado, ele saberá o que realmente está aí dentro, sim ou não?"

Esse resultado parece desconcertante até que nele reconheçamos mais um exemplo da discrepância que normalmente ocorre entre o comportamento espontâneo que decorre da perseguição de uma meta (no caso, a de pregar uma peça em alguém) e o comportamento que exige um redirecionamento deliberado da mente num sentido para o qual não há nenhuma inclinação prévia imediata.

Duas importantes questões de princípio precisam agora ser esclarecidas. A primeira é que os estudos experimentais do funcionamento precoce do modo do construto não são fáceis de conduzir por serem seus resultados suscetíveis a diferenças de procedimento que tendem a parecer triviais aos adultos e que, conseqüentemente, são ignoradas com facilidade. (Segue-se, no próximo capítulo, um exame mais detalhado desse ponto.)

A segunda questão é que, uma vez começada a busca consciente do conhecimento geral, ela costuma se ampliar. O mesmo tipo de atividade reflexiva que se volta para os acontecimentos físicos e sociais também se volta para os acontecimentos mentais. Deveríamos, portanto, contar com algum proveito a partir das tentativas de relacionar os indícios emergentes sobre as "teorias da mente" infantis àquilo que se sabe sobre o desenvolvimento do pensamento em geral.

Os problemas que uma criança pode resolver quando o modo do construto intelectual começa a funcionar por volta dos três ou quatro anos de idade parecem simples – e de fato são. Apesar disso, eles estão no início de uma linha de desenvolvimento que avança na direção da ciência, da matemática e da lógica.

Como vimos, o pensamento dessa natureza se distingue por uma característica especial: ele é – ou pelo menos almeja ser – desapaixonado. Para realizar essa aspiração, ele deve se libertar do envolvimento com quaisquer objetivos que não sejam aqueles intrínsecos ao próprio raciocínio. Ou seja, seu único objetivo deve ser o de realizar algum novo *insight*, ou de atingir algum entendimento mais claro.

As emoções sempre surgem associadas a algum sentido de importância. Se o único ponto importante for o de resolver o problema, então o sucesso ou o fracasso na solução do problema será a única fonte de emoção. A vantagem intelectual é evidente: não há, assim, nenhuma emoção externa a interferir com os processos do pensamento e a afetar seus resultados. Tudo isso é conhecido. É essa a razão pela qual se valoriza o raciocínio desapaixonado.

Podemos dizer, então, que a atividade do modo do construto intelectual é caracterizada por um novo tipo de separação entre o pensamento e a emoção. No entanto, seria um grave erro supor que a separação é completa. Einstein fala da sua "curiosidade apaixonada"; e a realização de alguma descoberta genuinamente nova é geralmente uma poderosa experiência emotiva. Contudo, com o advento do modo do construto intelectual, deu-se mais um passo no sentido de isolar os componentes da atividade mental. Chegamos a um modo de funcionamento no qual o ponto de interesse está em qualquer parte – ou, pelo menos, em nenhum lugar ou hora específicos – e no qual o pensamento adquiriu um novo grau de separação e independência. Estamos também a caminho do quarto modo, chamado de modo transcendente. Novas possibilidades abrem-se diante de nós.

Surge agora uma questão de extrema importância: existe, ou será que poderia um dia existir, um desenvolvimento paralelo para as emoções? Ou, pelo contrário, será que o desenvolvimento emocional atinge seu limite máximo necessário no modo do construto básico? Se tal limitação existe – se algo o detém ali – isso então deixa uma assimetria acentuada e estranha entre o intelecto e as emoções.

Diz-se com freqüência que a humanidade atualmente sofre de um perigoso desequilíbrio, atribuível ao progresso na ciência e na tecnologia que não foi acompanhado por avanços comparáveis no desenvolvimento da moral e das emoções. Se isso for verdade, precisamos compreender como ocorreu e se podemos fazer alguma coisa a respeito. O que tornou o intelecto tão poderoso? Trata-se realmente do caso de que somente o pensamento pode avançar de modo independente, tornando-se ainda mais descontextualizado?

Essas perguntas precisam ser feitas neste estágio da argumentação; mas, depois de fazê-las, vou deixá-las de lado. Voltaremos a elas novamente no capítulo 9. Os capítulos intermediários vão retomar o tema de desenvolvimentos posteriores no modo do construto intelectual, e para além dele. Antes, porém, que se possam examinar esses avanços, é preciso começar por algumas reflexões a respeito das capacidades humanas do tipo chamado "representacional" e, em seguida, a respeito de certas questões específicas ao aprendizado da língua materna.

7. A linguagem em relação aos modos

A idéia de que somos capazes de "trazer coisas à memória" – de apresentá-las ou "representá-las" a nós mesmos para serem objeto de consideração – esteve presente em grande parte da argumentação prévia. Chegou a hora de alguma reflexão sobre essa idéia em si e sobre a natureza e o desenvolvimento dos nossos recursos representacionais.

Falamos geralmente de "visualizar" aquilo em que pensamos, e as imagens visuais são sem dúvida um meio ao nosso dispor. Dispomos, porém, de outros recursos, inclusive de imagens em outras modalidades sensoriais e, acima de tudo, da linguagem.

As representações podem ser arquitetadas interiormente, em particular. Elas podem também ser externas. Assim, da mesma forma que elaboramos mentalmente imagens visuais, podemos criar desenhos. Quanto à linguagem, ela tem mais de uma forma externa, já que pode existir publicamente como fala, como linguagem de sinais ou como escrita. No entanto, ela também tem uma forma mental particular: podemos pensar com palavras que não pronunciamos.

Já se afirmou algumas vezes que as palavras com as quais pensamos *são* os pensamentos – que a linguagem e o pensamento são a mesma coisa. Não creio que esse raciocínio se sustente. É como se disséssemos que, quando estendemos a mão para apanhar algo, as mãos são o estender para apanhar.

Pensar é uma atividade à qual nos dedicamos. Precisamos dos nossos recursos representacionais para tornar efetiva essa atividade, mas os recursos são variados, e eles não são o mesmo que o pensamento que sustentam.

É preciso estabelecer uma distinção entre os casos em que existem acordos convencionais sobre o que as representações "representam" e os casos em que eles não existem. A linguagem cai na primeira categoria; o imaginário mental individual pertence à segunda.

Onde existe um sistema com normas consensuais, o uso do sistema exige o conhecimento, implícito ou explícito, de como o sistema funciona. No entanto, há mais do que isso no uso da linguagem, pois ele também exige (entre outras coisas) a avaliação do grau de adequação entre partes do sistema e partes do mundo. Ele implica ser capaz de comparar uma representação com aquilo que se supõe que ela represente a fim de determinar se ela realmente o faz, de acordo com as normas aceitas.

Premack diz que essa última técnica *é* a "capacidade representacional", e, enquanto compara habilidades animais e humanas, ele pergunta se uma abelha a possui. Uma abelha pode usar a dança de uma outra abelha como fonte de informação sobre onde encontrar alimento. Para Premack, porém – e eu concordo com ele –, a questão crucial é saber se uma abelha, se tivesse um conhecimento independente da localização do alimento, poderia avaliar se uma determinada dança era uma representação precisa. Em outras palavras, ela saberia dizer se a dança era *verdadeira*? Ela poderia reconhecer o erro[1]?

Além disso, seria possível usar variantes da dança para interrogar a abelha e descobrir se o alimento está ali ou acolá? Em caso negativo, a abelha não usa sua dança como os seres humanos usam a linguagem.

Em geral, é durante o segundo ano de vida da criança que os processos de descoberta sobre a linguagem realmente ganham ímpeto. É claro que há diferenças individuais, mas em geral, enquanto um pequeno conhecimento lingüístico está evidente quando a criança tem um ano de idade, antes dos dois anos a maioria parece compreender grande parte do que é dito e consegue também falar com uma desenvoltura que já representa uma capacidade considerável. Daí em diante, o progresso é normalmente muito rápido, de tal forma que, antes dos três anos de idade, as crianças sabem usar muitas palavras e construções gramaticais. Para dar alguns exemplos, escolhidos aleatoriamente em gravações de falas espontâneas[2], Linda, aos dois anos e dez meses de idade diz: "Não tenho mais um panda porque transformei meu panda num camundongo." E quando lhe perguntam se ela quer ajuda para tirar as contas de um colar, ela responde: "Não, eu sei tirar sozinha." Janet, aos dois anos e oito meses, diz enquanto brinca com blocos de armar: "Essa é a chaminé saindo, e essa é a peça que entra ali." Stephen, aos dois anos e dez meses, diz: "Eu brinquei com esse jogo da última vez." Ele também faz perguntas como: "Onde é que essa peça vai?", e faz comentários como: "Eu estava tentando pôr aqui em cima."

Como esse nível de competência é atingido com tanta rapidez é um enigma que ocupou muitas cabeças, especialmente durante as últimas décadas de atividades de pesquisas em psicolingüística evolutiva. Ainda assim, essa realização continua sendo um mistério em sua essência. Não sabemos de modo algum como ocorre.

Mesmo assim, embora o mistério permaneça, um ponto parece estar claro: em suas origens, a linguagem está funcionalmente entrelaçada com o restante da vida mental. Quando ela surge, perto do final do primeiro ano ou início do segundo, não há dúvida de que se trata de um novo fenômeno, mas faz sua entrada em cena como um componente da atividade típica do modo pontual. Ela é usada no apoio àquelas outras atividades que, a cada momento, ocupam a mente da criança. E, a princípio, não pode ser usada de nenhuma outra forma.

Por volta dos nove ou dez meses (aquela idade famosa), ocorre um desenvolvimento que é um precursor da fala: as crianças passam a ser capazes de abranger uma pessoa e um objeto dentro de um único campo de atenção.

Nos meses anteriores, os bebês concentram-se exclusivamente na pessoa ou no objeto, um de cada vez. Entre o oitavo e o décimo segundo mês, porém, como demonstraram Hubley e Trevarthen, acontece com freqüência cada vez maior que a criança, o adulto e o objeto formem uma tríade, de tal modo que a comunicação *sobre* alguma coisa pode começar[3].

Esse é o primeiro "Momento" no desenvolvimento da linguagem, nos termos de Elizabeth Bates – o momento em que, segundo ela, a criança começa a se comunicar deliberadamente. Ao mesmo tempo, trata-se do momento em que a comunicação se torna referencial[4].

Bates usa o exemplo de uma criança que tenta apanhar um objeto enquanto um adulto está por perto. Antes dos oito ou nove meses, é característico que o bebê não se volte para o adulto enquanto tenta alcançar o objeto, mesmo que não consiga e comece a chorar de frustração; embora ele possa, é claro, se voltar para o adulto em busca de consolo, depois de desistir. Por volta dos nove meses, porém, o comportamento muda.

Primeiro, o bebê começa a olhar alternadamente do objeto desejado para o adulto e vice-versa, quase sempre emitindo sons enquanto age assim. E logo ele começa a emitir o que são sinais nítidos, sinais que ele modifica de acordo com a forma de reação do adulto. Esses sinais vão aos poucos se "ritualizando", "transformando-se em sons mais curtos e regulares que variam em volume dependendo da ação do adulto". O bebê está, de fato, pedindo ajuda.

Bates fornece um exemplo detalhado, que vale a pena citar por extenso.

> Marta não consegue abrir uma bolsinha e a coloca em frente à mão do pai (que está apoiada no chão). P não faz nada, e M põe a bolsinha na sua mão emitindo uma série de sons baixos, com o olhar fixo em P. P ainda não reage, e M insiste, apontando para a bolsinha e choramingando. P pergunta: "O que eu tenho de fazer?". M volta a apontar para a bolsinha, olha para P e emite uma série de sons baixos. Afinal, P toca no fecho da bolsinha e pergunta, ao mesmo tempo: "Você quer que eu abra?" M faz que sim com um forte movimento da cabeça[5].

Devemos dizer que M entendeu a pergunta do pai: "Você quer que eu abra?" É preferível dizer que ela a interpreta corretamente no seu contexto altamente protetor – ou talvez, ainda melhor, que ela interpreta corretamente o comportamento do pai, do qual a fala é um componente. É assim que tem início o aprendizado da linguagem.

Daí em diante, a criança logo faz a importante descoberta de que os adultos podem ensinar falando. Uma vez compreendido esse ponto, em geral as crianças passam a ser extremamente receptivas a instruções verbais, parecendo procurá-las e aceitá-las de bom grado. E um passo importantíssimo foi dado.

É razoável esperar que a linguagem, tendo início no modo pontual, venha então a ser usada no modo linear antes de estar disponível ao funcionamento no modo do construto, e esse é de fato o caso. Tipicamente, é a partir do segundo aniversário que as crianças começam a falar sobre coisas que aconteceram ou que esperam que aconteçam. Durante algum tempo, esses tópicos continuam raros, em comparação com aqueles que tratam de eventos do momento presente. Não obstante, mesmo antes dos dois anos de idade, as crianças às vezes conseguem usar a linguagem para finalidades do modo linear. Eis um exemplo:

Beth, aos vinte e dois meses de idade, parecia ser dinâmica e inteligente, mas demonstrara um lento aprendizado da fala. Até os dois episódios que relatamos a seguir, ela havia usado seu vocabulário de cerca de cinqüenta palavras principalmente para nomear coisas vistas à sua volta ou em livros ilustrados. Ela havia, portanto, falado no modo pontual e com palavras isoladas, sem frases.

Um dia, então, durante a ausência da mãe, o cachorrinho comportou-se muito mal e foi posto para fora da casa. A conversa (anotada *ipsis litteris* imediatamente a seguir) ocorreu quando a mãe voltou.

BETH [*extremamente nervosa*]: Au-au – au-au fora. Fora au-au.
MÃE: O au-au – o que o au-au fez? Onde está o au-au?
BETH: Au-au fora. Au-au, au-au fora.
MÃE: O au-au foi lá para fora? Meu Deus, uma comunicação com duas palavras!

Seria possível alegar que Beth estava simplesmente chamando a atenção da mãe para a ausência do cachorro, dizendo, de fato, que o cachorro estava lá fora. Mas creio ser mais plausível que ela estivesse se referindo ao mau comportamento anterior do cachorro e à sua expulsão. Se assim não fosse, por que o nervosismo?

Um evento lingüístico semelhante ocorreu quinze dias depois, e dessa vez a referência ao passado parece não apresentar ambigüidade. Beth foi visitar uma fazenda com a amiga da sua mãe, Amanda, e a filha desta, Becca. Assim que Beth chegou em casa, começou a contar à mãe o que havia acontecido.

BETH: Miau, tch-tch-tch. [*"Miau" quer dizer "gato"; "tch-tch-tch" significa "mal comportado".*]
MÃE: Você viu um gato?
BETH [*concordando com a cabeça*]: Miau. [*Depois, mostrando o braço.*] Tch-tch-tch.
MÃE: Era um gato levado?
BETH [*concordando, mostrando o braço e falando com ênfase*]: Miau, tch-tch-tch, miau.
MÃE: Você quer dizer que o gato levado arranhou seu braço. Meu Deus, vamos ver.

Um gatinho havia realmente dado um pequeno arranhão no braço de Beth. Durante os cinco dias seguintes, Beth contou a história ao pai, aos avós, a Amanda, a Becca e a um homem que por acaso estava parado perto dela numa loja de tapetes[6].

Com base num estudo sistemático, Susan Foster também relata que crianças aproximadamente da idade de Beth às vezes usam uma linguagem limitada para falar de eventos passados. Por exemplo, Kate, aos vinte e dois meses de idade, viu uma ilustração de um gato num livro e imediatamente apontou para uma porta que dava para o jardim. Sua mãe disse: "É, às vezes tem um gato ali fora, não é?", ao que Kate respondeu: "Sumiu." E sua mãe disse: "Agora ele não está ali. Ontem nós o vimos, não vimos?"[7]

Esse episódio depende muito do papel da mãe, como costuma ser o caso quando as crianças são assim tão pequenas. No entanto, parece bem provável que a única contribuição verbal de Kate à conversa – a palavra isolada "sumiu" – já fosse linguagem no modo linear. Kate parece estar pensando no dia anterior.

Foster dá mais um exemplo ou dois, nos quais a fala da criança está mais adiantada. Por exemplo, Ross, aos dois anos e seis meses, consegue falar sobre o fato de ter ficado correndo de um lado para o outro no escuro. Mesmo assim, a ocorrência de conversas no modo linear permanece muito rara até a idade de dois anos e seis meses, ponto no qual o estudo de Foster se encerrou.

Outras pesquisas demonstraram que ela permanece baixa por alguns anos a partir daí, mas que aumenta com a idade e com a competência lingüística, como seria de se esperar, até que na idade de cinco ou seis anos projeções para o futuro e relatos pessoais elaborados já se tornaram comuns[8].

O tipo de linguagem que estivemos examinando surge quando a criança tem a comunicar algo que considera importante. Há espontaneidade na elocução – e muitas vezes uma espécie de urgência na transmissão, que um ouvinte percebe prontamente. Essa urgência pode às vezes fazer com que as crianças tropecem nas palavras quando levam os recursos lingüísticos aos seus limites. Em geral, porém, o forte desejo de contar alguma coisa a alguém exerce um efeito de estímulo e apoio sobre a produção lingüística. Em comparação, o sucesso costuma ser mais limitado quando desaparecem os pensamentos e as emoções que geram esse desejo.

Assim, Dan Slobin e Charles Welsh relatam que uma criança (o filho de Slobin) que um dia disse espontaneamente: "Papai, se você acabar de comer os ovos, pode tomar o café", conseguiu apenas dizer: "Papai, você pode tomar o café depois" quando lhe pediram que imitasse a primeira frase dez minutos mais tarde. E o trabalho de Lois Bloom gera o mesmo tipo de dados. Por exemplo, na sua pesquisa pediu-se a um menino de trinta e dois meses chamado Peter que repetisse: "Estou tentando pôr essa vaca aqui dentro" – frase que ele havia pronunciado no dia anterior enquanto brincava. No entanto, tudo que ele conseguiu à guisa de imitação foi: "Vaca aqui dentro."[9]

À primeira vista, pode parecer estranho que fosse mais difícil imitar uma frase do que gerá-la. Poder-se-ia esperar que a existência do modelo ajudasse. Por que isso não acontece?

Slobin e Welsh sugerem que, quando a fala é espontânea, a "intenção-de-dizer-isso-e-aquilo" dá sustentação ao ato. Por outro lado, quando se pede uma imitação, a intenção está ausente e, sem ela, as palavras não conseguem ser reunidas da mesma forma.

Slobin e Welsh não examinam por que uma intenção deveria dar sustentação a um ato. A resposta parece ser a de que, quando um ato está contextualizado num molde de pensamentos e emoções correntes, está *embutida* nele uma representação orientadora de uma meta a ser atingida – no caso da fala, um significado a ser transmitido. Sem isso, a criança precisa elaborar deliberadamente a representação orientadora, o que se revela uma empreitada muito mais difícil.

Nicholas Bernstein argumentou que toda ação – não apenas a ação humana – que é dirigida a um objetivo deve envolver um "modelo de exigências futuras (de algum modo codificado no cérebro)"[10]. Na ação contextualizada, esse modelo é formado de uma maneira *vivenciada como desprovida de esforço.* O mesmo vale para a fala contextualizada. Por maior que seja o esforço exercido antes que se atinja a meta, ela simplesmente parece surgir. Não precisa ser elaborada em termos conscientes e deliberados.

Talvez se pudesse imaginar que um modelo externo fornecido por um adulto, como quando se pede a imitação de uma fala, eliminasse a necessidade de elaboração deliberada por parte da criança, mas não é o que acontece. É da máxima importância reconhecer que o trabalho da elaboração de um modelo interno ainda está por ser feito. (É claro que a imitação espontânea é uma questão totalmente diferente.)

O capítulo anterior incluiu algum exame da capacidade de controle deliberado que se desenvolve à medida que o modo do construto intelectual começa a entrar em funcionamento. Um aspecto dessa nova competência manifesta-se na linguagem – tanto na sua produção quanto na sua compreensão; pois surge um modo de tratar a linguagem, tanto na sua transmissão quanto na sua interpretação, que entra em forte contraste com as práticas espontâneas e irrefletidas examinadas até então. E uma importante diferença está no fato de que no novo modo de funcionamento, mais deliberado, há uma transferência de ênfase do significado pretendido para o significado realmente expresso. *Aquilo que exatamente se diz* adquire uma importância ainda maior. Ou seja, as palavras adquirem uma nova independência com relação ao contexto: elas têm de portar o significado sozinhas, muito mais do que antes.

É óbvio que a posse de um sistema de escrita estimula esse modo de usar a linguagem. Numa página, as palavras têm de ser capazes de se sustentar sozinhas. Elas devem prescindir do apoio do gesto e da entoação, por exemplo, ou de outras ajudas não-lingüísticas[11].

A ilustração de textos constitui uma exceção. E, nos livros infantis, as figuras desempenham um papel importante, já que fornecem algum substituto para o tipo de contexto ao qual as crianças se acostumaram desde que começaram a interpretar a fala. É interessante que, quando ocorre alguma divergência entre as palavras e a ilustração, como pode facilmente ocorrer quando os artistas não têm o cuidado de respeitar os detalhes do texto, as crianças menores costumam supor que o texto está errado. Ou seja, a ilustração representa a realidade. Logo, porém, à medida que se desenvolva sua capacidade de leitura, o relacionamento se inverte. As palavras passam a ter primazia; as figuras apenas as *ilustram*. Daí em diante, sempre que houver alguma discrepância, a ilustração é que será considerada errada.

Portanto, mudanças de vulto afetam o modo de se lidar com a linguagem e de encará-la. Aqueles que avançam muito no nosso sistema educacional acabam por chegar à idéia da linguagem como um sistema formal, com palavras que têm sentidos definidos e com normas para ligar as palavras de certas maneiras. E, naturalmente, essa idéia não está equivocada. As línguas humanas podem ser consideradas sob esse prisma. Podemos escrever dicionários e gramáticas. Podemos tomar uma frase isolada e perguntar o que ela significa. No entanto, não foi isso o que fizemos quando começamos a aprender a falar; nem é desse jeito que mesmo os adultos intelectualmente mais sofisticados empregam a linguagem numa conversa comum. Na grande maioria das vezes, porém, quando pessoas altamente letradas têm uma recaída que as leva a procedimentos habituais anteriores, elas não percebem que isso ocorreu.

A esta altura, é importante ter em mente a atividade imaginativa de criação de contexto na qual nos envolvemos quando queremos extrair o sentido até mesmo de frases isoladas (ver capítulo 6). Persiste, porém, uma distinção crucial a ser feita entre um jeito de lidar com a linguagem que envolve um detalhado exame reflexivo das *palavras* e outro, que dá prioridade ao que o falante pretende transmitir e, com essa finalidade, suplementa livremente a fala com meios não-lingüísticos.

Ao considerar a linguagem, até agora nos concentramos no segundo tipo. Quanto ao primeiro, exemplos prototípicos são fornecidos pela linguagem jurídica e pela elaboração de perguntas e de respostas em provas nos níveis de educação superior. Um estudante que não "responda à pergunta" está com um problema. O mesmo se poderá dizer de um examinador que se possa provar ter deixado de redigir a pergunta em termos claros e sem ambigüidade.

O modo de lidar com a linguagem que tem por objetivo um significado estável e sem ambigüidade, sem depender do contexto não-lingüístico, é especialmente adequado aos modos intelectuais porque seu uso rigoroso acarreta a separação entre o significado e emoções de natureza deturpadora. Dar primazia ao que está realmente sendo dito é incompatível com atribuir às palavras a interpretação que gostaríamos de encontrar.

É claro que existem muitos tipos de linguagem que não são intelectuais nesse sentido, e que também não são espontâneas e sem planejamento. Existe, por exemplo, a poesia. Na poesia, é essencial a atenção minuciosa às palavras. Cada palavra tem seu peso. No entanto, se a poesia tiver alguma qualidade, essas palavras proporcionarão uma rica interação de pensamentos e emoções, com muitas ressonâncias de significado.

Mais uma vez, consideremos os discursos políticos – ou os *slogans* de propaganda. Nesses casos, a influência exercida sobre a razão pela emoção é geralmente não um acaso, mas o próprio objetivo da iniciativa.

Trata-se, portanto, de uma simplificação exagerada imaginar que a linguagem se divida nitidamente em dois tipos. No atual estágio desta argumentação, porém, quando estamos tentando compreender como as crianças chegam a funcionar com competência nos modos intelectuais, nosso interesse está centrado no fato de existir uma maneira de abordar a linguagem que é peculiarmente apropriada a essa evolução. Anteriormente, chamei essa maneira de descontextualizada – e é isso o que ela é mesmo. A partir de agora, contudo, creio que estarei sendo mais fiel à clareza da comunicação se passar a chamá-la de *intelectual.* Pois existem outros tipos de linguagem que são, com intensidades variadas e de formas diversas, também descontextualizadas.

Há outros dois tópicos relacionados ao desenvolvimento da linguagem que devem ser considerados a seguir: em primeiro lugar, a relação entre o surgimento de um modo e o surgimento do uso da linguagem nesse modo; e, em segundo lugar, a relação entre a produção da linguagem e sua compreensão. Os dois tópicos não são estanques.

Tanto no modo pontual quanto no linear, o surgimento do modo ocorre, como já vimos, algum tempo antes do início do surgimento da linguagem naquele modo. O modo pontual estabelece-se com muita eficácia durante os nove primeiros meses de vida. Um bebê de nove meses de idade dá todos os sinais de sentimentos intensos (interesse, nervosismo, raiva e assim por diante) acerca de acontecimentos correntes; ele dá sinais de ter objetivos relacionados a eles; de pensar neles e aprender sobre eles. No entanto, a linguagem ainda está por vir. Novamente, é provável que o modo linear tenha suas origens por volta do final do primeiro ano e se estabeleça à medida que o segundo ano avance. Mesmo assim, o discurso sobre o passado e o futuro pessoais não costuma aparecer antes do início do terceiro ano de vida, e permanece relativamente raro por algum tempo a partir desse ponto.

Nesses primeiros estágios, portanto, a linguagem chega atrasada, mas isso não é surpreendente, se considerarmos a magnitude da tarefa envolvida no aprendizado de um sistema de tal complexidade. No entanto, antes do surgimento do terceiro modo, entre as idades de três e quatro anos, o aprendizado foi tão bem-sucedido na enorme maioria dos casos que já se encontra disponível um considerável conhecimento lingüístico. E então, existe ainda um atraso? Ou será que daí em diante a linguagem consegue acompanhar o ritmo?

A pergunta não pode ser respondida antes que tenhamos examinado a relação entre a produção e a compreensão. Ao fazê-lo, porém, deve-se ter em mente um fato de certa importância: o de que houve uma tendência a estudar por métodos diferentes esses dois aspectos da capacidade lingüística. Em geral, a produção tem sido estudada através da coleta e análise de amostras de falas espontâneas; enquanto a compreensão, sempre que os participantes do estudo tivessem idade suficiente para tornar a técnica praticável, foi estudada através do uso de tarefas inventadas. Isso significa que a linguagem estudada nas pesquisas sobre sua produção costuma estar nos modos pontual ou linear, ao passo que a compreensão foi estudada principalmente no modo do construto intelectual. Não surpreende, portanto, que hajam surgido paradoxos na comparação dos resultados.

Em geral, seria de se esperar que a compreensão se apresentasse algo à frente da produção com base no fato de que não se pode produzir o que não se consegue compreender. E, de fato, esse modelo vem à tona quando são comparados estudos da produção e da compreensão que estejam situados no modo pontual. Os bebês normalmente dão sinais de começar a compreender a fala com o apoio da contextualização no momento presente vários meses antes de começarem a pronunciar suas próprias palavras. Mesmo assim, estudos e mais estudos concluíram que as crianças mais velhas que sabem usar certas palavras e construções com total liberdade e sem erro na sua fala espontânea começam a cometer erros quando lhes são dadas tarefas que *exigem* a compreensão dessas mesmas características lingüísticas. As crianças parecem, então, "interpretar mal" de um modo desconcertante. A produção parece estar adiante da compreensão. Como, porém, isso é possível? Como se pode usar com eficácia aquilo que não se entende?

Allayne Bridges expressa essa perplexidade ao perguntar: "Seria realmente possível que as crianças pudessem subseqüentemente entender mal um enunciado que elas mesmas houvessem produzido *em circunstâncias espontâneas* anteriormente, no mesmo dia?" – e dá a resposta a sua própria pergunta: "Aparentemente, sim." Ela reflete que esse fato parece lançar dúvidas sobre a hipótese, incontestada durante muitos anos, de que todos os processos lingüísticos dependem de uma base de conhecimento comum[12].

Por algum tempo, eu mesma fui levada a me perguntar se essa hipótese racional teria de ser abandonada. Hoje, acredito que não chegamos a esse ponto. O primeiro passo no sentido de resolver o paradoxo que surge dos indícios de produção adiante da compreensão é o de examinar a pertinência das distinções entre os modos. Ou seja, se quisermos que a comparação entre a produção e a compreensão seja válida, ela deve ser baseada em dados obtidos dentro de um único modo. Não sendo assim, as diferenças entre os modos confundirão a comparação. No entanto, mesmo quando se reconhece esse ponto, a linguagem no modo do construto intelectual ainda é um assunto complexo.

Permitam-me recapitular as principais características desse modo. Nele o pensamento é desapaixonado, impessoal, e pode ser dirigido "à vontade" para o tópico escolhido. Há, porém, ainda uma necessidade de um contexto de apoio. O pensamento ainda tem de ser *sobre* alguma coisa que possa ser imaginada. E, em geral, quanto mais próximo for o tópico de algo vivenciado direta e freqüentemente – algo familiar – mais fácil será a tarefa imaginativa de elaboração do contexto. Ela tem, entretanto, de ser moderada pelos indícios examinados à página 136, onde vimos que um convite a imaginar um contexto totalmente fictício ou inverossímil parece ser capaz de liberar a imaginação. Devemos concluir que faz diferença se se considera que limitações da realidade estão ou não em operação.

Onde, então, a linguagem se encaixa? Quais são as marcas que distinguem a linguagem nesse modo?

Consideremos, em primeiro lugar, a compreensão. Aqui, o ponto principal é que, se quisermos interpretar a linguagem a partir de uma verdadeira perspectiva intelectual, ela deve conseguir uma independência do contexto não-lingüístico no qual foi emitida. Ela deve ser considerada dissociada dos gestos e entoações do falante. Na realidade, a interpretação não deve depender de sinais não-lingüísticos de qualquer natureza. Nem deve ela ser influenciada por sentimentos ou predisposições do intérprete, que deve ser capaz de examinar com distanciamento o que está de fato sendo dito. Ou seja, ele deve prestar uma atenção cuidadosa às palavras e à sintaxe da comunicação, deixando de lado qualquer preocupação com o que o gerador da fala pudesse ter querido dizer ou o que ele (o intérprete) poderia ter esperado – ou querido – ouvir. Por outro lado, uma vez que tenha estado atento às palavras em si nesse tipo de forma descontextualizada, um intérprete funcionando no modo do construto intelectual empregará as palavras para elaborar um contexto imaginado que fará com que elas "façam sentido", e, então, usará esse contexto para promover o tipo de pensamento ou de raciocínio que se faça necessário.

Quando a linguagem do modo do construto intelectual é produzida, e não interpretada, aplica-se novamente o critério básico de independência com relação ao contexto imediato. A linguagem nesse modo é relativamente deliberada e planejada. Ela também é o relato de algo que não ocorreu realmente ao falante, nem é tema de um episódio pessoal. Para pertencer ao modo do construto intelectual, a linguagem precisa compartilhar das propriedades de generalidade e impessoalidade que caracterizam o raciocínio intelectual.

Certos tipos de discursos ou de conferências formais fornecem bons exemplos.

É claro que as crianças não costumam se envolver com a produção desse tipo de linguagem. Seria totalmente improvável que elas agissem assim por iniciativa própria nos anos da pré-escola ou nos primeiros anos da escola de primeiro grau. E não se costuma fazer com que elas falem "a pedido" sobre algum tema impessoal durante esse período, embora seja possível pedir que elas façam um relato de alguma experiência pessoal, que inventem uma história ou que contem alguma que já conheçam[13].

Mesmo assim, pesquisas recentes realizadas por French e Nelson são de grande interesse sob esse aspecto. Sua técnica foi a de fazer com que as crianças falassem sobre seqüências de eventos habituais, como o ato de vestir-se. Isto significou que a linguagem sobre eventos não-presentes estava sendo produzida a pedido. E, embora a conversa fosse sobre coisas que as crianças haviam feito, ela versou mais sobre modelos *gerais* de comportamento, não sobre acontecimentos específicos. Ela pode, portanto, ser considerada como uma linguagem que satisfaz os principais critérios da linguagem no modo do construto intelectual. E, no entanto, o contexto a ser elaborado na imaginação era realmente muito bem conhecido, de tal modo que foi possível pedir racionalmente a crianças que estavam apenas no limiar desse modo que realizassem a tarefa. As crianças que participaram da pesquisa estavam entre os dois anos e onze meses e os cinco anos e seis meses de idade. Eram, ao todo, quarenta e três[14].

Uma outra característica que torna valiosos os resultados de French e Nelson é que eles se concentraram no emprego, por parte das crianças, de termos relacionais, temporais, causais ou lógicos – palavras como *antes* e *depois*, *por-*

que e *então*, *ou* e *mas*. E pelo menos algumas dessas palavras foram muito estudadas anteriormente, em tarefas de compreensão do tipo que pertence ao modo do construto intelectual. Portanto, a comparação direta parece ser legítima, ao menos desta vez. Quando a comparação é feita, porém, descobrimos que a produção ainda está muito adiante da compreensão. As crianças do estudo de French e Nelson mostravam-se capazes de produzir termos relacionais adequadamente, a partir da idade de quatro anos. Mesmo assim, os estudos de compreensão revelaram, tipicamente, dificuldades e confusões que não desaparecem antes dos oito anos de idade. Embora a incidência real de emprego das palavras críticas por parte de crianças de quatro anos seja muito baixa nos dados de French e Nelson, é surpreendente que erros do tipo encontrado nos estudos de compreensão estejam totalmente ausentes. Por exemplo, não há nenhum caso em que *porque* seja confundido com *então*, ou *antes* com *depois*.

Temos, portanto, uma tarefa de produção e uma de compreensão no mesmo modo, e ainda assim o paradoxo se recusa a desaparecer! Afinal, será que somos forçados a retomar uma rejeição da hipótese de uma única base de conhecimento? Temos de postular um sistema de linguagem para a produção e um outro, separado, para a compreensão? Ainda creio que não. A fim de resolver o paradoxo, devemos primeiro ter em mente a distinção entre os modos. Isso, porém, não basta. Devemos, em seguida, reconhecer que, dentro dos modos, e especialmente à altura em que alcançamos o modo do construto, vários fatores contribuem para a facilidade ou dificuldade de uma tarefa.

Consideremos, por exemplo, as conclusões da pesquisa voltada para a avaliação da compreensão da palavra *porque*.

Um estudo de Morag Donaldson concluiu que as crianças de cinco anos de idade parecem geralmente entender bem a palavra. No entanto, pesquisas anteriores como a de Emerson, por exemplo, haviam relatado que a competência só chegava três anos depois; o que é uma discrepância muito grande. A própria Donaldson sugere que isso talvez se deva às exigências diferentes das tarefas usadas. Ela mostrou às crianças vídeos ou desenhos de seqüências de acontecimentos ligados por uma relação causal, como o de um menino jogando uma bola numa janela, e depois o vidro quebrado no chão. Só depois disso, ela pede que a criança complete a frase: "A janela quebrou porque..." Estudos anteriores, por outro lado, costumavam apresentar apenas frases isoladas a serem completadas. Parece bem provável que o acréscimo do fornecimento de informações visuais foi de enorme ajuda para que as crianças elaborassem a situação contextual necessária para a criação do sentido. Vimos, antes, que esse esforço pode ser extremamente simples ou muito exigente, na medida em que variem as condições[15].

Esta última variável é válida quer a linguagem a ser interpretada seja falada, quer seja escrita. Resta, porém, mais uma consideração que se aplica quando o que está em questão é a compreensão da fala, como naturalmente é quase sempre o caso quando os participantes da experiência têm menos de sete ou oito anos. Numa circunstância dessas, o pesquisador, por estar interessado na *linguagem*, pretende geralmente que as palavras sejam interpretadas em termos tipicamente intelectuais. Ou seja, a atenção deve estar voltada para o que de fato está sendo dito. As crianças, entretanto, estão acostumadas a interpretar a linguagem de outras formas. Afinal, elas a aprenderam, para começar, prestando total atenção a todos os sinais extralingüísticos disponíveis.

E mesmo que agora, com mais alguns anos de vida, elas *possam* excluir esses sinais da sua consideração, como podem saber que é isso o que devem fazer?

O fato é que, depois de freqüentar a escola, a maioria descobre – mas apenas gradativamente – que há certos tipos de situação nos quais elas devem prestar atenção especial ao que as palavras significam, e não ao que as pessoas querem dizer. Elas descobrem que o professor às vezes, embora nem sempre, espera que elas ajam assim, e elas começam a aprender a obedecer.

Alguns pais estimulam uma atenção meticulosa às palavras antes que as crianças entrem para a escola. Eles conversam com os filhos *sobre* as palavras, não apenas *com* as palavras. Eles jogam jogos voltados para a linguagem. Filhos de pais desse tipo chegam à escola com uma enorme vantagem. Quando chega a hora de interpretar a fala, eles já são capazes de mudar de um modo para o outro segundo as exigências da ocasião. Seus professores geralmente concluem que eles são "inteligentes"[16].

A maior parte das evidências sobre desenvolvimentos no modo do construto intelectual a partir dos três anos de idade vem de pesquisas nas quais se pede às crianças que resolvam problemas especialmente elaborados – ou seja, problemas que foram arquitetados com o objetivo de lançar a luz sobre algum aspecto do entendimento. Esses problemas costumam ser apresentados em palavras, mesmo que também haja algum "material" a ser observado ou manipulado. Quem resolve o problema, portanto, deve em primeiro lugar extrair o sentido da linguagem. Se isso não for feito corretamente, a pergunta que ele tenta responder pode não corresponder àquela que o interrogador pretendia fazer. É irônico que, nesse caso, uma criança que procure descobrir o que o interrogador quis dizer, em vez de se concentrar no que as palavras significam, está na realidade deixando de compreender, num sentido mais amplo, o que *se espera* que ela faça.

Quando nós, como adultos que perguntam, usamos uma linguagem coloquial, esperamos que as crianças façam o mesmo. Ficaríamos bem irritados se elas não o fizessem. No entanto, quando propomos um problema intelectual a alguém (e até mesmo um problema muito simples do modo do construto pode ser genuinamente "intelectual"), passamos, muitas vezes sem perceber, para o uso da linguagem num estilo intelectual – ou seja, com a expectativa de que o enunciado exato seja definitivo. Pretendemos que se dê primazia à linguagem sobre outros sinais quanto à natureza da tarefa. O problema, porém, é que as crianças pequenas não sabem disso necessariamente. Isso não fica explícito. É uma outra história saber se uma determinada criança entenderia se houvesse uma tentativa de explicação; e essa outra história tem evidentemente importância crítica no que diz respeito à questão de como o surgimento do modo do construto intelectual se relaciona com o surgimento da linguagem nesse modo – uma pergunta que agora pode ser considerada muito complexa.

É claro que devemos reconhecer que a pergunta nem pode ser formulada antes que os modos sejam distinguidos. Por isso, ela não foi formulada até agora. O mesmo valia para os modos pontual e linear, mas, naqueles casos, os indícios já disponíveis pareciam fornecer uma resposta. Esse não parece ser o caso quando chegamos ao modo do construto e, em especial, à sua subdivisão intelectual. Concluo que, a esse respeito, uma resposta satisfatória deve depender de um tipo de pesquisa ainda não realizado.

Seria um erro supor que o fracasso na comunicação sempre surge quando se pede a crianças que resolvam problemas intelectuais, pois, às vezes, simplesmente não há nenhuma interpretação provável daquilo que o falante quer dizer que entre em conflito com o "significado padrão" das palavras. Quando Martin Hughes faz perguntas sobre números de crianças em lojas ou números de tijolos em caixas, o que suas palavras significam, consideradas isoladamente, não está em conflito com qualquer significado que pudesse ser deduzido quando sinais do contexto imediato também fossem levados em consideração[17].

No entanto, nem sempre isso acontece. E às vezes, quando psicólogos se propõem a estudar o desenvolvimento do pensamento, chega a ocorrer o caso de eles arquitetarem situações nas quais o contexto imediato exerça uma forte influência sobre a interpretação das perguntas propostas. Isso vale, por exemplo, para uma boa parte da pesquisa usada por Piaget para estabelecer a distinção entre o pensamento "pré-operacional" e o "operacional concreto". A criança geralmente enfrenta uma espécie de tentação no sentido de responder errado.

Ao estudarem pela primeira vez essa parte da obra de Piaget, alguns estudantes tendem a indignar-se. "Não é justo", dizem eles. "A criança está sendo enganada." Entretanto, a queixa não se justifica. Não há nada de impróprio numa pesquisa destinada a descobrir quando, e como, as crianças começam a resistir à tentação intelectual e a responder de outra forma. Por outro lado, é crucial esclarecer a natureza da tentação e o que está envolvido na sua superação.

Consideremos um exemplo. Piaget mostra às crianças um buquê de flores de duas cores, digamos, cinco vermelhas e três amarelas. Ele então pergunta: "Aqui há mais flores ou mais flores vermelhas?" Crianças com menos de seis ou sete anos costumam responder: "Mais flores vermelhas." Se lhes pedimos que justifiquem sua resposta, o mais comum é que digam: "Porque só tem três amarelas."[18] Fica bem nítido que elas basearam sua resposta numa comparação entre as flores vermelhas e as amarelas. No entanto, foi-lhes solicitado que comparassem as vermelhas com o buquê inteiro. Por que elas não atenderam ao pedido?

Piaget acredita que a razão está no fato de que elas não podiam atender, e isso em virtude de limitações na sua capacidade de lidar com as relações entre uma classe e suas subclasses. Especificamente, ele sustenta que uma criança de menos de sete anos, ou por volta dessa idade, não consegue pensar numa classe inteira e numa das suas subclasses ao mesmo tempo. Se a criança "concentra" a atenção na classe como um todo, a idéia da subclasse fica temporariamente perdida, e vice-versa. Se fosse esse o caso, esse fato impossibilitaria as comparações entre classe e subclasse. A criança não teria como lidar conceitualmente com a inclusão de uma classe em outra.

Trata-se de uma explicação instigante que atraiu enorme interesse. No entanto, se a aceitarmos como a única fonte do erro, seremos levados a prever que, quando não houver nenhuma relação de *inclusão* entre conjuntos de objetos a serem comparados, nenhuma dificuldade semelhante surgirá. E não é isso o que acontece. James McGarrigle realizou uma série de estudos, dos quais segue-se um exemplo[19].

Foram mostrados às crianças conjuntos de vacas e cavalos de brinquedo, brancos ou pretos, arrumados da seguinte forma, dos dois lados de uma parede de brinquedo:

	Vacas		
P	P	B	B
P	P	P	B
	Cavalos		

Em seguida, foram feitas perguntas como: "Há mais vacas ou mais cavalos pretos?" – pergunta que tem a mesma forma sintática de: "Há mais flores ou mais flores vermelhas?", mas que se refere a uma situação muito diferente. Pois agora não há nenhuma superposição possível entre as duas classes a serem comparadas. No entanto, um número ainda grande de crianças erra na comparação. Elas compararam os cavalos pretos com as vacas *pretas* e dizem frases como por exemplo: "Mais cavalos pretos porque só tem duas vacas pretas."

Assim, a obra de McGarrigle revela um tipo de equívoco que não tem nada a ver com o tratamento da inclusão em classes, mas que está obviamente relacionado às tarefas de inclusão em classes de Piaget. Devo ressaltar, com veemência, já que fui mal interpretada anteriormente, que não estou alegando ser esta a *única* fonte de erro. O que estou dizendo é que se trata de uma importante fonte de erro que não é levada em consideração na teoria de Piaget. O erro resume-se a uma impossibilidade de se ater ao enunciado exato da pergunta feita. Em vez de fazer isso, as crianças – para usarmos a terminologia de Inhelder, Sinclair e Bovet – substituem o enunciado por uma pergunta "mais natural", de sua própria criação[20]. Não é nada fácil dizer o que torna uma pergunta "mais natural" do que outra, mas não há dúvida de que, num dado contexto, algumas perguntas de fato parecem mais naturais aos seres humanos, jovens ou velhos[21]. É por isso que os estudantes, quando aprendem a pergunta padrão da inclusão em classes, costumam considerá-la uma trapaça. Mesmo alguns adultos apresentam a princípio a tendência a responder: "Mais flores vermelhas." No entanto, se lhes pedirmos que prestem atenção mais uma vez, eles dizem: "Ah, entendi. Mais *flores*, é claro"; enquanto as crianças geralmente insistem na sua primeira interpretação. Isso ocorre porque a pergunta natural surge das palavras no contexto, não das palavras isoladamente consideradas.

Dispomos hoje de muitas evidências que nos mostram como mudanças no contexto imediato podem ocasionar mudanças na interpretação da linguagem. Consideremos, como exemplo, as conclusões de pesquisas realizadas por McGarrigle e por mim mesma[22]. Às crianças que participaram desse estudo foram mostradas duas fileiras de carrinhos de brinquedo, uma com quatro carros e outra com cinco. As fileiras estavam arrumadas em duas prateleiras, uma acima da outra, para facilitar a comparação. O carrinho a mais sempre se projetava para a direita de forma perceptível.

Perguntou-se às crianças: "Há mais carros nesta prateleira ou mais nesta outra?" E, geralmente, a pergunta era respondida corretamente. Foi, então, feita uma mudança na arrumação. Com as crianças observando, um conjunto de garagens fechadas foi colocado sobre cada fileira. (Essas garagens não tinham piso, podendo ser facilmente postas em posição sem que se mexesse nos carros.) A fileira de quatro carros recebeu quatro garagens; a de cinco carros, seis garagens. Agora, portanto, numa das prateleiras as garagens estavam cheias ao passo que na outra uma garagem vazia estava perfeitamente visível[23]. A pergunta foi, então, repetida.

O principal ponto a ser observado agora é que a mudança realizada não estava relacionada ao significado da pergunta. O acréscimo das garagens em nada afetava a quantidade de carros. Se havia mais na fileira x no começo, continuava a haver mais na fileira x. As crianças, porém, nem sempre pareciam pensar desse modo. Desta vez, cerca de um terço delas nos disse que havia mais carros na fileira de quatro – ou seja, que havia mais carros na fileira que estava cheia. O contexto imediato estava exercendo algum tipo de influência sobre a interpretação da linguagem[24].

Mudanças na interpretação da linguagem que acompanham mudanças no contexto não são nada raras. Na verdade, na fala do dia-a-dia, elas são normais – e não só para as crianças. Também os adultos são sensíveis ao contexto. A pergunta: "Você pôs todos os garfos e facas na mesa?" será interpretada de modo diverso, dependendo de o objetivo ser o de arrumar uma gaveta ou de pôr a mesa para uma refeição. O significado de "todos" irá mudar, como mudou o significado que as crianças deram à palavra "mais". As conclusões de pesquisas só parecem surpreendentes porque esse efeito geralmente não é percebido.

Para usar outro exemplo, tomemos a frase: "A pistola parou / disparou às dez, e tivemos um sono tranquilo." Essa frase parecerá estranha a um leitor que a encare fora de contexto, a não ser que ele tenha tido o tipo de experiência pessoal que permita o rápido surgimento da contextualização adequada. Em algumas localidades do interior, os lavradores usam pistolas de sinalização para espantar aves. As pistolas "disparam" a intervalos regulares e, a menos que "parem" ao anoitecer, os moradores da vizinhança passarão uma noite desassossegada. Com o tipo adequado de contextualização, as palavras "*The gun went off at ten o'clock*" serão interpretadas, sem hesitação, com o significado de que a pistola parou de disparar àquela hora, embora essa interpretação seja relativamente rara e, na realidade, totalmente contrária ao significado comum*.

Em geral, portanto, a linguagem falada é usada de uma forma sujeita a forte influência por parte do contexto, e isso é perfeitamente razoável e sensato para os objetivos da interação rotineira de contato pessoal entre seres humanos. Como já vimos, porém, existem outros objetivos humanos para os quais a linguagem intelectual é essencial: as finalidades jurídicas, por exemplo, e, seguramente, as finalidades da ciência e do raciocínio rigoroso. Nessas atividades, as palavras devem ter significados estáveis e consensuais no limite do possível. Elas devem possuir definições exatas que sejam respeitadas pelos usuários e intérpretes. Se vierem a ocorrer as mudanças de significado devem ser explicitadas, ou seja, devem ser anunciadas. Esse é, pelo menos, o ideal, ainda que muitas vezes não seja atingido[25].

Na história da espécie humana, o advento da linguagem que atende às necessidades intelectuais é quase com certeza uma conseqüência da invenção da escrita. A linguagem escrita dispõe de uma permanência física que lhe proporciona uma independência com relação às flutuações de contexto, e que a torna mais viável do que a linguagem falada para a análise reflexiva.

O mesmo relacionamento certamente prevalece na vida de cada ser humano. O processo do aprendizado da leitura sem dúvida estimula o tratamento descontextualizado da linguagem, sobretudo se a leitura for ensinada de modo a promover uma atenção meticulosa ao que está exatamente no papel[26].

....

* O verbo usado no original "*go off*" pode representar tanto "disparar" quanto "parar de funcionar", sendo o primeiro significado mais natural em conjunto com a palavra "pistola". (N. do T.)

Algum traquejo no tratamento da linguagem intelectual é uma precondição para as manifestações posteriores do modo do construto intelectual. Esses desenvolvimentos são extremamente abrangentes. Eles têm, por exemplo, um papel crucial a desempenhar na ciência e na engenharia inventiva.

Antes de considerá-los, porém, é necessário examinar o modo seguinte, e final, da linha de desenvolvimento intelectual.

8. *O modo intelectual transcendente*

Passamos, agora, do modo do construto intelectual para um modo mais avançado que também é intelectual, mas radicalmente diferente. Vou chamá-lo de modo transcendente intelectual. Esses dois modos são semelhantes na medida em que o pensamento tem primazia. Saliento, mais uma vez, que isso não quer dizer que eles sejam imunes à emoção. Significa, apenas, que certos tipos de emoção – aqueles mais propensos a deturpar ou influenciar o pensamento – são excluídos por definição. Pois onde estão presentes emoções potencialmente perturbadoras, com qualquer intensidade apreciável, a mente mudou de marcha e regrediu para um dos modos básicos, uma mudança que é sempre fácil e tentadora.

No entanto, o tipo de emoção que brota de um sentido da importância de alcançar algum novo grau de compreensão é perfeitamente adequado aos modos intelectuais, e pode ser extremamente forte. Na realidade, é normal que o seja.

A diferença entre os dois modos intelectuais reside no ponto de interesse. No caso do modo do construto, o ponto de interesse ainda se encontra no tempo-espaço, embora não se restrinja a episódios específicos nele localizados (como ocorreria no modo pontual ou no linear). No modo transcendente intelectual, porém, o interesse não está mais voltado para algo que possa acontecer "algum dia, em algum lugar", e a necessidade de um cenário imaginado desapareceu. A mente agora consegue, afinal, funcionar sem o recurso a contextos derivados – diretamente ou por extensão imaginativa – de experiências pessoais da vida no mundo.

Creio que essa última frase possa vir a gerar equívocos, a menos que eu enfatize o que não quero dizer com ela. Não estou afirmando que a experiência pessoal de viver no mundo seja irrelevante para o advento do modo transcendente intelectual. Na verdade, eu consideraria absurda tal alegação. O que estou dizendo é que certos tipos de apoio contextual não são mais necessários. A mente passou a ser capaz de funcionar sem eles.

Esse é o estágio final no longo caminho entre o extremo da contextualização, de um lado, e o extremo da descontextualização, do outro. Ao longo desse caminho, cada novo modo realiza algum novo grau de descontextualização, alguma redução do vínculo contextual em comparação com o modo precedente. Por exemplo, o modo do construto, em qualquer modalidade, é menos vinculado contextualmente do que o modo linear, já que o ponto de interesse pode estar em "qualquer lugar". No entanto, o modo do construto ainda precisa de uma ligação com o conhecido. Com a chegada do quarto modo, desaparece esse último requisito. Portanto, se retomarmos a metáfora usada para denominar os dois primeiros modos, podemos dizer que o quarto é "sem espaço". Ele não precisa ocupar um lugar, seja no presente, na lembrança, na previsão ou na imaginação. Para usar um paradoxo, podemos dizer que o ponto de interesse não está em parte alguma.

Dizer isso, porém, está muito longe de dizer que o interesse é por nada. Agora é preciso fazer um relato positivo do tipo de funcionamento mental que o novo modo produz.

As atividades prototípicas do modo transcendente intelectual são a lógica e a matemática. No entanto, já que estamos tratando de interesses, a pergunta a fazer é *do que* tratam a matemática e a lógica, no sentido mais geral.

Respostas tais como *números, formas, silogismos, teoremas* ou coisas semelhantes não servem, porque são excessivamente limitadas e específicas. A resposta geral tem de ser a de que a lógica e a matemática tratam de *relacionamentos*: relacionamentos de compatibilidade ou de incompatibilidade, de simetria ou de assimetria, de inclusão ou de exclusão, de igualdade ou de desigualdade, e assim por diante. Mais do que isso, elas acarretam o estudo sistemático de *modelos* de relacionamento. E aquilo que chamamos de "matemática criativa" é a tentativa de ampliar esse estudo de tal modo que seus limites anteriores sejam superados. Ou seja, um modelo conhecido é ampliado, ou novos modelos são revelados.

A esta altura, pode-se levantar a objeção de que os "relacionamentos" ocorrem no tempo-espaço, tanto quanto as "coisas" ou os "acontecimentos". E, em certo sentido, ocorrem mesmo. No entanto, quando o interesse passa das "coisas-em-relação" (ou dos "eventos-em-relação") para as próprias relações, essa é uma grande mudança, com sérias precondições e sérias conseqüências. Uma conseqüência de importância crucial é a de que os modelos, ao contrário das suas representações concretas, não se submetem aos limites que o tempo-espaço impõe. Eles podem ser ampliados para *n* dimensões, até o infinito ou a eternidade.

Há certas relações que apresentam múltiplas ilustrações no tempo-espaço. Algumas dessas ilustrações já são conhecidas de todos os seres humanos desde tempos remotos. Por exemplo, a estrutura óssea dos nossos corpos é (aproximadamente) simétrica em torno de um plano vertical. Contudo, uma coisa é estar interessado no próprio corpo ou em corpos em geral, e uma outra coisa é estar interessado na simetria.

Mais uma vez, todos nós vivenciamos cedo na vida a relação da incompatibilidade. Ela pode, por exemplo, assumir a forma de um conflito entre o que nós mesmos desejamos e o que uma outra pessoa deseja. Esses conflitos são de grande relevância para nós. Todos nós os percebemos e nos importamos com eles. Entretanto, uma coisa é reconhecer esse tipo de incompatibilidade em ação, mesmo a ponto de refletir sobre ele e compreender como surge (o que exige uma consciência de outras mentes independentes); já o fato do interesse se concentrar na relação de incompatibilidade em si é coisa totalmente diversa.

Uma passagem do interesse por coisas-em-relação para as próprias relações é facilitada se se puder reduzir o predomínio das "coisas". Esse predomínio é, porém, realmente poderoso, e reduzi-lo é difícil para nossas mentes. É ainda mais difícil abandonar por completo o hábito do modo do construto de pensar em entidades imagináveis de algum tipo, mesmo que sua individualidade seja reduzida ao limite. Isso significa que a redução da individualidade não é condição suficiente para a mudança para o interesse pelas relações, embora eu creia tratar-se de uma condição necessária.

A maneira óbvia de pensar sobre as coisas enquanto se reduz sua individualidade consiste em usar algum meio de representação esquemática. Sabe-se que a representação esquemática não é nenhum grande problema para as crianças de três anos ou mais. Na realidade, algumas crianças recorrem a ela prontamente quando lidam, por exemplo, com problemas de natureza numérica. Hughes relata um estudo no qual forneceram-se lápis e papel a crianças entre três e sete anos de idade, às quais se mostrou uma quantidade de tijolos – que variou entre um e seis – sobre uma mesa. Pediu-se às crianças que "pusessem alguma coisa no papel" para indicar quantos eram os tijolos. Das crianças de três e quatro anos, cerca de um terço usou um sinal arbitrário que representava cada tijolo, e esse sinal escolhido era freqüentemente uma simples linha ou marca[1].

É preciso acrescentar que a freqüência de sinais arbitrários caiu nas crianças com cinco anos de idade, caso em que houve um acentuado aumento no uso de algarismos, o que não é de surpreender. No entanto, houve também um acentuado aumento do desenho direto dos tijolos, o que parece um distanciamento de qualquer tentativa no sentido de reduzir a importância das coisas em si, com suas propriedades físicas. Talvez as primeiras representações esquemáticas tivessem sido usadas principalmente em decorrência da percepção de que seria difícil desenhar os tijolos. Continua válida a afirmação de que essas crianças mais novas demonstraram a capacidade de pensar no uso de marcas.

Indícios do uso de estratégias esquemáticas também foram encontrados entre crianças mais velhas. Segue-se um exemplo. O problema era "Doze crianças estão voltando para casa no ônibus escolar. Cinco saltam do ônibus. Quantas ficam nele?" Kim, de seis anos de idade, acertou a resposta. Ela depois explicou que, para fazer o cálculo, pensou "com a cabeça". Explicou também que esse pensar envolveu o uso de "bolinhas".

No estudo que resultou nesse exemplo, Hughes estava ainda interessado na representação escrita, mas Kim não pôs suas bolinhas no papel espontaneamente. Na verdade, ela mais tarde demonstrou alguma resistência quanto a pôr qualquer coisa por escrito, embora fosse capaz, com índices variáveis de sucesso, de usar a notação numérica convencional que as crianças aprendem para "fazer contas". Sob esse aspecto, ela foi uma espécie de exceção. O trabalho de Hughes levou à conclusão geral de que o código formal da aritmética (12 – 7 = 5, etc.), conforme aprendido durante os anos da escola primária, é muito capaz de se tornar "um sistema de normas e procedimentos divorciado da realidade concreta".

Ora, se isso significasse que o interesse se voltara das "coisas" para as "relações", seria perfeitamente correto considerá-lo evidência de que os alicerces da competência matemática estavam sendo assentados. Há, porém, poucos motivos para interpretar as conclusões sob essa perspectiva otimista. Quando compreendemos um modelo de relacionamentos que apresenta exemplos *de uma natureza extremamente familiar*, somos capazes de ver como o modelo "funciona", ou como se aplica "em termos concretos". Muitas crianças, porém, mesmo que conseguissem "fazer contas" corretamente, pareciam não perceber a importância das expressões aritméticas a propósito das relações entre conjuntos de coisas rotineiras, comuns. Por exemplo, ao problema "7 – 4 = ?", Nadine deu a resposta "3". Convidaram-na a "checar" a resposta, usando blocos. Ela construiu uma torre de sete blocos, arrumou uma fileira de quatro e disse "para tirar". Em seguida, ela removeu a fileira de quatro e escreveu "7 – 4 = 7", parecendo estar perfeitamente satisfeita com o resultado.

É possível argumentar que o convite a verificar a resposta possa ter levado Nadine a pensar que ela estava errada. No entanto, nenhuma criança que tivesse uma compreensão razoável do que lhe estava sendo pedido poderia ter respondido dessa forma. A conclusão parece inevitável: ela não compreendeu o símbolo de "menos", ela não compreendeu o símbolo de "igual", ou não compreendeu nenhum dos dois.

Hughes analisa indícios sobre o símbolo de "igual", indícios que demonstram que as crianças o tratam mais como uma instrução para "fazer alguma coisa" – somar, subtrair ou seja o que for – do que como uma expressão de igualdade. Behr e colaboradores, por exemplo, concluíram que as crianças tinham uma propensão a considerar expressões como "3 + 2 = 2 + 3" como inválidas. Um menino sugeriu que essa expressão fosse corrigida para "3 + 2 + 2 + 3 = 10"[2].

Ao interpretar essas conclusões, Hughes salienta as dificuldades de aprender o *código* matemático. Ele trata a confusão das crianças como evidência de um fracasso na "tradução" – em ambos os sentidos – entre esse código e representações da "realidade concreta". De minha parte, creio que ele demonstra claramente que, de fato, grandes quantidades de alunos da escola primária não aprenderam a fazer esse movimento livremente. Eles podem saber executar os procedimentos formais com algum sucesso, embora também com muitos fracassos; mas, qualquer que seja o caso, quase sempre demonstram pouca compreensão do que estão fazendo.

A solução geral que Hughes propõe é a de ajudar as crianças a usar imagens adequadas com maior eficácia[3]. Isso quer dizer que, por algum tempo após o início do ensino do código formal, as crianças deveriam continuar funcionando no modo do construto. Não se deveria esperar que compreendessem as relações expressas pelo código sem o apoio de ilustrações concretas que fizessem sentido para elas.

Creio ser sábia essa recomendação. Mesmo assim, é preciso não perder de vista o objetivo subseqüente: a passagem do estudo das coisas-em-relação para o estudo dos próprios modelos de relações, que é a passagem para o modo transcendente.

Hughes observa que muitos matemáticos eminentes consideraram úteis as imagens. Bruner e Kenney defendem a mesma idéia: os pesquisadores em matemática às vezes afirmam usar "suportes concretos" no seu raciocínio. Devemos, porém, lembrar que essa não é a história inteira[4].

Bruner e Kenney estudaram "detalhadamente" um pequeno grupo de crianças inteligentes, de oito anos de idade, que estavam tendo aulas intensivas com um pesquisador em matemática, auxiliado por "professores observadores", um para cada criança. Elas eram estimuladas a usar a ajuda de materiais concretos – ou seja, fisicamente presentes e manipuláveis; mas eram também estimuladas a desenvolver ou adotar notações adequadas, e depois procurar outras ilustrações concretas para a mesma idéia matemática. Nessas circunstâncias favoráveis, ocorria uma "interação contínua" entre o código formal e a exemplificação física. No entanto, Bruner e Kenney ressaltam que "o problema agora é o de isolar a notação... da ilustração concreta, visível, manipulável, à qual ela se refere..."

E por que esse outro passo precisa ser dado? Eles passam a uma declaração sucinta da razão crucial.

> Pois, se quisermos que a criança lide com as propriedades matemáticas, ela terá de lidar com símbolos *per se*, ou então ficará limitada à faixa estreita e bastante trivial do simbolismo possível de uma concretização visual direta (e apenas parcial). Conceitos como o de x^2 e x^3 podem receber um referente visualizável, mas o que dizer de x^n?

Hughes está absolutamente certo quanto à necessidade de evitar o que ele chama de "perigoso abismo" entre o código formal e o conhecido mundo físico. E ele fala realisticamente sobre o que poderia ser feito nas escolas para reduzi-lo. Bruner e Kenney salientam que, no seu estudo, tanto as crianças quanto a situação de aprendizado estavam longe de ser típicas. Mesmo assim, a idéia geral que defendem permanece válida: há limites às possíveis ilustrações de modelos de relacionamento. Ou ainda, dito de outra forma, a mente humana pode – em princípio, mas não com facilidade – ter a concepção de sistemas de relações que se estendem muito além de qualquer coisa conhecida ou imaginável no mundo do espaço e do tempo.

Esse fato notável vale até mesmo para a geometria euclidiana, onde seria menos provável que se aplicasse. Por exemplo, nos *Elementos* de Euclides, uma das definições é: "A linha é um comprimento sem largura." No entanto, nunca encontramos e não conseguimos de fato imaginar um comprimento sem largura. Whitehead, a respeito do mesmo tema geral, afirma com a autoridade da sua eminência como matemático e filósofo que "por exemplo, o formato das formas, ou seja, sua circularidade, esfericidade e cubicidade *como na experiência real* [grifos meus], não se inserem no raciocínio geométrico"[5].

Apesar da natureza de algumas definições euclidianas, essa visão da matemática, ainda que de aceitação geral em nossos dias, é bastante recente – ou seja, ela é, na sua maior parte, produto dos séculos XIX e XX. Kneebone oferece uma explanação clara e interessante sobre como se desenvolveu o pensamento sobre o tema, alegando que as geometrias, tanto a euclidiana quanto a não-euclidiana, devem ser consideradas teorias abstratas. A possibilidade de alguma delas se aplicar ao espaço como o vivenciamos passa a ser uma questão empírica a ser resolvida pelos métodos comuns de investigação científica[6].

Ora, o modo transcendente intelectual está decerto interessado no que são, nesse sentido, abstrações. A partir, porém, da perspectiva da psicologia evolutiva, essa colocação não é muito útil. Queremos saber – entre outras coisas – que mudanças ocorrem quando esse modo se torna disponível para a mente. A "abstração" está longe, porém, de ser uma atividade nova. Voltando ao exemplo usado anteriormente, uma criança de dezoito meses – ou menos – que aponta para uma bola de lã escura no focinho de um ursinho de pelúcia e diz "nariz" está trabalhando com abstrações – e ainda por cima com relacionamentos abstratos, pois a "qualidade-nariz" da bola depende da sua posição com relação às outras caraterísticas faciais. Exatamente a mesma bola, isolada dessas características, não seria absolutamente considerada um nariz. Contudo, a criancinha que demonstra essa capacidade com as abstrações está interessada no nariz, não nas relações. Muitos anos irão se passar antes que sua mente comece a se interessar por estas últimas, consideradas independentemente das entidades ou eventos que ela possa vivenciar ou imaginar. Na realidade, sua mente pode nunca desenvolver esse interesse num grau significativo. Muitas mentes – muitas mentes normais, para não dizer inteligentes e cheias de vida – nunca o fazem.

Teremos de perguntar por que umas o desenvolvem e outras não. Antes de mais nada, porém, em que idade o modo transcendente intelectual começa a surgir? Quais são os primeiros sinais da sua chegada?

Minhas observações de crianças – principalmente na Escócia, mas também nos Estados Unidos – levam-me a sugerir, para essas culturas, uma idade média em torno dos nove anos. Permitam-me salientar, porém, que estou falando nos primeiros indícios desse modo; de forma alguma estou me referindo a uma competência plenamente desenvolvida.

Um sinal muito forte da mudança é um aumento na sistematicidade. Consideremos uma tarefa criada por Piaget e Inhelder, na qual uma criança recebe conjuntos de pequenos quadrados de papelão, cada conjunto com uma cor diferente[7]. Assim, poderia haver uma pilha de quadrados vermelhos, uma de azuis, uma de amarelos e assim por diante. Pede-se então à criança que forme o maior número possível de pares, com a restrição de que cada par deva conter duas cores, e que não haja dois pares com as mesmas cores. Em outras palavras, pede-se que ela crie tantas combinações quantas forem possíveis[8].

Crianças de menos de sete anos, ou por volta dessa idade, costumam escolher os cartões de um modo assistemático e param quando não lhes ocorre facilmente mais nenhum par. Perguntadas, a essa altura, como sabem que descobriram todos os pares que podiam fazer, elas dizem frases como: "Eu olhei e vi." E parecem perfeitamente satisfeitas. As de sete ou oito anos de idade também costumam ser assistemáticas, mas têm maior probabilidade de mostrar sinais de desconforto quando pressionadas a dizer se todas as possibilidades foram definitivamente encontradas. Por volta dos nove, contudo, alguma tentativa de sistematização costuma ser feita, mesmo que não tenha pleno sucesso; e a importância do sistema como meio de explorar relacionamentos e "ter certeza" sobre eles passa a ser reconhecida. Para além disso, ainda permanece a descoberta crucial de que uma abordagem sistemática pode produzir um meio de calcular as combinações possíveis para qualquer quantidade. Ou seja, a criança pode vir a perceber que não precisa dos conjuntos de cartões diante dos olhos para descobrir as combinações. Ela pode criar uma fórmula e depois usá-la para qualquer quantidade de conjuntos. Com muita freqüência, presenciei crianças de dez ou onze anos conseguindo isso, antes de aprenderem qualquer coisa semelhante na escola. Quando isso ocorre, elas também costumam dar sinais de estar intrigadas com sua própria descoberta. E não é de se admirar[9].

O reconhecimento de que um modelo de relações pode ser ampliado – às vezes indefinidamente – faz parte da essência do pensamento do modo transcendente. E o prazer nesse tipo de percepção faz parte da essência da emoção que o acompanha. Sei de um menino muito adiantado que pareceu ter uma experiência dessas aos sete anos e seis meses de idade. Perguntaram-lhe quantas partes haveria se ele partisse uma maçã ao meio e, depois de responder *duas*, ele acrescentou espontaneamente: "E se você cortar essas ao meio, ficaria com quatro, e se cortasse *essas* ao meio, teria oito, e se cortasse *essas* ao meio teria dezesseis, e depois... puf!" Ao terminar, ele balançou os braços no ar e sorriu com prazer.

Algumas vezes perguntei a crianças se existe um número que seja o maior possível. Muitas, aos sete ou oito anos de idade, acham que deve existir, apesar de não saberem qual é. Uma menina disse-me que imaginava que ele "encheria essa sala". (Não consegui descobrir exatamente o que ela quis dizer com isso.) No entanto, por volta dos nove ou dez anos, surge com freqüência a idéia de uma série de números que se estende sem limites. As crianças fazem, então, comentários como: "A gente sempre podia somar mais um." Portanto, nasceu alguma idéia de infinito. E, de vez em quando, pode-se testemunhar o nascimento sob a forma da experiência de um "Ah!", quando a criança de repente percebe que a possibilidade de somar mais um não pode nunca, em princípio, chegar ao fim.

Em todo esse tipo de raciocínio, é evidente o interesse pelo que é possível (dadas certas limitações inicialmente aceitas). Piaget diria que isso é característico do que ele chama de "pensamento operacional formal". Ele considerou várias formas de captar seus atributos essenciais, mas acabou por concluir que esse tipo de pensamento "implica a subordinação do real ao reino do possível e, conseqüentemente, a vinculação de todas as possibilidades umas às outras por meio de implicações necessárias que abrangem o real, mas que ao mesmo tempo o ultrapassam"[10].

Concordo com essa conclusão, que não poderia ter uma expressão melhor. No entanto, não me agrada o termo "operacional formal", por derivar de aspectos da teoria piagetiana que não posso aceitar. Seu uso da palavra "operacional" é inseparável da alegação de que esse tipo de raciocínio depende do desenvolvimento de certas *estruturas* específicas na mente – estruturas que Piaget tenta descrever por meio da "álgebra da lógica". Não seria conveniente criticar neste texto essa teoria, pois isso não poderia ser feito aqui de forma adequada, e com justiça, sem uma extensa argumentação[11]. Direi apenas, portanto, que não creio que tenha sido estabelecida a realidade psicológica dessas "estruturas", e que não descobri nelas um instrumento explanatório útil.

Para se poder pensar efetivamente sobre modelos de relacionamentos, é necessário gerir a própria mente. O pensamento deve ser dirigido de uma forma controlada e disciplinada. Esse é o caso mesmo quando o modelo a ser explorado tem uma abrangência bastante limitada. Na sua explanação sobre o que está envolvido na "subordinação do real ao reino do possível", Piaget insiste na importância da capacidade de explorar sistematicamente as possibilidades combinatórias que surgem quando se está lidando com proposições de dois valores – ou seja, proposições que podem ser ou bem verdadeiras, ou bem falsas. Estudei uma vez a capacidade de crianças pequenas explorarem um modelo relacional dessa natureza, muito simples e limitado, apresentado num contexto familiar, naturalmente, já que as crianças tinham por volta de seis anos de idade.

Mostrou-se a cada criança uma casa de bonecas com um caminho levando até a porta, com a informação de que o Sr. e a Sra. Brown moravam ali. Pediu-se então à criança que imaginasse que eu e ela estávamos chegando pelo caminho para fazer uma visita. A questão era saber quem poderia estar em casa. A brincadeira assumiu a forma de várias visitas à casa, e a cada visita perguntava-se à criança se não poderíamos encontrar uma situação nova daquela vez. Ou seja, suponhamos que, na primeira ocasião, nos tivesse ocorrido que tanto o Sr. Brown quanto sua senhora estariam em casa; seria possível algo diferente na visita seguinte[12]?

Observe-se que a tarefa envolvia duas proposições: "A Sra. Brown está em casa" e "O Sr. Brown está em casa", cada uma das quais poderia ser verdadeira ou falsa. Se denominarmos essas proposições de "p" e "q", as possibilidades seriam as seguintes: tanto p quanto q verdadeiras, p verdadeira e q falsa, p falsa e q verdadeira, tanto p quanto q falsas. Não foram fornecidos bonecos para representar os personagens. Além da casa, não havia nenhum outro suporte físico para a consideração elaborativa da possibilidade por parte da criança.

Revelou-se que, nesse contexto, a maioria das crianças conseguiu calcular facilmente as quatro possibilidades, mesmo aquela em que tanto p quanto q eram falsas, ou seja, na qual não havia ninguém em casa. O que muitas crianças não conseguiram fazer, entretanto, foi determinar que todas as possibilidades haviam sido exauridas. Em vez disso, elas freqüentemente inventavam novos personagens: uma filha, um filho ou um amigo que estava hospedado ali – até mesmo um cachorro! Elas revelaram, assim, uma atitude muito comum na sua idade: elas pareceram não ver nenhuma necessidade de aceitar os limites impostos pelo que havia sido pressuposto. Seu pensamento não era limitado de nenhuma forma rigorosa pela informação fornecida por mim. Em outras palavras, elas não tinham uma nítida concepção *daquele problema* – aquele e nenhum outro – à qual pudessem se agarrar, e que pudessem usar para decidir quando o problema havia sido resolvido a contento, para que se pudesse parar de pensar nele.

Uma concepção dessas é o próprio alicerce da pertinência. E não pode haver poder intelectual onde falte um sentido de pertinência. Isso se aplica tanto a um problema que a pessoa proponha a si mesma quanto a algum problema que se aceite já formulado, de uma outra pessoa.

Sem o rigor e o controle exigidos pelo respeito a todas as condições do problema – e exclusivamente a elas – (as condições que fazem dele *esse* problema e não um outro), não se pode exercer com eficácia as atividades do modo transcendente intelectual. A alegria e a liberdade envolvidas na invenção de um novo ocupante para a residência da família Brown têm de ser abandonadas. Surge, porém, um novo tipo de alegria e liberdade no lugar das antigas. (Também, é claro que as antigas podem receber plena expressão sob outros aspectos, já que os novos modos não fazem com que os antigos sejam abandonados.)

A questão a ser considerada agora é a natureza da ligação entre a delimitação precisa do "problema" (ou tópico para reflexão) e o movimento a partir do raciocínio sobre as coisas-em-relação no sentido do raciocínio sobre as relações em si. Tenho certeza de que existe uma relação íntima entre eles, mas não sei ao certo como isto se dá. Pode ser que a capacidade de demarcar um problema – e se ater a ele daí em diante, sem deixar que ele escape ou que se transforme – seja uma precondição para a entrada em evidência da estrutura relacional. Afinal de contas, o mundo como o vivenciamos, o mundo das coisas e dos acontecimentos, não pára de se transformar. E, enquanto a mente está envolvida nesse fluxo, tanto diretamente quanto por meio da imaginação, a reflexão sobre sistemas de relações é sem dúvida difícil, ou até mesmo impossível. Por outro lado, talvez fosse possível argumentar que é o surgimento do interesse pelas relações que traz consigo o reconhecimento da importância da demarcação, ou seja, o de ter um conjunto precisamente especificado de relações a explorar[13].

Considerando-se o que se sabe sobre o desenvolvimento humano em geral, o mais provável é que haja uma interação. Assim, à medida que os problemas que pertençam ao modo transcendente intelectual vão sendo enunciados e captados com maior clareza, cresce o interesse pela descoberta dos sistemas relacionais; e, à medida que o interesse aumenta, a importância de se ater a "esse problema e nenhum outro" vem a ser mais plenamente apreciada.

Se for esse o caso, a interação levará a uma gradual extensão da complexidade dos sistemas relacionais que podem ser efetivamente explorados. Chegamos agora, porém, a mais uma consideração, ou seja, a da importância da notação. É impossível tratar de sistemas de relações, além dos de natureza mais simples, sem algum meio de pô-los por escrito.

Já avaliamos o fato de que as crianças são capazes, em tenra idade, de desenvolver para si mesmas meios de representar no papel o número de objetos dispostos diante delas. Revela-se, provocando certa surpresa, que elas nem chegam a considerar difícil imaginar um símbolo para o zero. No entanto, Hughes, que relata essa conclusão, também informa que para as crianças que ele estudou era muito mais difícil o ato de representar transformações ou relacionamentos[14].

Ele nos conta que, quando lhes foi pedido que mostrassem que certos objetos haviam sido somados ou subtraídos de uma pilha, a maioria das crianças não fez nada para diferenciar essas duas operações. Somente onze dentre noventa e seis crianças (entre os três anos e quatro meses e os sete anos e nove meses) sequer tentaram assinalar a distinção entre somar e subtrair; e apenas quatro o fizeram de uma forma que pudesse ser compreendida por um observador desinformado. Entre as sete restantes que pelo menos tentaram, houve uma considerável demonstração de engenhosidade. Por exemplo, Scott, que era uma das crianças mais velhas, indicou a soma desenhando o número adequado de soldados britânicos marchando da esquerda para a direita; e a subtração, por meio de soldados japoneses que marchavam da direita para a esquerda! Podemos admirar a engenhosidade de Scott, mas sua notação seria incômoda para se usar.

Contudo, a cultura na qual Scott estava sendo criado fornece uma notação muito boa; e Scott já estava na escola há mais de dois anos recebendo aulas sobre o uso do "mais" e do "menos". Por que ele não usou esses símbolos? Por que nem uma única criança pensou em usá-los? O mais próximo que alguma chegou do seu uso foi o exemplo de Christopher (também na faixa dos sete anos), que escreveu "tirei 1" e "somar 3"; mas isso ainda está meio distante do uso do código aritmético.

Volto ao relato de Bruner e Kenney sobre o pequeno grupo de crianças privilegiadas de oito anos de idade. Afirmam Bruner e Kenney que "o que se mostrou tão surpreendente no desempenho das crianças foi sua incapacidade inicial de representar coisas para si mesmas de um modo que transcendesse a captação perceptiva imediata". Mais tarde, porém, à medida que o aprendizado foi avançando, as crianças pareceram passar a compreender abstrações "expressas numa notação comum", ao mesmo tempo em que desenvolviam uma boa "reserva de imagens concretas para exemplificar as abstrações". No entanto, essas crianças estavam recebendo atenção e ajuda individual de natureza muito especial, como vimos.

Ainda não se sabe muita coisa sobre como o modo transcendente intelectual entra em cena, e por que meios a competência nesse modo se desenvolve. Procurei indicar algumas das condições que parecem ser necessárias. Recapitulando, elas são as seguintes: dispor de uma forma de reduzir a importância das coisas e de aumentar a importância das relações; ter um firme sentido de pertinência, que significa demarcar "esse problema e nenhum outro" e ater-se a ele; desenvolver uma compreensão do valor do procedimento sistemático, aliada a algum talento para isso; e ter à disposição para uso, com uma boa compreensão da sua função, uma notação escrita bem adequada ao padrão específico das relações a serem exploradas.

Pode haver outras condições importantes que eu tenha deixado de lado. Uma coisa, porém, já está clara: poucas pessoas, se é que algum dia houve uma, cumpririam uma boa parte do caminho sem muita ajuda. Em primeiro lugar, a ajuda depende da existência de uma tradição cultural.

Além disso, ela precisa assumir a forma da iniciação de indivíduos ainda crianças na tradição. Trata-se de uma questão de educação.

Segunda Parte

Amplitude e equilíbrio na maturidade

9. Os modos intelectual e de percepção de valor: uma perspectiva histórica

Chegou a hora de voltar à pergunta mencionada no primeiro capítulo e levantada novamente no final do sexto. Nos capítulos intermediários, examinamos a natureza dos modos chamados "intelectuais", e vimos que neles a emoção não fica absolutamente sem função. A curiosidade apaixonada fortalece o intelecto. Da mesma forma, a realização de novas compreensões costuma ser acompanhada de prazer. Os modos intelectuais caracterizam-se, porém, por uma distinção vivenciada entre o pensamento e a emoção, e por uma medida de controle que possibilita a exclusão de certos tipos de emoção, a saber aquelas que são inconvenientes por terem a propensão a afetar o pensamento. Trata-se de uma questão de definição. Onde esses critérios não forem cumpridos, o modo não será intelectual no sentido utilizado aqui.

A questão à qual nos voltamos é a de saber se os seres humanos podem realizar algum desenvolvimento análogo das emoções. Como seria um desenvolvimento desses? Existe algum indício de que as pessoas podem operar em modos paralelos aos intelectuais, mas nos quais a emoção, e não o pensamento, tenha primazia?

Permitam-me reafirmar um princípio crucial: toda emoção é despertada pela captação da importância. Onde nada importa, não há emoção. Portanto, se houver provas da existência de modos emocionais que sejam análogos aos intelectuais, devem estar envolvidas fontes adequadas de importância. E, da mesma forma que o pensamento nos modos intelectuais não se interessa por acontecimentos do modo linear – eventos específicos em vidas específicas –, também a emoção nos modos paralelos (se existirem) não deve se derivar desses acontecimentos. Ela não deve depender do sucesso ou fracasso de objetivos do modo linear. Ela terá de ser despertada de outras formas.

Além disso, deverá existir o mesmo tipo de distinção vivenciada entre a emoção e o pensamento que ocorre nos modos intelectuais, e o mesmo tipo de controle. No entanto, o que deverá ser regulado por esse controle será um tipo de pensamento que possa interferir na emoção, em vez de emoção de um tipo que possa interferir no pensamento.

Temos agora de considerar a possibilidade de que o desenvolvimento dos modos que satisfaçam esses critérios pudesse, em princípio, ser estranho a nós. Talvez o desenvolvimento emocional atingisse algum limite necessário antes daquele ponto, deixando-nos com uma grande assimetria entre as emoções e o intelecto. Costuma-se comentar que uma assimetria desse tipo é característica das sociedades modernas, nas quais o progresso da ciência e da tecnologia levou a um perigoso desequilíbrio, de tal forma que nos tornamos unilaterais. E há, de fato, base para essa alegação[1]. Se ela está bem fundamentada, precisamos compreender como surgiu a assimetria e o que pode ser feito a respeito dela, se é que algo pode ser feito[2]. O que tornou o intelecto tão poderoso? Será realmente verdadeiro que não houve nenhum desenvolvimento comparável afetando o restante da mente? E acima de tudo, se não houve, por que não houve?

Neste estágio, parece necessário examinar a história. Precisamos saber o que foi realizado – ou tentado – pelos seres humanos antes de nós. Precisamos desse conhecimento para avaliar a situação em que nos encontramos.

A questão fundamental é saber se podemos encontrar claros indícios de receptividade emocional humana a fontes de importância que parecem apropriadas aos modos que estamos investigando. Se a resposta for negativa, a investigação está efetivamente encerrada. Se a resposta for positiva, outras perguntas terão de se seguir.

Uma reflexão muito sucinta já basta para demonstrar que evidências da existência dos modos sobre os quais estivemos cogitando poderiam ser encontradas em pelos menos dois lugares: em reações à arte e à música, e em certos tipos de experiência que chamamos de religiosas ou espirituais. Neste estágio, irei me concentrar nestas últimas porque ficou claro haver distinções pertinentes que surgem com nitidez nesse campo. Ao mesmo tempo, não quero sugerir que apenas as experiências religiosas ou espirituais sejam pertinentes. Chamarei os modos que estamos examinando de *modos de percepção de valor*, com a ressalva de que os valores em questão devem transcender os interesses pessoais.

Todas as grandes religiões do mundo são imbuídas de um sentido de valores que transcendem o eu – valores que parecem emanar de "além de" nós, e que, no entanto, exigem uma reação humana. Não cabe aqui perguntar se essa impressão é o reconhecimento de algo "real". O que importa – por enquanto – é apenas o fato da experiência humana. E essa sem dúvida foi e é amplamente disseminada e extremamente emotiva.

Portanto, será que já temos comprovação da existência de análogos emocionais do modo intelectual do construto e do modo transcendente? Não exatamente. Lembremo-nos de que esses modos exigem um alto grau de separação entre o pensamento e a emoção: eles são *desapaixonados* (embora esse termo tenha de ser qualificado, como já vimos). Portanto, análogos genuínos no lado emocional teriam de ser, em grau correspondente, *acognitivos* – ou seja, o pensamento e a emoção mais uma vez estariam separados, mas desta vez a emoção seria a função básica.

Devemos reconhecer, em primeiro lugar, que a religião, sobretudo nas suas formas primitivas, muitas vezes se apresentou estreitamente ligada a alguma tentativa de explicar as coisas, resumindo-se com freqüência a uma cosmologia, de modo tal que o pensamento e a emoção não estavam separados. Ela surgiu, portanto, como uma manifestação do modo do construto básico, no qual o pensamento e a emoção permanecem perfeitamente entrelaçados, sendo o objetivo o de compreender a natureza da realidade *e* reagir a ela em termos emocionais de um modo apropriado – objetivo que, ao ser encarado, não é nem um pouco irracional. Desenvolveram-se, assim, sistemas de explicação e formas de expressão emocional estreitamente vinculados.

As civilizações antigas fornecem muitos exemplos desse ponto. Em geral, os sistemas de explicação assumem a forma de narrativas do tipo que chamamos de mitos. Esses mitos costumam contar histórias que explicam a origem do mundo e algumas das suas características mais surpreendentes. As características que parecerão mais surpreendentes a certas pessoas irão obviamente variar de acordo com as condições das suas vidas. No Egito, por exemplo, encontramos mitos sobre um Deus-criador chamado Aton, que surgiu das águas primevas, pousado sobre um pequeno monte. No Egito, a cada ano, como ressalta Plumley, as águas das inundações do Nilo recuam, fazendo surgir pequenos montes, cujos topos, por serem muito férteis, logo estão cheios de vida[3]. Por outro lado, na Escandinávia, temas totalmente diferentes surgem:

> Os mitos têm um sentido de espaços imensos, de escuridão, terror e tremendos obstáculos com que se deparam os viajantes, humanos ou divinos, em jornadas de um reino até outro. Há enormes montanhas e rios de correntes violentas, como os da Noruega e da Islândia, a impedir o caminho. A sensação de imensidão, escuridão e frio está em harmonia com os longos e cruéis invernos escandinavos, com seus dias curtíssimos e suas nevascas ferozes. Mesmo assim, como se refletissem a inquietude da Era dos Vikings, há uma constante atividade de viagem entre os mundos. O caminho da terra dos deuses até a terra dos mortos cobria nove noites de travessias por vales fundos e escuros, sobre rios que jorravam das maiores profundezas...[4]

É assim que a imaginação humana, aqui como sempre, usa o que conhece bem na busca de esforços para se aproximar daquilo que ainda não compreende.

É claro que algumas características do mundo têm um significado enorme para os seres humanos, não importa onde vivam. É assim, por exemplo, que encontramos inúmeras tentativas de explicar o surgimento e o desaparecimento do importantíssimo sol. Não é incomum alguma idéia de uma embarcação ou carruagem celeste na qual o sol viaja do leste para o oeste, e a partir daí – o que é bastante razoável – é freqüente a suposição de que a viagem deva continuar por baixo da terra durante a noite, para que o ressurgimento possa se realizar devidamente ao amanhecer. Esse tipo de idéia é encontrado tanto no antigo Egito quanto entre os escandinavos, apesar das enormes diferenças entre suas culturas.

No entanto, os mitos do sol nem sempre implicam uma viagem subterrânea. Uma versão egípcia fala de como o sol nasce a cada dia como filho da deusa do céu, atinge a maturidade ao meio-dia e mergulha na velhice no poente. Há também um mito indiano, segundo o qual o sol faz a viagem de volta do oeste para o leste atravessando o céu noturno, brilhando para cima. Ou seja, imagina-se que o sol tenha um lado brilhante e um lado escuro, sendo que um é voltado para a terra durante o dia, e o outro, durante a noite.

É evidente que, quando esses mitos foram concebidos, já existia uma grande capacidade para a geração de hipóteses; mas eram hipóteses de uma natureza não suscetível à verificação. Elas não podiam nem ser confirmadas nem derrubadas. Seu papel como tentativas de explicação é muito óbvio, mas, ao mesmo tempo, elas geralmente tinham uma função central nas práticas religiosas. Voltando, por exemplo, à encantadora imagem de Aton no seu montículo, sabemos que em Hermópolis um monte que se elevava numa ilha no meio de um lago era um local de peregrinação e um centro de rituais[5]. Não surpreende, portanto, que encontremos diferentes seitas de sacerdotes competindo entre si pela identificação do Monte Primevo. Pois o Monte Primevo era sagrado. Era um objeto de adoração, evocando emoções de assombro e veneração.

Vêem-se nitidamente traços do funcionamento do modo linear mesclados em tudo isso – na concorrência entre as seitas, por exemplo. E mais uma vez, há a estrutura narrativa: explicar o mundo é uma questão de dizer *o que aconteceu* –

ou o que ainda acontece, como a viagem diária do sol – e não de descobrir "leis da natureza", como mais tarde elas vieram a ser concebidas. Existem também evidências de esforços no sentido de lidar com algumas idéias muito difíceis: idéias como a da atemporalidade, do nada e do infinito. Os mitos egípcios da criação postulam que, antes do início de tudo, havia apenas as "Profundezas Primordiais das Águas", que não tinham limite, nem direcionalidade – "o infinito, o nada, o lugar nenhum e as trevas"[6]. Portanto, a falta do que poderíamos considerar uma sofisticação intelectual não era de forma alguma total. Devemos também reconhecer que a extensão da aceitação literal dos mitos provavelmente variasse muito, não só de uma cultura para outra, mas dentro da mesma cultura. Sem dúvida sempre houve quem se dispusesse mais do que os outros a considerar as histórias como realmente "verdadeiras".

Uma outra pergunta importante diz respeito ao grau com que se considerava que os sistemas religiosos carregados de mitos serviam a objetivos do modo linear, ou seja, ajudavam a produzir acontecimentos desejados específicos. Esses objetivos decerto faziam parte do conjunto. Lembremos que o modo linear e o modo do construto básico geralmente operam em íntima associação. Portanto, os poderes postulados nos mitos deviam ser adorados não só em virtude da sua importância, não só com as emoções despertadas como devida reação a essa importância, mas também de modo a propiciar uma boa caçada, uma colheita abundante, uma vitória sobre os inimigos.

Mas será que isso era tudo? Se a resposta for positiva, a adoração dos deuses nesses sistemas era somente um meio sofisticado e fantástico de tentar influenciar o curso dos acontecimentos no tempo.

Parece plausível, porém, que isso não fosse tudo. Era mais provável que houvesse algum sentido genuíno, embora sem dúvida instável, do sagrado – um indício pelo menos daquela "visão de algo que está além, atrás e dentro do fluxo corrente dos acontecimentos imediatos" que Whitehead considera ser a essência da religião. Ele prossegue: "A reação imediata da natureza humana diante da visão religiosa é a adoração."[7] E parece improvável que a própria idéia da adoração pudesse jamais ter surgido sem alguma visão desse tipo, por mais que estivesse mesclada com outros aspectos.

Cassirer propõe que, quando a magia surgiu como componente das religiões primitivas, ela não era tipicamente usada em questões rotineiras para produzir efeitos práticos. Em vez disso, ela era reservada para "iniciativas audazes e perigosas" – para empreitadas muito especiais[8]. Aprendemos com Plumley que *Hike*, a primitiva forma egípcia de magia religiosa, devia supostamente ser usada a princípio para proteger o Estado e os templos; mas era também considerado legítimo usar *Hike* para proteger pessoas de doenças e para ajudar os enfermos e os mortos. Por outro lado, seu uso totalmente livre para finalidades pessoais era muito censurado. Plumley relata que essa prática era encarada com "repugnância". Ela parece ter sido considerada uma irreverência, um abuso do sagrado.

Temos, portanto, muitos indícios da ocorrência amplamente disseminada, nas culturas antigas, de religiões que brotavam principalmente a partir do funcionamento do modo do construto básico. Precisamos agora passar a fazer, num contexto histórico, perguntas sobre as outras variantes desse modo nas quais o pensamento e a emoção não estão mais tão intimamente entrelaçados. E, embora estejamos basicamente interessados aqui em desenvolvimentos dos modos de percepção de valor, também nos preocupa a disparidade moderna e a questão de saber se ela sempre existiu. Por isso, talvez fosse um bom plano fazer primeiro um breve exame do que pode ser dito sobre as origens do aspecto intelectual da divisão.

Deve-se reconhecer imediatamente a impossibilidade de se encontrarem evidências sobre pontos iniciais absolutos. Já vimos que, atualmente, as crianças a partir dos três anos de idade podem lidar com problemas que, embora simples, estão genuinamente no modo do construto intelectual. Não compartilho da opinião de que o desenvolvimento do indivíduo sempre segue o curso do desenvolvimento da espécie. Mesmo assim, a facilidade com que as crianças se entregam a esse tipo de atividade nos dias de hoje sugere ser provável que ela não estaria inacessível a nossos ancestrais remotíssimos. E é claro que, como ocorre normalmente, sem dúvida modos diferentes existiram lado a lado. Portanto, quando não estavam lidando com questões profundas sobre a natureza da realidade, nossos antepassados teriam muito provavelmente começado a busca de conhecimentos de tipos limitados, sem serem movidos pelo desejo de conseguir nada além disso. É improvável que um dia cheguemos a saber como e quando isso começou. As especulações de um Jamie distante jamais seriam registradas (ver p. 61). No entanto, a tendência a fazer esse tipo de especulação pode ser tão antiga quanto a humanidade.

Quando nos voltamos para o modo intelectual transcendente, a dificuldade de encontrar evidências de origens absolutas não desaparece. Sem dúvida, porém, esse modo deve ser posterior. Boyer observa que "expressões verbais numéricas primitivas referem-se invariavelmente a coleções concretas específicas – como 'dois peixes' ou 'duas clavas'", o que obviamente é característico do funcionamento do modo do construto[9]. Antes de podermos falar com segurança de atividades do modo transcendente, precisamos de alguma comprovação da manipulação sistemática do conceito de número – ou de algum outro sistema relacional – desprovido de exemplificação concreta. Temos esse tipo de comprovação num papiro egípcio datado de cerca de 1650 a.C., e conhecido como o papiro de Rhind, nome do colecionador que o trouxe para a Grã-Bretanha no século XIX, ou – mais corretamente – como o papiro de Ahmes, nome do escriba que o copiou de uma obra que ele alega ter alguns séculos de idade.

O papiro começa com uma tabela expressando a fração $\frac{2}{n}$ como a soma de frações de unidade – ou seja, frações com o numerador 1 – para todos os valores ímpares de n desde 5 até 101. É assim que $\frac{2}{5}$ é registrado decomposto em $\frac{1}{3}+\frac{1}{15}$. E, da mesma forma, $\frac{2}{201}$ é decomposto em $\frac{1}{101}+\frac{1}{202}+\frac{1}{303}+\frac{1}{606}$.

Não está claro por que foram escolhidas decomposições específicas para inserção na tabela. Boyer pergunta, por exemplo, por que não decompor $\frac{2}{101}$ em $\frac{1}{101}+\frac{1}{101}$. Ele sugere que uma das razões para decompor $\frac{2}{n}$ nas formas escolhidas pode ter sido a de terminar com frações menores do que $\frac{1}{n}$. Poderíamos especular se $\frac{2}{n}=\frac{1}{n}+\frac{1}{n}$ era simplesmente óbvio demais para ser tabulado. No entanto, G. G. Joseph afirma que, por algum motivo desconhecido, não era permissível na prática egípcia da computação naquele período escrever $2 \times \frac{1}{2}$ como $\frac{1}{n}+\frac{1}{n}$.

O sistema era, portanto, estranho para nosso raciocínio, sendo uma das suas características mais singulares a proeminência dada aos $\frac{2}{3}$, que eram a exceção ao princípio geral de uso exclusivo de frações unitárias. O método padrão para calcular um terço de um número era aparentemente o de calcular dois terços e dividir ao meio o resultado! Joseph, compreensivelmente, chama esse método de irracional. Ele salienta, porém, da mesma forma que Boyer, que apesar das singularidades do sistema, normas gerais eram usadas e conhecidas. O papiro fornece ilustrações complicadas – para nossas mentes, curiosamente complicadas e tortuosas – de como aplicar seus procedimentos a problemas práticos, como o de dividir sete pães entre dez homens. No entanto, mesmo sendo práticos os objetivos, um nível de generalidade havia sido atingido que justifica nossa afirmação de que o modo intelectual transcendente devia ter estado em operação.

A matemática da Babilônia por volta da mesma época parece ter sido ainda mais adiantada – na realidade, sob muitos aspectos, altamente sofisticada. A maioria dos textos conhecidos na atualidade é do período "babilônico antigo" – ou seja, eles se originam de algum ponto entre 1800 e 1600 a.C. De acordo com Neugebauer, a classificação por datas é plenamente confiável, em termos paleográficos e lingüísticos[10]. Ele acrescenta que nada se sabe sobre os antecedentes históricos desse notável período de realizações.

Os textos babilônicos são de dois tipos principais: eles fornecem tabelas matemáticas ou propõem problemas matemáticos. Há, por exemplo, tabelas de recíprocas, de quadrados e raízes quadradas, de cubos e raízes cúbicas. Quanto aos textos dos problemas, eles ainda podem ser divididos em duas classes. Uma delas enuncia o problema e dá uma explicação detalhada de como resolvê-lo, terminando freqüentemente com as palavras "esse é o procedimento". Os textos de problemas do outro grupo apresentam toda uma série de problemas escalonados, com suas soluções.

Supõe-se, portanto, que esses eram exercícios a serem executados pelos alunos. E é interessante observar que todos os problemas numa lâmina costumam ter a mesma resposta, o que mais uma vez nos diz que o que os alunos tinham de aprender era o método. Algumas das expressões nos problemas mais difíceis eram horrivelmente complicadas. Os procedimentos padrão forneciam instruções passo a passo, no sentido da simplificação.

A álgebra babilônica não empregava nosso tipo de notação algébrica. Onde nós escreveríamos "x + y", eles poderiam dizer "comprimento + largura". À primeira vista, isso sugere o funcionamento do modo do construto em vez do modo transcendente. Neugebauer salienta, porém, que a realidade costumava ser flagrantemente ignorada. Por exemplo, um problema poderia ser ostensivamente sobre salários a serem pagos por trabalho a um dado valor por homem-dia. No entanto, é freqüente que ele acabe por revelar-se, de fato, um problema sobre a manipulação de números, como fica claro quando descobrimos que as somas e os produtos podem às vezes combinar o número de homens ao número de dias! Mais uma vez, como diz Neugebauer, "trata-se de um feliz acidente se o número desconhecido de trabalhadores, descoberto após a solução de uma equação do segundo grau, for um número inteiro. É óbvio que a relação algébrica é o único ponto de interesse, da mesma forma que para a nossa álgebra não importa o que as letras signifiquem"[11].

Como Neugebauer, também Boyer questiona a opinião tradicionalmente aceita de que, antes do período grego clássico, o trabalho com números, ou a matemática em geral, nunca foi questão de desenvolver uma teoria pela teoria em si. Ele acredita que preocupações puramente intelectuais devessem ser fortes no período babilônico antigo, já que vínculos diretos com objetivos práticos estão quase sempre "longe de ser aparentes". Ele também defende a tese de que palavras tais como "comprimento", "largura", "área" e "volume" serviam efetivamente como "incógnitas" no sentido da álgebra moderna, visto que uma área podia ser somada a um "volume". Em outras palavras, esses termos no contexto algébrico haviam deixado de ser usados para elaborações imaginativas baseadas em experiências do mundo físico. No entanto, elas são, sem dúvida, traços de atividade anterior no modo do construto.

A geometria babilônica era relativamente fraca. Há, porém, indícios suficientes para estabelecer a existência de uma teoria numérica notavelmente sofisticada, aliada a um alto nível de competência em manipulações algébricas. Havia, também, um grande interesse por aqueles conjuntos de números que pudessem ser usados como lados de um triângulo retângulo, ou seja, números que satisfaçam a relação $a^2 + b^2 = c^2$. Era sem dúvida bem conhecido o fato de a soma dos quadrados dos lados de um triângulo retângulo ser igual ao quadrado da hipotenusa. Os matemáticos da Babilônia Antiga parecem também ter se interessado pela relação entre o comprimento de um lado e o do outro, tendo realizado um estudo sistemático dessa relação. Neugebauer é da opinião de que uma fórmula geral para a produção de "números pitagóricos" já era provavelmente conhecida naquela época.

Portanto, se há alguma dúvida quanto ao Antigo Egito, parece não restar nenhuma sobre a Babilônia Antiga: pelo menos 1.500 anos antes do início da era cristã, o modo intelectual transcendente havia decididamente entrado em cena.

Voltamo-nos, finalmente, da linha do desenvolvimento intelectual para a do emocional. A analogia entre as duas não deveria ser indevidamente forçada. Mesmo assim, é sem dúvida válido ver até onde ela se estende sem ser forçada. Por isso, procuraremos ver se podem ser encontrados indícios não só de *algum* tipo de desenvolvimento emocional que siga paralelo ao crescimento do intelecto, mas também de uma divisão comparável entre o "construto" e o "transcendente". Ou seja, procuraremos descobrir se pode ser feita uma distinção entre um modo do construto de percepção de valor e um modo transcendente de percepção de valor.

O primeiro ponto é ter perfeita certeza de como distinguiremos esses modos se nos depararmos com eles. Recapitulemos, portanto, suas características.

Um modo do construto de percepção de valor seria aquele em que o principal componente da experiência fosse uma apreensão de importância transpessoal, intensamente sentida, mas no qual o funcionamento do modo dependesse do apoio da imaginação. Ou seja, a imaginação seria necessária para fornecer um contexto dentro do qual a mente pudesse operar; e esse contexto imaginado seria elaborado a partir da nossa vivência normal das coisas e dos acontecimentos no mundo. No entanto, a *explicação* desses acontecimentos não seria o objetivo principal. Ou seja, a emoção teria se tornado (relativamente) acognitiva, da mesma forma que o pensamento pode se tornar (relativamente) desapaixonado – e aproximadamente em grau semelhante.

Exatamente como o pensamento nos modos intelectuais não é de forma alguma inteiramente desprovido de emoção, não se deveria esperar que seu par no lado emocional fosse totalmente acognitivo. Certamente haveria pensamentos que acompanhassem a aventura emocional. Se a pessoa reage a uma percepção de importância, fatalmente surgirão pensamentos sobre a natureza da importância. Esses pensamentos seriam intrínsecos à atividade e derivados dela. Seriam derivações da reação emocional. Em certas circunstâncias, eles poderiam ser derivações de um esforço no sentido de criar o *tipo* adequado de reação emocional.

Como no caso intelectual, uma inovação genuína seria exigida. Especificamente, valeria por definição que o que parece ter importância deveria ultrapassar a vida pessoal. Na medida em que não ultrapassa, não houve um verdadeiro movimento para além do modo linear. Assim, quando o principal sentimento de valor na atividade religiosa é a preocupação com uma vida após a morte, na qual haveria recompensas e punições pelo que se faz nesta vida, falharam todas as tentativas no sentido de superar o modo linear. (A réplica, no lado intelectual, ocorre quando objetivos do modo linear interferem com tanta intensidade que afetam os processos de pensamento.) Se quisermos que uma atividade pertença ao modo do construto da percepção de valor, o ponto de interesse não deve se situar no curso da nossa própria vida, seja "aqui" ou "no outro mundo".

A emoção no modo linear tem como origem as metas pessoais: nossa própria prosperidade e saúde; o tipo de casa que temos – ou automóvel, jóias, roupas; saber se nosso amor é correspondido; se somos tratados com justiça; e assim por diante. Preocupações acerca de como será nossa vida após a morte não apresentam uma diferença radical, mesmo que sejamos menos ingênuos ao nos preparar para ela do que, por exemplo, os faraós.

Tendo examinado, portanto, as principais características do modo do construto da percepção de valor, podemos dizer que o modo transcendente da percepção de valor irá compartilhá-las, com a exceção crucial do desaparecimento da necessidade de elaboração de um contexto, de tal modo que valores que transcendem o eu possam agora ser vivenciados e gerar reações, sem o apoio fornecido pelo trabalho da imaginação.

Esses dois modos – e em especial o transcendente – são decerto menos conhecidos por nós, na atualidade, do que seus companheiros intelectuais; e é mais difícil pensar sobre eles, bem como escrever a seu respeito. No entanto, uma vez reconhecidos os traços que os definem, não é difícil encontrar evidências de que eles de fato fizeram parte do repertório pelo menos de algumas mentes. Já é muito mais difícil dizer, mesmo aproximadamente, quando eles surgiram na humanidade. Na realidade, o problema é mais grave do que no caso do intelecto, exatamente porque a resposta emocional oferece resistência a codificações e registros sistemáticos.

Não é de surpreender que o modo do construto pareça ter sido o que mais prevaleceu. A história da religião revela o aparecimento freqüente de um modo marcado pela atividade construtiva da imaginação. Repetidamente, encontramos o divino representado por imagens extraídas da nossa experiência rotineira.

Em termos prototípicos, as culturas ocidentais imaginaram Deus como um velho de barbas brancas sentado num trono no paraíso. E o paraíso foi imaginado como um lugar de luz e paz em algum ponto para além do céu, enquanto o inferno e suas chamas ficam muito abaixo dos nossos pés. Outras sociedades usaram imagens similares, embora ajustadas às suas culturas. No entanto, Keith Ward afirma que, em cada uma das cinco religiões principais que ele estuda, houve aqueles que viram a necessidade de deixar bem para trás todo esse aspecto concreto[12].

O estudo de Ward dessas religiões irá mostrar-se de grande valor para as questões que temos de considerar. No entanto, antes de nos voltarmos para suas evidências, pode ser interessante examinar sucintamente os escritos de um místico cristão renomado – e relativamente moderno – que tem algo a dizer que pode nos ajudar a apreciar como são os modos da percepção de valor, tanto o transcendente quanto o do construto, pelo menos como funcionavam para ele[13].

São João da Cruz viveu na Espanha, como monge carmelita de 1542 a 1591. Suas obras escritas não foram numerosas, mas entre elas há uma intitulada *A subida do Monte Carmelo*, que João apresenta com as seguintes palavras sedutoras: "Este tratado explica como atingir a união com o divino rapidamente." Descobre-se, então, que o caminho proposto para atingir o objetivo exige que se passe por dois estágios. E esses revelam corresponder perfeitamente aos dois modos de percepção de valor, segundo minha definição.

Há no método de João mais do que eu virei a dizer; mas a parte que se aplica aqui é mesmo assim de importância central e, ao isolá-la, procurei evitar distorções, embora não tenha conseguido evitar omissões.

João traça uma distinção entre as duas práticas da meditação e da contemplação. Ele volta a esse ponto repetidas vezes, considerando-o obviamente essencial. A meditação é para "iniciantes". A contemplação, para os "competentes". A meditação é um "ato discursivo com base em formas, figuras e imagens, imaginadas e moldadas pelos sentidos"; e ela é "necessária aos iniciantes para que a alma possa se enamorar e ser alimentada pelos sentidos". São dados exemplos de imagens que podem se revelar benéficas: Cristo crucificado, Deus sentado num trono em resplandecente majestade, uma bela luz, e assim por diante. No entanto, a competência nesse tipo de atividade jamais deve ser considerada como o objetivo. Ela só proporciona degraus na direção do objetivo, como uma escada que deve ser usada e deixada para trás, ou "jamais atingiríamos o aposento tranqüilo e plano lá em cima".

Está claro que a meditação, no sentido que lhe atribui João, pertence ao modo do construto da percepção de valor. No seu ponto de vista, porém, embora útil, esse modo está estritamente limitado no seu valor para nós, já que a realidade divina sobrepuja de longe qualquer coisa que possamos saber através da imaginação. Portanto, quando o iniciante realizou tudo o que a meditação discursiva pode oferecer, o conselho de João é que ele procure seguir adiante para a atividade muito mais complexa da contemplação. Chamá-la de "atividade" pode, porém, ser até certo ponto enganoso. Sua parte ativa consiste principalmente na rejeição de toda experiência normal – sensações, lembranças, vínculos, idéias – com o objetivo de entrar num estado de consciência essencialmente passiva. Nesse estado, diz-nos João, a função da alma é a de "amar atentamente a Deus e refrear o desejo de ver ou de sentir qualquer coisa". Da mesma forma, ele acrescenta:

> Se os indivíduos desejassem considerar e compreender questões particulares, não importa quão espirituais elas fossem, elas obstruiriam a luz geral, límpida e simples do espírito. Sua interferência se faria por seus pensamentos nebulosos. Quando um obstáculo é posto diante dos nossos olhos, ficamos impedidos de ver a luz e o panorama diante de nós.

Portanto, o conselho é que, se nossa imaginação não for suficiente, tampouco o serão nossos poderes racionais. Na realidade, eles podem provocar sérias interferências. O método recomendado consiste em que a pessoa se esvazie – basicamente de tudo à exceção de uma fé amorosa – e depois espere que Deus preencha o vazio.

E como, segundo essa explanação, Deus o preenche? João nos diz que Deus o preenche com uma vivência do divino que é claramente compreendida como inefável. As pessoas que passam por essa experiência sabem que jamais conseguem fornecer um relato adequado do que sentiram. Nesse contexto João fala dos "vislumbres" de Deus, e diz:

> Esses vislumbres geram tanta doçura e alegria íntima na alma que um deles mais do que compensaria todas as provações sofridas na vida, mesmo que fossem incontáveis... Eles são tão palpáveis que às vezes fazem com que não só a alma, mas também o corpo trema. Contudo, em outras ocasiões, com uma sensação repentina de renovação e prazer espiritual, e sem qualquer tremor, eles ocorrem tranqüilamente no espírito.

João está falando, portanto, de uma intensa experiência emocional. Ele também fala de uma espécie de conhecimento que surge através da contemplação, mas que é descrito de diversas formas como "vago", "sombrio", "geral" e "obscuro". Não é em nada semelhante ao conhecimento a que se chega por meio do intelecto. Na verdade, como João explica: "Para se aproximar do raio divino, o intelecto deve avançar pelo desconhecimento em vez de pelo desejo de conhecer, e deve vendar-se e mergulhar nas trevas em vez de abrir os olhos."

João fala constantemente através de paradoxos, como condiz a uma tentativa de transmitir o inefável. No entanto, seu relato do que acontece quando se atinge a competência na contemplação satisfaz perfeitamente os critérios do modo transcendente de percepção de valor. O ponto de interesse certamente não se encontra no tempo-espaço. O interesse está voltado, em vez disso, para algo concebido como infinito e eterno – algo também concebido como portador de um valor supremo. Conseqüentemente, a reação evocada é de profunda emoção. Objetivos do modo linear estão especificamente excluídos de contribuir para essa reação. Na verdade, considera-se que eles interfeririam nela, como qualquer dos esforços da razão humana.

O que precisamos perguntar em seguida é se o tipo de experiência que João descreve é exclusivo ou muito raro, ou se é possível encontrar relatos semelhantes, com diversas fontes de origem, na história humana. Para essa finalidade, o livro de Ward fornece uma ajuda valiosa. Ele examina cinco religiões importantes – o judaísmo, o cristianismo, o islamismo, o hinduísmo védico e o budismo – procurando ver se, no cerne da sua ortodoxia, ele conseguiria encontrar algo que elas tivessem em comum – algo que fosse semelhante na "estrutura básica da fé". O que ele alega encontrar em cada uma delas é, em primeiro lugar, uma experiência de importância crucial que ele chama de "visão icônica" e, em segundo, uma crença de que essa visão desperta "uma reação de transcendência do eu". A visão icônica é uma sensação de que as coisas apontam na direção de uma realidade última que se encontra além delas – uma realidade de valor supremo que podemos reconhecer, embora nem sempre com facilidade.

Ward afirma que uma sensação dessas é mais despertada não pela ciência ou pela filosofia, mas, sim, pela poesia ou pela música; "trata-se de uma grave heresia do racionalismo pós-iluminista tentar transformar a poesia numa pseudociência, transformar as imagens da religião, cuja função é a de evocar a eternidade, em descrições mundanas de fatos improváveis"[14]. Outros autores apresentaram argumentação semelhante. Toynbee, por exemplo, sustenta que, se queremos falar de mistérios, precisamos fazê-lo através de insinuações e paradoxos; e, para isso, precisamos de um meio de comunicação mais próximo da música do que da linguagem da lógica[15].

O método usado por Ward na sua investigação foi o de escolher "figuras de uma ortodoxia impecável" dentro das cinco tradições e examinar atentamente o que disseram. O ideal seria examinar o que eles *sentiram*, mas é claro que isso é impossível. O que podemos saber está inevitavelmente mediado pelas suas palavras. Além disso, eles são filósofos, não poetas. A mediação processa-se, portanto, pelo pensamento reflexivo. Mesmo assim, o método de Ward é provavelmente o melhor que se possa seguir.

As "figuras" escolhidas por ele são Ramanuja e Sankara para representar a tradição védica indiana; Buddhaghosa e Asvaghosa, para o budismo; Maimônides, para o judaísmo; al-Ghazzali para o islamismo; e Tomás de Aquino para o cristianismo. Em todos eles, Ward acredita poder encontrar indícios do que chama de "doutrina do aspecto dual" do divino. Esse é o conceito segundo o qual podemos conhecer Deus através de manifestações no mundo normal e, entretanto, podemos também saber que Deus transcende totalmente o espaço e o tempo finitos. A visão icônica é o "discernimento do infinito dentro e através do finito" – ou seja, por meio de símbolos e metáforas. Ainda assim, em cada uma das tradições há sinais de uma percepção de que Deus está "realmente muito além das nossas imagens dele".

Portanto, os símbolos "apontam para além deles mesmos". Ou, como também diz Ward, eles são uma escada pela qual se deve subir e que deve ser descartada, "pois o objetivo da escada era o de levar a mente a um novo ponto de vista, não o de ser reverenciada como um ídolo sagrado"[16]. Por conseguinte, os símbolos existem para ser usados *e transcendidos.*

Essas palavras remetem prontamente à idéia de dois modos de apreensão do divino, um que depende da imaginação humana, e outro capaz de dispensar esse apoio. Ward também insiste em sustentar que a visão icônica não é basicamente intelectual. Num certo estágio da sua argumentação, ele expressa discordância com quem pensa que a religião consiste em "ter certos sentimentos". Isso ocorre porque ele quer salientar que a religião é um estilo de vida voltado para um objetivo de liberação das imperfeições limitadoras da existência humana – objetivo esse que exige alguma idéia da natureza do que é essencialmente real, na medida em que isso seja necessário para explicar como essas limitações vieram a existir e o que pode ser feito a seu respeito. Por outro lado, ele nos diz ser "importantíssimo captar a extensão ocupada pelo agnosticismo no cerne da ortodoxia". Há, no entanto, a "experiência intensa, direta e vigorosa de uma realidade e valor avassaladores que acontece a algumas almas excepcionais como uma visão de Deus"[17]. Esse tipo de experiência não é – e não poderia ser – basicamente intelectual ou cognitivo, e sem dúvida não desapaixonado. Em vez disso, é uma experiência de "uma realidade extremamente desejável e fonte de tudo o mais que seja desejável". (Ward está falando nesse trecho sobre Maimônides, dentro da tradição judaica, mas, como sempre, está tentando extrair o que é comum aos credos mais importantes.) A experiência é, portanto, fortemente emocional; e as doutrinas acerca da natureza da realidade, se Ward estiver certo, ficam em posição subsidiária em relação à visão principal e ao seu significado para os objetivos da vida. Elas devem ser desenvolvidas "até onde for necessário", com o reconhecimento permanente de que uma plena explicação intelectual da natureza divina está para sempre além do alcance das nossas mentes.

Tudo isso está bem harmonizado com a idéia de dois modos de vivência que são equivalentes emocionais do modo do construto intelectual e do intelectual transcendente. É necessário acrescentar, porém, que há uma certa ambigüidade na forma pela qual Ward fala da doutrina do aspecto dual. Às vezes, ele parece estar falando de dois tipos possíveis de reação a sinais da realidade última; outras vezes, parece estar falando da natureza de Deus. Assim, quando ele examina o paradoxo de se postular um Deus que ao mesmo tempo está totalmente fora do tempo-espaço e, no entanto, é ativo no mundo, ele afirma: "... pode-se dizer que se têm dois pontos de vista bastante diferentes do mesmo tema". Contudo, pouco mais adiante ele fala de "dois modos nos quais Deus existe"[18]. Em geral, Ward parece oscilar entre essas duas posições.

Para esta argumentação, a questão de saber se Deus existe em dois modos – ou se de fato existe – não precisa ser encarada. O que interessa é saber se existem indícios de que seres humanos têm experiências dos dois tipos distintos que estivemos examinando. Eles parecem tê-las, mas não se trata absolutamente de que todos os seres humanos as tenham, especialmente no que diz respeito ao modo transcendente. Nesse caso, porém, o mesmo vale para o aspecto intelectual. Sempre foram poucos os seres humanos competentes na lógica e na matemática, ou em qualquer forma de raciocínio altamente descontextualizado que não dependa intensamente de imagens.

Até agora, estivemos interessados em especificar a natureza dos modos do construto e transcendente de percepção de valor, e em ver se existem vivências humanas que se harmonizem com essas categorias. Tendo estabelecido que elas existem, e que se espalham por várias culturas, embora sejam relativamente incomuns, devemos em seguida refletir sobre o que se pode dizer, com alguma segurança razoável, sobre a avaliação da sua antiguidade.

O pensador mais antigo dentre os escolhidos por Ward para representar as cinco tradições é o budista Asvaghosa, que viveu provavelmente no século II d.C. No entanto, o único texto completo disponível da sua obra *O despertar da fé* é do século VI. O outro budista, Buddhaghosa, viveu no século V; os dois pensadores hindus nos séculos VIII e XII, al-Ghazzali no século XI, Maimônides no século XII e Tomás de Aquino no século XIII. É claro, porém, que as origens dos cinco credos remontam a muito antes; e, no caso do hinduísmo e do judaísmo, não é possível definir nenhum ponto de início em termos históricos.

Não é de surpreender que, nas suas formas mais primitivas, essas grandes religiões pareçam ter sido uma mistura complexa de componentes diferentes. Examinemos, por exemplo, a coleção de hinos intitulada Rig Veda, que são os documentos mais antigos na tradição hindu. Eles contêm muitos aspectos que pertencem ao modo linear, pois solicitam bem-estar e prosperidade material de uma forma muito direta e prática. Além disso, eles se dedicam a explicar o cosmo num estilo característico do modo do construto básico. Há também, no entanto, vislumbres de uma espiritualidade mais pura.

A melhor impressão que fui capaz de formar é a de que os modos do construto e transcendente da percepção de valor têm provavelmente a mesma idade que seus equivalentes intelectuais, o que situaria seu surgimento em meados ou na primeira metade do segundo milênio a.C. Não há, entretanto, meio de se ter certeza de que eles já não estivessem disponíveis, pelo menos para algumas mentes, muito antes dessa época. Alexander Marshak, depois de analisar em ínfimos detalhes as marcas encontradas em vários ossos e seixos antiqüíssimos, sustenta que essas marcas não são aleatórias, nem meramente decorativas, mas que representam uma notação e provavelmente eram usadas para registrar as fases da lua. Ao tecer comentários sobre a importância das suas análises, ele alega que, embora os seres humanos da Época Glacial não possam ser chamados de astrônomos ou cientistas no sentido moderno, mesmo assim as raízes da ciência estavam nas suas atividades.

Deve-se ver como possível, ainda que sem dúvida não esteja comprovado, que todos os modos remontem às profundezas da pré-história. Não temos, e provavelmente nunca teremos, condições de ter certeza.

10. Os modos e o advento da ciência

"... embora tudo chegue através de antecedentes e mediações – e estes sempre possam ser remontados às suas origens sem que a mente jamais consiga descansar – ainda assim, podemos falar de certas épocas de transição crucial, nas quais os movimentos subterrâneos afloram à superfície, coisas novas tornam-se palpáveis e se pode ver a transformação da própria imagem da terra."

H. Butterfield

"Esse novo matiz nas mentes modernas é um interesse veemente e apaixonado pela relação entre princípios gerais e fatos irredutíveis e rebeldes."

A. N. Whitehead

Vimos que os modos transcendente e do construto têm, de fato, duas ramificações, a intelectual e a emocional ou de percepção de valor, que podem ser acompanhadas até certo ponto na história humana. Não podemos falar com segurança sobre pontos iniciais específicos, mas essas variedades da vivência humana existem pelo menos há dois ou três mil anos. O que é preciso agora salientar é que, a partir dos primórdios, o desenvolvimento parece não seguir uma linha homogênea. Um modo que um dia esteve bem estabelecido numa determinada cultura pode mais tarde fenecer. Ele não estará totalmente perdido na consciência de alguns indivíduos, mas pode perder a preponderância, pode deixar de vicejar. Podem advir eras de obscurantismo. E isso vale tanto para os modos de percepção de valor quanto para os intelectuais.

As variedades básicas dos modos pontual, linear e do construto parecem ocorrer universalmente sob uma forma ou outra, o que não equivale a dizer que elas se desenvolvam sem uma poderosa influência social. No entanto, uma vez que alcancemos um dos modos intelectuais e de percepção de valor, que a partir de agora chamaremos de *modos avançados*, se um modo não for favorecido e promovido por um dado grupo social, a maioria dos jovens não o atingirá, ou pelo menos não chegará, sem auxílio, a uma forma desenvolvida do modo. Os esforços no sentido de atingi-lo fracassarão em sua maioria, e serão abandonados. Isso não quer dizer que as mentes humanas sejam formadas passivamente. Os seres humanos de todas as idades são participantes ativos dos processos de comunicação por meio dos quais eles crescem. Portanto, seria enganoso considerar que as crianças são "moldadas" pelos adultos que as criam (ver capítulo 6). E, no entanto, é dentro de uma sociedade que nos tornamos o que somos e, seja o que for que realizemos, não o realizamos sozinhos.

Ao mesmo tempo, sempre existem alguns indivíduos que atuam como influências que promovem mudanças. E há circunstâncias – físicas e econômicas – que podem estimular ou mesmo acarretar necessariamente a mudança, bem como limitá-la ou contê-la. Além disso, ocorrem altos e baixos que realmente são difíceis de explicar. As marés mudam, e nem sempre vemos a lua.

Reconhecendo a complexidade dessas questões, voltemos agora a uma consideração do relativo equilíbrio – ou desequilíbrio – no mundo moderno ocidental entre o desenvolvimento intelectual e o emocional, e procuremos ver o que levou ao atual estado de coisas. Para atingir esse objetivo, devemos voltar pelo menos até a Idade Média, antes da enorme convulsão provocada pelo surgimento, na Europa, da tecnologia e da ciência moderna. E devemos nos perguntar o que mudou nessa época. Será muito mais uma questão "do que" mudou do que dos motivos da mudança.

A explicação histórica não é nossa meta. Isso estaria muito além da abrangência deste livro e da minha competência.

A ciência, como a conhecemos, é uma atividade na qual se combinam três modos. Eles não se fundem, mas são usados em conjunto. Dois desses três, os modos intelectuais do construto e transcendente, são capazes de gerar hipóteses imaginativas, raciocínio rigoroso e quantificação. A eles, porém, deve-se acrescentar com extrema importância aquela subdivisão do modo pontual que entra em jogo quando fazemos observações precisas do tipo que chamamos de "objetivas". Esse tipo de observação é uma atividade do modo pontual na medida em que o ponto de interesse é, em termos muito estritos, o que está acontecendo aqui e agora; mas ele é uma variante na qual a união íntima dos quatro componentes originais foi decididamente rompida. A percepção e a ação predominam; a emoção está, na medida do possível, excluída; e mesmo o raciocínio tem, no processo da observação em si, um papel bem insignificante a desempenhar.

Essa é, pelo menos, a meta. O objetivo é o de proteger o "fato observado" de erros ou distorções de qualquer natureza. É preciso, porém, reconhecer imediatamente que existem limites quanto à possibilidade de se chegar aos fatos, certos e definitivos.

A fonte mais óbvia de problemas está na imperfeição dos nossos sentidos. No quadro do oculista, podemos ler um "Q" como um "O". Em geral, podemos corrigir prontamente o problema com o uso de lentes, de modo a ver *o fato* de que a letra é um "Q". E, em geral, os instrumentos de nossa época podem aperfeiçoar enormemente nossos sentidos. O que os instrumentos revelam, no entanto, ainda não é ilimitado, e sem dúvida nunca será. Além disso, podemos interpretá-los mal.

Outros problemas surgem que, sob certos aspectos, são mais intrínsecos à iniciativa, mais difíceis de reconhecer, mais difíceis de resolver. Um "fato" é algo percebido e notado conscientemente. Para as finalidades científicas, ele é algo descrito e registrado. Contudo, tanto a percepção quanto a descrição são inevitavelmente seletivas. Não percebemos conscientemente tudo que está à disposição dos nossos sentidos; e sempre está aberta a nós uma quantidade infinita de meios de descrição. Consideremos um exemplo muito simples. Se lhe mostrarem um pote com líquido, você pode relatar a altura da coluna do líquido, mas pode deixar de mencionar a seção transversal ou muitas outras características do que lhe foi mostrado. Ora, para algumas finalidades, somente a altura pode interessar; para outras, os aspectos negligenciados podem ser de importância crucial.

A questão geral é que nossa própria concepção da pergunta que estamos tentando responder afeta aquilo que procuramos e o que relatamos. Ela afeta o que consideramos pertinente. Portanto, predisposições teóricas e observações relatadas não estão absolutamente independentes umas das outras. As teorias – ou, na realidade, crenças ainda não conscientes o bastante para serem chamadas de teorias – orientam a natureza da observação; não é freqüente que os pressupostos norteadores sejam reconhecidos como algo aberto a questionamento.

Resulta que as observações são às vezes declaradas inválidas, por mais cuidadosas que tenham sido. Por exemplo, as evidências de que os remédios homeopáticos são eficazes para certas doenças podem não ser aceitas como "fato" porque o que os pacientes ingeriram estava diluído em tão alto grau a ponto de não conter uma única molécula da substância original. Ora, se não existir na época nenhuma teoria aceitável a uma comunidade de cientistas que dê uma explicação de como o benefício pode ser transmitido na ausência de moléculas, nesse caso as observações tenderão a não receber absolutamente o *status* de fato. Esse é o caso, mesmo que elas tenham sido realizadas de uma forma que satisfaça todas as condições geralmente exigidas de evidências. Em vez disso, elas serão consideradas "anomalias", algo a não se levar a sério, mas a ser invalidado com explicações. No entanto, essa situação pode mudar com muita rapidez se alguém chegar a uma nova teoria.

É importante reconhecer essas complexidades, mas o reconhecimento não altera a crucial dependência da ciência de observações feitas com o mínimo possível de parcialidade e com o auxílio dos melhores instrumentos de registro e aferição que podemos projetar e produzir. Também precisamos da nossa imaginação, dos nossos poderes racionais e da nossa matemática para poder elaborar hipóteses, planejar como testá-las e refletir sobre o que sugerem os resultados[1]. Tudo isso deve se reunir com controle e disciplina, como começou a acontecer de modo dramático durante os séculos XVI e XVII na Europa.

Essa reunião não foi algo inteiramente novo. Suas origens podem ser detectadas muito tempo antes, certamente até na Grécia do século V a.C. Os próprios gregos podem ter devido a culturas anteriores muito mais do que, no passado, nosso ponto de vista eurocêntrico nos permitiu ver. Mesmo assim, para grande parte da nossa mentalidade moderna, temos de reconhecê-los como precursores. Entre suas contribuições notáveis estava um conceito básico a toda iniciativa científica: a idéia da natureza como um sistema impessoal, ordenado, permanente, sobre o qual é possível fazer inferências. Os gregos também desenvolveram o raciocínio dedutivo a um nível muito alto, assim como sua geometria e sua lógica. No entanto, dois pontos os prejudicaram como cientistas: faltava-lhes a tecnologia necessária para medições precisas, e, em geral, eles davam relativamente pouca importância à observação. Platão, por exemplo, sustentava que as coisas materiais eram apenas instâncias das Formas eternas – uma doutrina que não encorajava o respeito pelos sentidos como meios de se chegar a verdades universais.

A grande exceção à atitude de subestimar a observação foi Aristóteles, que é freqüentemente considerado o pai da ciência moderna. Por sua própria superioridade, porém, ele se tornou sob muitos aspectos um obstáculo ao progresso da ciência na Europa, como veremos.

Sabe-se muito bem que grande parte da tradição intelectual da Grécia Antiga ficou perdida para a Europa no início da era cristã, só sendo recuperada séculos depois. O golpe mais grave veio quando invasores islâmicos conquistaram partes do império bizantino no século VII, desfazendo a unidade do Mediterrâneo. Muito antes disso, porém, a chegada de outros invasores havia cortado os elos que passavam por Roma. Apesar disso, o Ocidente nunca foi totalmente isolado da tradição intelectual grega. Por exemplo, a *História natural* de Plínio era uma vasta compilação de observações e conhecimentos gregos que serviu como manual até o início da Idade Média. E Santo Agostinho sofreu profunda influência das idéias platônicas, especialmente do conceito das Formas eternas. Havia, de fato, um respeito continuado pela antiguidade que bem poderia ser considerado excessivo.

Seria incorreto supor que o início da Idade Média não gerou nenhuma investigação original dos fenômenos naturais, observados por si mesmos. Bede, no século VIII, é uma surpreendente exceção à regra geral. Em 725, ele forneceu um registro das marés que mostrava que, além de recorrer às autoridades conhecidas, como Plínio, ele usou suas próprias observações. Suas obras de referência deram-lhe a noção geral de que as marés eram causadas pela atração da lua; mas ele fez suas próprias observações dos efeitos dos ventos e concluiu que, mesmo ao longo da mesma costa, ocorrem variações que devem ser tabuladas. Diz Crombie a seu respeito:

> Embora confiasse freqüentemente em fontes literárias, quando podia ter observado com seus próprios olhos – como, por exemplo, no seu registro sobre a Muralha Romana, que não ficava a mais de dez milhas da sua cela de monge – Bede jamais copiou sem compreender. Ele tentou reduzir todas as ocorrências observadas a leis gerais, e, dentro dos limites do seu conhecimento, tentou construir uma imagem coerente do universo, verificada em comparação com as evidências[2].

Podem ser encontrados outros exemplos do que poderíamos admitir ser ciência, mas eles são realmente raros. O que parece ter acontecido é que toda a vida mental da Europa veio a ser dominada pelo que Ward chama (embora não nesse contexto) de "visão icônica". Em outras palavras, a cultura valorizava e promovia ao máximo o modo do construto de percepção de valor[3].

Isso parece válido especialmente para o período do século IX ao XII. Durante esse período, o prestígio e poder do modo do construto de percepção de valor revelaram-se numa atitude com relação à natureza – e ao entendimento da natureza – que era profundamente hostil à observação objetiva. A idéia geral era a de que, para se compreender um fenômeno natural, deve-se vê-lo como aquilo que ele representa – ou, nos termos de Ward, que ele "indica" – uma realidade que está além dele. Segundo essa perspectiva, os fatos não são interessantes em si, nem mesmo por sua utilidade prática. Eles são interessantes apenas na medida em que possam servir como símbolos de alguma verdade religiosa.

> A lua era a imagem da Igreja a refletir a luz divina; o vento, uma imagem do espírito; a safira apresentava uma semelhança com a contemplação divina; e o número onze, que "transgredia" o dez, símbolo dos mandamentos, representava por si o pecado[4].

O mesmo tipo de hábito mental está ilustrado nos bestiários, nos quais os animais simbolizavam os vícios e as virtudes.

O ponto principal a compreender agora – o que não é fácil para a mente do século XX – é que essa atitude era considerada o máximo que se podia tentar no esforço de entender a natureza. Uma vez que fossem assimiladas relações simbólicas como essas, não restavam mais perguntas dignas de serem feitas. Mas há mais, ainda: tornou-se decididamente inconveniente pressionar demais as investigações. Concebia-se a natureza como alguma espécie de deusa que queria se manter encoberta por um véu – até certo ponto oculta aos nossos olhos. A curiosidade corria, portanto, o risco de se tornar uma heresia, e a investigação tinha de ser refreada por uma questão de respeito. O único método seguro era o de abordar o mistério com cautela, por meios indiretos, através da alegoria e da poesia.

Cresceu, assim, o gênero do "mito filosófico", freqüentemente chamado de "tegumento", que significava um tipo de revestimento. O tegumento devia conter a verdade espiritual sob a forma de algum segredo apenas insinuado ou revelado parcialmente; de tal modo que uma pessoa "extraia de uma obra dessas o que for útil de acordo com sua própria capacidade"[5].

John Scotus Erigena escreveu no século XIX:

> Da mesma forma que a arte poética, através de histórias fictícias e representações alegóricas, constrói sua doutrina moral e física no sentido de elevar o espírito humano... assim também a teologia, como que por uma certa poesia, molda a Santa Escritura por meio de ficções da imaginação no sentido de aconselhar a alma[6].

Podia haver poucas perspectivas para o modo pontual objetivo ou, na realidade, para qualquer coisa que se aproximasse da ciência moderna, quando essa atitude era típica do espírito predominante da época.

Foi somente no século XII que as coisas começaram realmente a mudar. Entre os primeiros sinais evidentes estava um reflorescimento do modo intelectual transcendente sob a forma da matemática. Como diz Boyer:

> No início do século XII, nenhum europeu podia ter esperanças de ser matemático ou astrônomo, em nenhum sentido verdadeiro, sem um bom conhecimento da língua árabe; e a Europa, durante a primeira parte do século XII, não podia se vangloriar de nenhum matemático que não fosse mouro, judeu ou grego. Antes do final do século, o matemático mais importante e original do mundo inteiro havia nascido na Itália cristã[7].

O estímulo crítico para a mudança foi a influência dos árabes à medida que alcançava a Europa, principalmente através da Sicília e da Espanha. A partir de meados do século VIII d.C., vários importantes centros árabes de estudo haviam sido estabelecidos, sendo o mais notável localizado em Bagdá, onde o califa al-Mansur fundou a "Casa da Sabedoria". Ela continha uma universidade, um observatório e uma grande biblioteca na qual estavam reunidos manuscritos de muitas fontes: babilônicas, indianas e gregas[8].

À medida que transcorria o século XII, um número cada vez maior dessas obras era traduzido primeiro do árabe para o latim, depois também para o espanhol ou o hebraico. E começaram a surgir traduções diretas do grego. Os *Elementos* de Euclides tornaram-se disponíveis em várias versões, assim como as obras de Arquimedes e Ptolomeu e a *Álgebra* de al-Khowarizmi (cujo nome nos deu o termo "algoritmo"). Isso deve ter proporcionado uma visão nova e importante das possibilidades intelectuais aos europeus receptivos.

Entre essas pessoas havia um inglês, Adelard de Bath, que foi um dos tradutores. Não está claro onde ele adquiriu seu conhecimento do árabe, mas sabemos que ele passou muito tempo estudando na Europa. Há um registro fascinante de uma conversa sua com um sobrinho mais conservador, na viagem de volta para casa. O sobrinho perguntou: "... quando você vê as plantas crescendo, a que mais atribui esse fato a não ser ao efeito maravilhoso da extraordinária vontade divina?" Argumento ao qual Adelard respondeu que, embora os fenômenos naturais fossem a vontade do Criador, eles não estavam desprovidos "também de uma razão natural", e que "até o ponto ao qual o conhecimento humano progrediu, ele deveria ter sua voz. Somente quando ele fracassa completamente, deveríamos recorrer a Deus"[9].

Isso assinala um ponto crítico de grande clareza. A influência do modo do construto de percepção de valor sobre as mentes européias permaneceria forte ainda por séculos. No entanto, o processo de questionar seu predomínio havia pelo menos começado.

Há indícios, portanto, de que durante muitos séculos na história da Europa houve um desequilíbrio na direção oposta à do que hoje prevalece: o aspecto emocional do desenvolvimento para além dos modos básicos foi cultivado, e o aspecto intelectual relativamente negligenciado[10]. Isso já nos diz que o atual estado de coisas não é inevitável. No entanto, não nos diz se um desequilíbrio é tão prejudicial quanto o outro, ou se seria possível – e, se possível, desejável – desenvolver uma cultura na qual tanto o aspecto intelectual quanto o emocional fossem promovidos e valorizados. Pois poderia dar-se o caso de que um fosse realmente avesso ao outro. Deveríamos também ter cuidado para não concluir que a forma pela qual o modo do construto de percepção de valor se manifestou na Idade Média é a única possível. Dentro de qualquer modo, há campo para o crescimento e a mudança.

O progresso no sentido do estabelecimento da ciência moderna durou muito tempo. Foi somente no século XVII que ele se realizou em plenitude, e de forma decisiva. É interessante, porém, salientar que os princípios envolvidos na combinação dos modos foram expostos com clareza por Robert Grosseteste, que nasceu por volta de 1170. Grosseteste foi um estudioso renomado que se tornou reitor da Universidade de Oxford – talvez seu primeiro reitor – e mais tarde bispo de Lincoln. Sua exposição era surpreendentemente sofisticada e meticulosa, realçando a importância da observação e da experimentação, de saltos imaginativos, da classificação e da abstração de princípios gerais. Ele também reconheceu que a certeza alcançável na matemática não é alcançável na ciência, onde nunca se podem saber todas as possibilidades.

Grosseteste foi muito influente no seu tempo e no período subseqüente. Mesmo assim, uma coisa é enunciar princípios, e outra aplicá-los. O efeito pleno da aplicação dos princípios de Grosseteste chegou com muita lentidão.

Um legado cultural de uma sociedade mais desenvolvida para outra que não o seja tanto faz surgir um sério problema: quem o recebe não está, por definição, preparado para julgar o valor do legado de uma forma discriminada. Se tudo reluz, o herdeiro do tesouro pode não ser capaz de separar o ouro em pó da areia amarela. Nem a tradição grega, nem a árabe, como foram herdadas pela Europa medieval, revelaram ser puro ouro. Demorou, porém, algum tempo para que as distinções fossem feitas.

Uma das principais dificuldades consistiu em reconhecer aqueles pontos nos quais Aristóteles estava enganado. Ele havia aberto o caminho para a ciência, e, ao mesmo tempo, era um obstáculo. Em primeiro lugar, ele era mais voltado para a classificação do que para a aferição – era menos um matemático do que, digamos, Platão ou Pitágoras, que, como salienta Whitehead, estão sob certos aspectos mais próximos da ciência moderna[11]. A lógica aristotélica adquiriu grande influência no final da Idade Média, mas ela não era o tipo de atividade do modo transcendente de que a ciência mais precisava na época. Além disso, algumas das idéias aristotélicas sobre o mundo físico eram nitidamente prejudiciais. Elas provinham de uma influência muito forte, e não foi fácil tirá-las do caminho.

A teoria aristotélica do movimento é o exemplo principal. Ela estava no cerne da sua filosofia da ciência e da sua cosmologia, sistemas que, embora de forma alguma não deixassem de ser questionados, dominaram o pensamento europeu do século XIII ao XVII. Para Aristóteles, o "movimento" representava qualquer tipo de mudança. A mudança de posição – ou a mudança de local – era um tipo entre outros. A idéia central era a de que todas as coisas são movidas por algo, seja pelo cumprimento de algum princípio natural intrínseco a elas, como no caso das coisas vivas, seja por alguma força externa. Além disso, sustentava-se que o movimento parava assim que a atividade do "movimentador" parasse. Concebia-se o universo como uma série de esferas celestes na qual havia um impulso básico, ou uma fonte original de movimento; e a cada esfera era atribuída algum tipo de "alma".

Butterfield salienta que a postulação de "Inteligências" invisíveis, cuja função consiste em transmitir movimento, é decididamente sugerida pelo ponto de partida de Aristóteles: o pressuposto de que o que precisa principalmente ser explicado é o movimento, em vez da ausência de movimento ou do estado de repouso. Uma teoria dessas, ao deixar "a porta entreaberta para os espíritos", na colocação de Butterfield, ajustava-se comodamente aos modos habituais da mente medieval. No entanto, ela era fundamentalmente insatisfatória. Havia muitos fenômenos de fácil observação que ela não conseguia explicar[12].

Num caso desses, uma observação maior, embora importante, não basta. O que é necessário é uma nova estrutura conceitual. E o provimento dessa estrutura é função da imaginação. Como diz Butterfield: "Na vida real, não temos bolas perfeitamente esféricas que rolam em planos horizontais perfeitamente lisos – o segredo estava no fato de que ocorreu a Galileu imaginar isso."[13] A realização de Galileu é tornada ainda mais surpreendente pelo fato de surgir numa época em que a lubrificação era muito inferior à de agora, e em que superfícies bem aparelhadas como as que hoje temos eram desconhecidas. Sua nova concepção levou diretamente à idéia de que o movimento é algo que, em vez de ter de ser provocado a continuar eternamente, irá continuar – uma vez iniciado – até que seja provocado a parar. Essa foi uma importante descoberta que muito contribuiu para abrir o caminho para Newton; e é um belo exemplo do funcionamento do modo do construto intelectual.

A história toda ilustra o ponto importante de que faz uma enorme diferença quais imagens são usadas na atividade elaborativa. Aristóteles, ao pensar no movimento, também estava usando o modo do construto intelectual; mas ele parece ter tido em mente a imagem de um cavalo puxando uma carroça, que era de valor limitado. O progresso no entendimento depende muitas vezes do desenvolvimento de um tipo novo e mais adequado de elaboração imaginativa para substituir a antiga. Quando a antiga se tornou habitual, essa é uma das tarefas mais difíceis para a mente.

A obra de Galileu parece ser reconhecível à mente moderna como ciência moderna. São bem conhecidos os problemas que ele enfrentou quando o Santo Ofício fez objeções a algumas de suas teorias. E esses dois fatos podem nos levar a pensar que, antes do início do século XVII, a religião e a ciência já eram nitidamente distintas e isoladas uma da outra. Podemos também ser tentados a concluir que, a essa altura, a linha entre a ciência e a magia já houvesse sido firmemente traçada. Afinal de contas, Newton nasceu em 1642, ano da morte de Galileu, e a Royal Society foi fundada em 1660. Estaríamos enganados, porém, se imaginássemos que a ciência em geral era considerada naquela época como a consideramos hoje em dia.

Parte da herança árabe que começou a atingir a Europa no século XII consistia num interesse intenso pela magia, pela alquimia e pela astrologia. Isso resultou numa atitude para com a natureza que se posicionava em forte contraste com o primitivo respeito europeu pelo direito da deusa de se manter oculta por véus. Surgiu um objetivo diferente: o de arrancar o véu. A nova pergunta guia era: como poderemos descobrir esses segredos que nos darão poder?

Essa pergunta nos é agora bastante familiar. Naquela época, no entanto, a opinião geral era a de que os segredos deveriam ser revelados por aquilo que consideraríamos meios mágicos; ou, pelo menos, nenhuma distinção nítida entre a investigação racional e o oculto era geralmente reconhecida. Al-Kindi, por exemplo, um estudioso árabe do século IX que fez uma considerável contribuição ao estudo da óptica e da perspectiva, também escreveu uma obra intitulada *Sobre os raios estelares, ou a teoria da arte da magia*, na qual ele sustentava que as estrelas, e também a mente humana por meio de elocuções mágicas, podiam exercer certas influências que seriam em última análise atribuíveis à "harmonia celeste"[14].

As idéias desse tipo mostraram-se muito persistentes. Elas foram, sem dúvida, predominantes durante todo o final da Idade Média em algumas das mentes mais eruditas do período. No entanto, é de especial interesse descobrir a força da tradição mágica entre essas pessoas ainda no século XVII. Frances Yates, em seu livro *The Rosicrucian Enlightenment*, conta uma fascinante história de mistério sobre suas investigações quanto à natureza e à influência do movimento rosacruz[15].

Seus dados são por demais detalhados para serem resumidos aqui, mas o esboço da história pode ser apresentado sucintamente. No Palatinado, na região do Reno, na segunda década do século XVII foram publicados dois documentos conhecidos como os *Manifestos rosa-cruzes*. Eles declaravam a existência de uma Fraternidade secreta, explicitamente cristã e devotada à promoção do bem-estar humano. Dizia-se que essa Ordem teria sido fundada por um certo Christian Rosencreutz, que nasceu em 1378 e viveu 106 anos. O irmão R. C., como era chamado, havia viajado por todo o Oriente, tendo lá aprendido a "Magia e a Cabala". Ele havia usado as duas para promover sua fé cristã, e havia também estudado matemática e a fabricação de instrumentos. Começou, então, a recrutar e treinar seguidores. Dizia-se que eles tinham um centro chamado de "Casa do Espírito Santo", onde se encontravam anualmente. O resto do tempo eles passavam viajando por vários países, incógnitos ou "invisíveis", curando os enfermos mas sem aceitar pagamento. Era chegada a hora de os rosa-cruzes iniciarem, através do poder da sua iluminação, a reforma geral da sociedade humana. Os manifestos proclamavam, nas palavras de Yates:

> ... a descoberta de uma filosofia nova, ou melhor, antiga e nova, basicamente alquímica e relacionada à medicina e à cura, mas também interessada pela idéia de número, pela geometria e pela produção de maravilhas mecânicas. Ela representa, não só um progresso dos conhecimentos, mas, acima de tudo, uma iluminação de natureza religiosa e espiritual[16].

Portanto, a alquimia rosa-cruz não tinha nada a ver com a produção do ouro mas, sim, com a riqueza espiritual. Assim, o primeiro manifesto declarava que o irmão R. C. "não se alegra por saber fazer ouro, mas se regozija por ver os

Céus se abrirem, os anjos de Deus a subir e a descer e seu nome inscrito no Livro da Vida".

Yates alega que o mais provável é que a Ordem Rosacruz jamais tenha existido realmente. Ela crê que os objetivos dos manifestos eram religiosos e políticos, estando associados ao protestantismo evangélico e a esforços no sentido de derrubar a Casa de Habsburgo. No entanto, o que é significativo para nossas finalidades atuais é, em primeiro lugar, a íntima associação do fervor religioso com a matemática, a mecânica e a magia; e, em segundo lugar, a influência do movimento no que veio a se seguir.

A tentativa de derrubar a Casa de Habsburgo fracassou quando Frederick, o Eleitor Palatino, foi derrotado pelos exércitos católicos na batalha da Motanha Branca em 1620, e tiveram início os horrores da Guerra dos Trinta Anos. Seguiu-se um esforço sistemático por parte dos vencedores, provavelmente organizado pelos jesuítas, no sentido de desacreditar o movimento rosa-cruz. E um dos métodos principais consistiu em acusar a Ordem e seus seguidores de serem mágicos do mal, que derivavam seus poderes não dos anjos, como alegavam, mas do demônio.

O fato de os manifestos falarem dos Irmãos como pessoas que viajavam de um lado para o outro de modo a não serem facilmente reconhecidos tornou a acusação ainda mais alarmante. Afinal de contas, eles poderiam estar em qualquer lugar. Eles poderiam até mesmo ser invisíveis de verdade!

Yates relata uma afirmação de Gabriel Naudé de que em Paris, em 1623, apareceram cartazes anunciando: "Nós, delegados do principal Colégio de Irmãos da Rosa Cruz, estamos numa visita visível e invisível a esta cidade pela Graça do Supremo..."[17]

Ela também menciona como um trabalho anônimo do mesmo ano reportava-se aos cartazes com o título: "Pactos horríveis entre o demônio e os que se fingem de invisíveis."

Forneciam-se detalhes de um encontro da Ordem, no qual um príncipe dos bandos do inferno havia aparecido. Diante dele, os rosa-cruzes teriam renegado o cristianismo e teriam recebido promessas de todos os tipos de poderes mágicos, incluindo-se dons que fariam com que eles fossem admirados pelos eruditos e que parecessem mais sábios do que os profetas.

Devemos nos lembrar de que esse período foi caracterizado por terríveis caças às bruxas, e que esse assunto era assustador. Até então, os manifestos rosa-cruzes aparentavam vir fazendo uma boa impressão na França. Yates cita as palavras de Naudé no sentido de que, depois das "novidades" que haviam surpreendido a geração anterior, como a descoberta de novos mundos, e muitas invenções, como o canhão, a bússola e os relógios, acreditava-se em geral estar próxima uma nova era de luzes.

Naudé teve o cuidado de não dar impressão de aprovar os rosa-cruzes, mas posteriormente escreveu um outro livro no qual distinguia a magia divina, a magia religiosa, a magia natural (ou seja, a ciência natural) e a magia do mal ou bruxaria[18]. Nessa obra, ele sugere uma razão pela qual grandes homens podem ser acusados de bruxaria, ou seja, o fato de que eles costumam estudar matemática e de que as maravilhas produzidas pela matemática e pela mecânica parecem magia aos olhos dos ignorantes. Nesse contexto, ele faz referência a John Dee, o grande matemático e mago da Inglaterra elizabetana que, na opinião de Yates, foi uma importante fonte de inspiração para todo o movimento rosa-cruz.

Essa referência explícita a uma tendência a associar a matemática e a mecânica à bruxaria é de enorme interesse. O que ela quer dizer é que os homens eruditos realmente corriam perigo; e que deve ter sido crucial para eles a atitude de se dissociar publicamente da magia de todos os modos possíveis.

Até mesmo Descartes teve de agir assim. Na época dos famosos sonhos que tanto influenciaram seu desenvolvimento intelectual, Descartes estava vivendo perto do Danúbio. Aparentemente, ele teria ouvido falar dos rosa-cruzes e das suas promessas de uma nova aurora de sabedoria e conhecimento, e teria ficado suficientemente intrigado para tentar entrar em contato com eles, embora, como qualquer outra pessoa, não tivesse conseguido encontrá-los.

Mesmo assim, o resultado foi que, ao voltar a Paris em 1623, no auge dos boatos quanto à feitiçaria dos rosa-cruzes, suspeitou-se que ele fosse um deles. E, de acordo com seu biógrafo, Baillet, o hábito de Descartes de viver em retiro solitário até incentivou a idéia de que ele talvez pudesse ter se tornado um dos Invisíveis. Ele aparentemente conseguiu desfazer essa suspeita por meio da simples técnica de aparecer novamente em sociedade[19].

Devo confessar que não considero esse ponto inteiramente convincente, já que me parece um jeito fácil demais para desfazer um boato desses. Afinal, um mago invisível pode supostamente tornar-se visível quando bem entender! No entanto, a história nos esclarece muito sobre a atmosfera da época.

Yates acredita que, na Inglaterra, Francis Bacon pode também ter se encontrado numa posição ameaçada. Ela argumenta que difundir o progresso do conhecimento durante o reinado de James I era perigoso. A rainha Elizabeth havia apoiado John Dee e suas pesquisas. James, pelo contrário, tinha um profundo medo da magia e da feitiçaria. Yates chega a insinuar que Bacon pode ter reduzido a importância da matemática para a ciência por temer as conseqüências de ter seu nome associado à magia. É decerto possível que ele tenha sido um admirador secreto dos rosa-cruzes, pois, após sua morte em 1626, foi publicado um trabalho seu intitulado *The New Atlantis*, no qual ele delineia sua idéia da sociedade perfeita. Yates mostra que os habitantes dessa Utopia lembram de forma surpreendente os Irmãos da Rosa-Cruz, como eram descritos nos manifestos originais.

O perigo de ser acusado de bruxaria ainda não havia se dissipado inteiramente quando a Royal Society foi criada. Yates detecta muitos vínculos entre os fundadores e o movimento rosa-cruz, ou, pelo menos, suas aspirações características. E afirma: "A norma de que questões religiosas não deviam ser debatidas nas reuniões, mas apenas problemas científicos, deve ter parecido uma precaução prudente..."[20]

Comênio, ao parabenizar os membros da nova sociedade, chamou-os de "*illuminati*", termo que havia sido usado com regularidade a respeito dos Irmãos rosa-cruzes. Ao mesmo tempo, ele expressou seu desconforto quanto à política recente, e mais restritiva, de limitar os esforços às ciências naturais em si, em vez de torná-los parte de um movimento pela regeneração religiosa e espiritual. Ele advertiu que o trabalho podia se revelar "uma Babilônia de cabeça para baixo, construída não na direção dos céus, mas na direção da terra"[21].

Se for verdade que, como já postulei, na Europa entre o século IX e o XII o modo do construto de percepção de valor gozava de um prestígio considerável, o que devemos agora dizer dos modos predominantes nos séculos que se seguiram, até o século XVII?

Vimos que, durante esse período, houve um desejo persistente no sentido de descobrir os segredos da natureza e, assim, conquistar poder. No entanto, isso estava associado a confissões igualmente persistentes de profunda reverência religiosa. Sem dúvida, as confissões nem sempre eram sinceras. Sem dúvida, também, muitas delas eram. Difundiu-se amplamente a idéia de que os seres humanos ocupam um lugar especial entre o mundo puramente material e o mundo espiritual dos anjos e de Deus, lugar este que lhes confere tanto privilégios quanto deveres. Como diz Crombie, o efeito foi o de enfatizar o aspecto sacramental das atividades científicas. E ele cita Vincent de Beauvais, um escritor do século XIII: "Sou movido, com ternura espiritual, na direção do Criador e Soberano deste mundo, porque O sigo com maior veneração e reverência quando contemplo a magnitude, a beleza e a permanência da Sua criação."[22] Crombie comenta que essas palavras bem poderiam ter sido proferidas por muitos outros autores científicos da época.

No outro extremo do período, há as evidências já mencionadas sobre Bacon e os fundadores da Royal Society. Newton também parece ter sido profundamente religioso e, como muitos dos seus contemporâneos, profundamente interessado pela alquimia. Na realidade, sabemos agora que os estudos da alquimia ocuparam seu tempo por pelo menos trinta anos, muito mais do que ele gastou com qualquer outro tema. Ele via suas pesquisas – todas elas – como um meio de tentar explicar o trabalho de Deus no universo criado[23]. O contraste crucial entre seu ponto de vista e as crenças do início da Idade Média residia no fato de que agora se supunha que Deus quisesse que tentássemos compreender.

O que, então, devemos concluir quanto aos modos que predominavam? Devemos dizer que os modos intelectuais e emocionais eram mutuamente distintos, e que coexistiam em harmonia? Ou, em vez disso, devemos reconhecer uma versão do modo do construto básico na qual a explicação estivesse se tornando mais sofisticada e poderosa?

Esta última parece ser a explanação mais razoável, pelo menos entre o século XIII e o XVI. Encontramos, ao longo de todo esse período, poucas tendências no sentido de traçar fronteiras entre a atividade de compreender a natureza e a reação religiosa a ela.

Todos os esforços no sentido de caracterizar o *Zeitgeist*, especialmente durante períodos tão longos, estão abertos a contra-exemplos que os invalidam. Montaigne, por exemplo, recomenda que procuremos descobrir o máximo possível sobre as leis da natureza através da nossa própria experiência, e não há muitos sinais de emoção religiosa no seu estilo de escrever sobre isso. É claro que ele está falando principalmente do conhecimento da nossa própria natureza, não sobre o estudo do mundo físico.

Permanece sendo verdadeiro, creio eu, apesar de algumas exceções, que a tendência geral durante esse período era a de não separar as tentativas no sentido de entender a natureza da reverência religiosa para com seu criador. Não se considerava que a reação mística estivesse em forte contraste com o uso de evidências, ou com os esforços da razão. Copérnico, por exemplo, "ascende ao lirismo e quase à adoração" quando escreve sobre a posição central do sol[24].

No entanto, algo de novo surgiu no século XVII. Como declara Paolo Rossi, apesar de todos os vínculos com o passado, houve uma descontinuidade autêntica, uma mudança radical[25]. Reconhecer o que Bacon, Copérnico, Descartes e Newton extraíram dos seus precursores é uma coisa. Já é bem outra reconhecer, na sua obra, indícios da novidade que mal estava nascendo. E o que estava nascendo – embora não pudesse ser realizado de uma vez só – era exatamente o isolamento dos modos intelectuais de todos os outros, e a prática de reuni-los entre si e ao modo pontual objetivo de uma forma espantosamente poderosa. Citando Rossi:

> ... no caso da história da ciência – pelo menos a partir da era de Galileu e em total isolamento quanto ao que estava acontecendo no mundo da magia – é justificável falar de teorias que são mais ou menos rigorosas, que têm um poder explanatório e/ou de previsão, e que são verificáveis num grau maior ou menor[26].

Rossi cita nada menos do que quatorze circunstâncias que contribuíram para a revolução científica, entre elas fatos tão bem conheciddos como o desenvolvimento de instrumentos de aferição mais precisos e a descoberta de outras partes do mundo, com o resultante abalo das velhas concepções. Talvez o mais importante, porém, tenha sido a percepção gradual – e ela teve de ser gradual – de que o caminho para um melhor entendimento do mundo natural não passa pela súbita revelação de um mistério secreto, mas pela lenta acumulação de conhecimentos verificáveis. Essa conscientização leva diretamente à divulgação das descobertas, ao estabelecimento de um debate crítico aberto e à idéia da comunidade de cientistas que temos hoje.

Isso ainda nos deixa com uma pergunta de importância crucial que costuma ser negligenciada: o que aconteceu aos outros modos avançados quando a nova aliança científica de modos ficou firmemente estabelecida e cada vez mais forte?

Antes, porém, este capítulo precisa de um breve adendo. Ao examinar a ciência segundo seu desenvolvimento desde o século XVII, é essencial reconhecer a distância que quase sempre separa o que realmente ocorre da sua versão idealizada. É sem dúvida verdadeiro, por exemplo, que o trabalho científico costuma ser "confuso"; que a instrumentação e os tipos de experimentos realizados dependem das condições locais, e que o entusiasmo no laboratório é muitas vezes provocado não por alguma revelação da verdade, mas pelo vislumbre de uma oportunidade de obter uma bolsa para pesquisa ou de derrotar um concorrente. Isso é apenas para dizer, como já disse antes, que os modos intelectuais são difíceis de alcançar, e mais difíceis de sustentar; e que os modos linear e do construto básico sempre estão propensos a se reafirmar.

Um relato valioso de como a ciência realmente funciona na prática, uma boa parte do tempo, é oferecido por Barry Barnes[27]. Ele é de especial interesse quando escreve sobre a importância do "Quem foi que disse?" (a questão da credibilidade dos observadores e do *status* de indivíduos dentro da comunidade científica); e também de "O que realmente conta?" (o que deve ser levado a sério como novas evidências que exigem explicação).

A argumentação geral de Barnes é equilibrada e razoável. A ciência, diz ele, é completamente teórica e provisória. O conhecimento científico é aquilo que nos "contentamos em usar por enquanto, como base para nossa compreensão da natureza". Isso não quer dizer, porém, que devamos deixar de confiar nela e de usá-la. Pelo contrário, ela é "simplesmente o conhecimento que consideramos mais confiável em uso"; mas, ao mesmo tempo, não devemos supor que ela seja a verdade *final*, imune a mudanças[28].

11. Os modos avançados após o iluminismo

"Que Deus nos livre
de perder um olho e de ter o sono de Newton."
William Blake

Poder-se-ia supor que o desenvolvimento independente dos modos intelectuais do século XVII em diante tivesse acarretado necessariamente uma divisão direta do modo do construto básico, de forma a beneficiar um desenvolvimento paralelo do aspecto da percepção de valor. Isso não ocorreu. O que não é de surpreender, quando se reflete sobre o assunto.

A religião impregnava praticamente toda a vida cultural da Europa há muitos séculos. Quase todos os argumentos intelectuais haviam sido relacionados a dogmas religiosos, se não de forma explícita, pelo menos por meio de um poderoso cenário de pressuposições doutrinárias. Além disso, a Igreja havia conseguido impor suas opiniões sobre a natureza do universo físico, censurando teorias que ela considerava desagradáveis. É de conhecimento geral que Galileu foi processado e condenado em 1633 por um tribunal do Santo Ofício, aparentemente por defender a idéia de que a terra gira em torno do sol. Pietro Redondi argumenta que a verdadeira razão não estava em nada relacionada ao heliocentrismo, mas que residia, sim, no medo muito mais profundo de que o resgate, por parte de Galileu, de teorias atomísticas sobre a natureza da matéria ameaçasse a doutrina central da Eucaristia: a transubstanciação do pão e do vinho[1]. Qualquer que tenha sido o motivo, a questão é que a Igreja teve poder suficiente para forçar Galileu a se retratar e para aprisioná-lo. E, no entanto, ele era um homem de imenso prestígio e influência, muito respeitado e admirado.

Já é menos conhecido o fato de que em 1633, ao saber do destino de Galileu, Descartes abandonou seus planos de publicar um livro intitulado *O mundo*, que expressava sua crença no heliocentrismo e num universo infinito. Descartes não tinha a menor propensão para o martírio. Além disso, estava convencido da existência de Deus por não conseguir compreender como nós poderíamos ter a idéia de um ser perfeito e infinito, a não ser que ela viesse desse mesmo ser. No entanto, apesar da sua cautela e da sua fé autêntica, ele não conseguiu escapar permanentemente da acusação de ser descrente. Em 1643, foi convocado a apresentar-se diante dos magistrados em Utrecht, e foi salvo apenas pelo apoio do embaixador francês e do príncipe de Orange. Mais tarde, seus trabalhos foram proscritos por algum tempo em várias universidades.

Já vimos, também, como eram sérios os riscos nessa época em toda a Europa para qualquer pessoa acusada de estar em conluio com o demônio. E vimos que a atividade intelectual, especialmente a matemática, podia bastar para fazer com que alguém se tornasse suspeito. Assim, nas relações entre a ciência e a religião, a religião prevalecia. Renunciar a essa posição não ia ser fácil.

A partir de meados do século XVII, o avanço da ciência não pôde mais ser impedido. Na realidade, seu poder estava destinado a crescer cada vez mais. A humanidade havia afinal entrado por um novo caminho de conhecimento, e a exploração assim possibilitada era profundamente satisfatória. Além disso, logo ficou evidente que a ciência era imensamente útil em termos práticos.

A conscientização de que uma mudança tão séria havia ocorrido, e sem dúvida iria se intensificar, bem poderia ter ficado restrita durante algum tempo àqueles que estavam, eles próprios, contribuindo ativamente para as descobertas científicas. O fato de isso não ter ocorrido deveu-se a um novo fenômeno: o surgimento de escritores que popularizaram a ciência e usaram os resultados para construir uma nova visão de mundo. O centro desse tipo de atividade era a França, em parte em virtude da imensa influência da filosofia de Descartes naquele país.

Descartes desenvolveu um "método da dúvida" que descreveu da seguinte forma: "Imaginei... que deveria rejeitar como absolutamente falsas todas as opiniões com relação às quais eu pudesse supor a mínima base para dúvida, a fim de apurar se, depois disso, restaria algo na minha crença que fosse totalmente indubitável."[2] A idéia era procurar um alicerce seguro, e a partir dele construir um sistema de conhecimento exato.

Para o próprio Descartes, a existência de Deus fazia parte desse sistema. Ele traçava uma nítida distinção entre a mente – ou alma – e a matéria. No que dizia respeito à matéria – e a matéria incluía o corpo humano – ele acreditava que deveríamos aplicar totalmente nossa razão à procura de explicações mecânicas; e não via nenhum conflito entre isso e a atribuição da origem de todas as coisas a Deus. Mas os que vieram depois acharam fácil aceitar suas idéias sobre o método e a razão humana, enquanto abandonavam sua teologia.

Fontenelle, um dos primeiros grandes popularizadores da ciência, falou de Descartes como alguém "a quem se poderia legitimamente atribuir a glória de ter estabelecido uma nova arte do raciocínio"[3]. Fontenelle foi secretário da Académie des Sciences durante mais de quarenta anos no início do século XVIII, e portanto estava numa boa posição para saber o que estava acontecendo. Seu estilo era fácil, fluente, espirituoso. E a ascensão de uma próspera classe média lhe proporcionava leitores livres das velhas tradições da erudição e prontos para visões do futuro. Não foi difícil persuadir os intelectuais da nova burguesia de que o questionamento e a dúvida metódica deveriam ser preferidos à autoridade como fontes de crenças. A sociedade foi, portanto, ficando progressivamente secularizada, terminando por secularizar-se por inteiro. Essa tendência, aliás, não estava de modo algum restrita à França. O mesmo tipo de movimento acontecia na Inglaterra e nos Países Baixos, e a tendência logo se espalhou por todo o norte da Europa[4].

Diante de tudo isso, o que deviam as igrejas fazer? Uma atitude teria sido a de redefinir seu papel de modo a reconhecer em que pontos não podiam competir com a ciência – e em que pontos a ciência não podia competir com elas. Isso teria resultado numa mudança de ênfase no sentido dos modos de percepção de valor. No entanto, não foi esse o caminho escolhido – ou mesmo, creio eu, levado em consideração – pelo menos nas igrejas protestantes, nas quais a reação à Era da Razão pode ser melhor descrita como uma imitação. A religião ficou mais intelectual, não menos. A emoção era menosprezada; difundiu-se amplamente o desdém pelo que se chamava de "entusiasmo" pela religião, e surgiu o que Butterfield chama de "protestantismo aliado ao movimento racionalizante" – algo frio e bastante desalentador.

A ascendência passou, assim, de forma cada vez mais completa, para os modos intelectuais. É claro que houve exceções individuais, como sempre. William Law, por exemplo, argumentou com veemência contra a razão e a favor da experiência espiritual direta como o único meio verdadeiro para conhecer o amor de Deus dentro de nós. Escreve ele a um correspondente:

> É difícil que haja algo mais prejudicial à verdadeira espiritualidade (a vida de Deus na alma) do que um espírito tagarela, perguntador, ativo, ocupado, que raciocina, que está sempre dedicado às suas próprias idéias e só se sente satisfeito quando fala, ouve ou escreve sobre pontos, distinções e definições de doutrinas religiosas...[5]

É provavelmente correta a afirmação de que, nos séculos XVIII e XIX, desenvolveu-se uma tendência para que o sentimento espiritual se expressasse através da música e da literatura em vez de através de formas tradicionais de religiosidade. Na música, o exemplo proeminente é o de Beethoven. A maioria das pessoas que apreciam sua música mais tardia reconhece nela uma intensidade de emoção transcendente que raramente, se é que algum dia, recebeu uma expressão tão vigorosa.

Entre os poetas, um dos mais místicos é Wordsworth, para quem o principal estímulo ao sentimento espiritual residia no mundo natural, e especialmente no céu, na água, nas rochas e montes. Em *The Prelude*, ele fala de uma infância repleta de assombro e alegria derivados das suas experiências com esses aspectos da natureza – vivências que resultavam num forte sentido de afinidade e comunhão[6]. São tantas as citações ilustrativas que é difícil a escolha, mas examinem, por exemplo, a que se segue:

... pois eu preferia caminhar só,
Sob as estrelas mudas, e nessa hora
Teria sentido o que existe de poder no som
De respirar um estado de espírito elevado,
Não profanado por formas ou imagens; e eu ficaria,
Se a noite se escurecesse com uma tempestade iminente,
Debaixo de alguma rocha, ouvindo as notas que são
A linguagem espectral da terra antiqüíssima,
Ou que fazem sua sombria morada em ventos distantes.
Ali eu bebia o poder visionário;
E considerava não infrutíferas essas sensações efêmeras
De vaga exultação: não por esse fato,
O de que eles sejam aparentados da nossa mente mais pura
E da vida intelectual; mas porque a alma,
Lembrando-se de como se sentia, mas sem se lembrar
Do que sentia, guarda um sentido impalpável
Da possibilidade do sublime...

Observe-se que Wordsworth considera necessário justificar a "vaga exultação" como "não infrutífera" – e isso porque o sentido "da possibilidade do sublime" devia ser valorizado em si mesmo, em vez de por quaisquer razões relacionadas ao intelecto. O fato de ele considerar que isso era digno de ser dito nos indica, com clareza, como o intelecto já se havia tornado preponderante.

Não pode haver nenhuma dúvida quanto ao fato de Wordsworth contemplar as sensações do sublime como sendo de natureza religiosa. Ele fala, por exemplo, de uma "santa tranqüilidade" que o invadiu e do

... espírito do amor religioso
Com o qual eu caminhava com a Natureza.

Ele nos está transmitindo, nesse poema, um relato apaixonado das suas próprias experiências dos modos de percepção de valor – especialmente do modo transcendente – e um apelo no sentido de que sua importância seja defendida contra os abusos do intelecto. Numa famosa passagem, ele fala da ciência

> Não como nossa glória e nosso orgulho absoluto,
> Mas como um sucedâneo e um arrimo
> Para nossa fragilidade.

E ele a chama de

> ... aquele falso poder secundário,
> Com o qual multiplicamos as distinções e depois
> Consideramos que nossas ínfimas fronteiras são coisas
> Que percebemos, e não que criamos.

A obra de Wordsworth foi influente, mas não corrigiu o equilíbrio. No início do século XIX, a ciência já era um sucesso avassalador. Ela funcionava. E um número cada vez maior de pessoas chegava a aceitar que seu sucesso implicava a veracidade das idéias materialistas nas quais suas teorias se embasavam. Assim, até pessoas religiosas foram, em sua maioria, convencidas de que a natureza inanimada era apenas uma enorme máquina que havia sido acionada há muito tempo por Deus, e que depois havia sido deixada a funcionar por decreto divino. No entanto, embora essa imagem do universo pudesse ser considerada inadequada aos seres humanos, a situação das Igrejas não era totalmente desesperadora. Ainda era possível sustentar que, tendo Deus nos criado à sua própria imagem, nós ocupamos um lugar de importância ímpar no esquema das coisas.

Esse último refúgio do crente, como deve ter parecido ser, foi atacado de forma decisiva quando Darwin publicou *A origem das espécies*, e depois *The Descent of Man* e *The Expression of the Emotions in Man and Animals.* Aos leitores de Darwin foi apresentada uma profusão de evidências a favor da hipótese de que evoluímos de criaturas inferiores através de uma combinação de flutuações aleatórias e processos automáticos mediante os quais alguns indivíduos eram eliminados, e alguns sobreviviam. Estava ausente qualquer traço de uma idéia de que estávamos aqui para cumprir um propósito divino.

Não surpreende, portanto, que o antigo desejo de banir o inaceitável voltasse a se inflamar, a tal ponto que o ensino da teoria da evolução foi proibido por lei em algumas partes dos Estados Unidos nas quais a religião fundamentalista era influente. Quando ensinei numa faculdade no Tennessee, no início da década de 1960, é claro que isso já não ocorria. Mesmo assim, fui avisada de que, na medida do possível, seria prudente que eu evitasse mencionar nosso parentesco com os macacos durante as minhas aulas.

É interessante salientar o efeito do desenvolvimento da teoria sobre o próprio Darwin. A citação seguinte é da sua autobiografia:

> No meu Diário, escrevi que enquanto estava parado em meio à grandiosidade de uma floresta brasileira "... não é possível transmitir uma idéia adequada dos sentimentos superiores de assombro, admiração e devoção que invadem e elevam a mente". Lembro-me bem da minha convicção de que há mais, no homem, do que o mero alento do corpo[7].

Depois, ele acrescenta em tom triste: "Hoje, porém, as cenas mais magníficas não despertariam na minha mente nenhuma convicção ou sentimento semelhante. Pode-se dizer com segurança que sou como um homem que se tornou daltônico..."

Ele nos conta que a descrença no cristianismo tomou conta dele aos poucos, "num ritmo muito lento, mas afinal se completou". Ele ainda não considerava fácil acreditar que "este universo imenso e maravilhoso [pudesse] ser o resultado do acaso cego ou da necessidade"; e reconhecia em si mesmo tendências ao teísmo. Acabou, porém, por decidir que o mistério do início de todas as coisas está fora do nosso alcance, e que ele deveria continuar agnóstico.

Acompanhando a perda da fé religiosa, surgiu em Darwin o que ele próprio chama de "curiosa e lamentável perda dos gostos estéticos mais elevados". Sua mente tornou-se "uma espécie de máquina para extrair leis gerais de grandes conjuntos de fatos", de tal modo que ele parou de apreciar a poesia, a pintura ou a música. Isso, conta-nos ele, consiste em "uma perda de felicidade, podendo mesmo ser prejudicial ao intelecto, e mais provavelmente ao caráter moral, por meio do enfraquecimento do lado emocional da nossa natureza".

Ele estava, portanto, bem consciente de um desequilíbrio crescente em si mesmo, semelhante ao que estava afetando a cultura como um todo. Os modos intelectuais estavam em ascensão; os modos avançados de percepção de valor estavam em declínio. Darwin contribuía para essa situação – e ao mesmo tempo sofria com ela.

É claro que ele não foi, de modo algum, o primeiro evolucionista. Na verdade, a maioria das suas idéias pode ser encontrada em obras anteriores[8]. Foi ele, porém, quem as reuniu e as embasou com observações extraordinariamente detalhadas. Além disso, finalmente o mundo estava pronto para elas. As teorias completavam a expansão das idéias mecanicistas que vinham avançando com firmeza. Elas pareciam ser a última palavra em termos de esclarecimento, o meio definitivo para escapar da antiga superstição. Éramos máquinas, como o restante da natureza. Seria melhor que encarássemos a verdade e parássemos de nos iludir.

A maioria das teorias que se tornam muito famosas é muito simplificada no processo da sua disseminação, e as idéias de Darwin sobre a evolução não são nenhuma exceção. É importante reconhecer que ele apresentou muitas reservas a propósito da inaplicabilidade dos processos de seleção natural ao desenvolvimento das sociedades humanas. Por exemplo:

> Os homens mais corajosos, que estavam sempre dispostos a ir para a frente de batalha nas guerras, e que arriscavam livremente sua vida pelos outros, morreriam, em média, em maior número do que os outros homens. Portanto, parece muito pouco provável que o número de homens providos dessas virtudes... pudesse ser aumentado através da seleção natural, ou seja, pela sobrevivência do mais apto...[9]

Ou ainda:

> Nós... homens civilizados fazemos o possível para controlar o processo de eliminação: construímos asilos... instituímos leis de assistência social... [e não poderíamos agir de outra forma] sem uma deterioração da parte mais nobre da nossa natureza.

Ou ainda, mais tarde:

> Devemos nos lembrar de que o progresso não é nenhuma norma invariável. É muito difícil dizer por que uma nação civilizada sobe, torna-se mais poderosa e amplia mais seus domínios do que outra nação; ou mesmo por que a mesma nação avança com maior rapidez numa época do que em outra.

A verdade é que as pessoas costumam extrair de uma teoria aquilo que lhes convém: o que as entusiasma, conquista sua fantasia ou combina bem com suas próprias idéias. Assim, os psicólogos behavioristas aproveitaram a idéia das variações aleatórias, algumas das quais davam certo enquanto outras "fracassavam". Nas teorias behavioristas, as variações aleatórias eram fornecidas por "respostas" que eram emitidas ao acaso até que algumas fossem reforçadas pela recompensa positiva, sendo assim aprendidas, enquanto outras, na ausência dessa recompensa, eram extintas e desapareciam.

O paralelismo com a seleção natural darwiniana é óbvio; mas o que é fascinante é observar, agora, o entusiasmo com que essa doutrina foi proclamada. Os próprios behavioristas estavam cheios de um propósito apaixonado. Eles queriam ser "cientistas", pois esse título importava em grande prestígio. Prestígio conquistado pelas ciências físicas, que pareciam derivar sua força, até mesmo a própria possibilidade do seu sucesso, de pressupostos mecanicistas sobre o que estudavam – ou seja, sobre a "matéria", como era concebida na época. Por conseguinte, a nova psicologia científica teria maior sucesso, ao que aparentava, se seguisse o mesmo caminho. Havia pouco reconhecimento de que o que importava era o método científico; e havia ainda menos reconhecimento de que o compromisso com pressuposições específicas quanto à natureza do objeto de estudo era em si profundamente acientífico, e só poderia estimular a interferência de emoções deturpadoras.

O behaviorismo nunca foi, de modo algum, o todo da psicologia, mas foi muito poderoso e arrogante na primeira metade do século XX. No entanto, em 1905, Einstein havia começado a publicar seu trabalho sobre a teoria da relatividade, e a velha física determinista baseada nas nossas concepções rotineiras do espaço e tempo absolutos estava começando a ser substituída por algo surpreendentemente novo e diferente.

Então, em decorrência da obra de Max Planck, da qual derivou-se a mecânica quântica, concepções anteriores da própria matéria – aquelas que se encontravam na própria base das teorias "materialistas" da natureza – revelaram-se equivocadas. Descobriu-se que a matéria não consistia em pequenas coisas sólidas que se movimentavam de um lado para o outro como bolas de bilhar mas, sim, que era basicamente insubstancial. Suas partículas fundamentais acabavam não sendo "partículas" em nenhum sentido comum, mas "coisas" estranhas que tinham também as propriedades das ondas[10].

Descobriu-se que, à medida que a energia era emitida dentro de um átomo, as partículas subatômicas perdiam essa energia de forma descontínua, em maços ou quanta de tamanho especificável. Em outras palavras, elas se movimentavam por meio de "saltos" entre caminhos separados; e, enquanto estavam "saltando", não se podia considerar que continuassem a existir. Elas desapareciam e reapareciam de novo no que Whitehead chama de "concretizações descontínuas", o que lança dúvidas sobre a possibilidade de podermos falar legitimamente "delas", em qualquer sentido lingüístico normal. Para citar Whitehead novamente, é como se fosse "um automóvel que, movendo-se a uma velocidade média de trinta quilômetros por hora ao longo de uma estrada, não percorresse a estrada continuamente, mas aparecesse sucessivamente nos marcos, permanecendo uns dois minutos em cada marco"[11]. Portanto, seria sensato se perguntássemos onde "ele" se encontrava nesse meio-tempo, ou será que essa pergunta deixou de fazer sentido? Se ela não faz mais sentido, toda a base do materialismo tradicional desapareceu.

Acrescente-se a isso mais um problema, e a extensão do colapso das idéias anteriores fica evidente. Descobriu-se que, num nível subatômico, o próprio ato da observação altera dramaticamente o que está sendo observado. Isso não se deve apenas a defeitos práticos nas nossas técnicas de aferição atuais. Parece tratar-se de uma limitação fundamental imposta pela própria natureza dos acontecimentos subatômicos. Davies faz a seguinte colocação:

> A indeterminação do mundo microscópico não é apenas conseqüência da nossa ignorância... mas é absoluta. Não nos é meramente apresentada uma opção entre alternativas, como a imprevisibilidade do cara/coroa da vida diária, mas um autêntico híbrido das duas opções. Enquanto não fizermos uma observação definitiva do mundo, não faz sentido atribuir-lhe uma realidade definitiva (ou mesmo várias alternativas), pois trata-se de uma superposição de mundos diferentes[12].

A idéia de que o ato da observação é o que faz com que essa superposição de possibilidades resulte na realidade parece ser necessária para a interpretação de certas descobertas experimentais altamente paradoxais e desconcertantes. A insinuação é a de que o observador tem um papel fundamental a desempenhar; e isso vem sendo reconhecido por alguns dos físicos mais ilustres do século XX. Eugene Wigner nos diz que "não foi possível formular as leis da mecânica quântica de uma forma plenamente coerente sem referência à consciência"[13]. Deparamo-nos, portanto, com o estranho estado de coisas no qual, enquanto importantes escolas de psicologia tentavam expulsar a consciência das suas teorizações, os físicos descobriam que precisavam acolhê-la!

Recentes desenvolvimentos na física têm muitas conseqüências absurdas que derrubam os esforços da imaginação humana. Encontramo-nos num mundo estranho, no qual a "intuição nos abandona, e acontecimentos aparentemente absurdos ou milagrosos podem ocorrer"[14]. Em outras palavras, o modo do construto intelectual chega aos seus limites, e a extensão do conhecimento depende cada vez mais do raciocínio matemático.

Isso ajuda a explicar por que a nova física é muito mais difícil de ser popularizada do que a antiga[15]. A maioria das pessoas não consegue prescindir da ajuda do modo do construto – não, pelo menos, considerando-se os métodos atuais de instrução. Além disso, o velho otimismo dos séculos XVIII e XIX era atraente de uma forma que não pode ser alcançada pelas novas inseguranças. Hoje, fica muito difícil supor que dentro de pouco tempo tudo ficará claro. Sem dúvida, os novos enigmas representam uma atração irresistível para quem está equipado para proceder ao seu exame. Essa atração, no entanto, não é de uma natureza que possa ser amplamente compartilhada. Assim, o materialismo obsoleto persiste em muitas mentes, por falta de qualquer noção dos mistérios recém-revelados.

O que entendem, porém, desses mistérios aqueles que se conscientizam deles? Será que surge nessas mentes uma renovação religiosa? Sem dúvida, isso pode acontecer. Por exemplo, a extraordinária precisão que parece ter caracterizado os primeiros segundos do *Big Bang* é compreendida por alguns como uma demonstração de que o universo é planejado – e executado – com um talento e poder assombrosos. No entanto, provas conclusivas da existência de um Planejador continuam tão intangíveis quanto sempre.

Por outro lado, um ponto está claro: não é mais razoável considerar-se que as atividades da ciência tendam a levar à conclusão de que o universo é um mecanismo que podemos ter esperanças de logo compreender totalmente. Essa idéia morreu.

Assim, enquanto a ciência ia de uma força a outra, realizando suas promessas de poder, ela também foi ficando mais humilde. E agora o caminho está aberto para um reconhecimento geral de que os modos de percepção de valor não precisam necessariamente competir com os modos intelectuais, mas podem funcionar adequadamente por si mesmos.

No início do século XX, William James proferiu as Gifford Lectures na Universidade de Edimburgo, as quais tinham por título *As variedades da experiência religiosa.* Até hoje, poucas pessoas revelaram uma compreensão mais nítida do que a dele da natureza da espiritualidade, e do que é ter sentimentos de valor que transcendem a vida pessoal.

Sua concepção da ciência pertencia, naturalmente, ao século que havia terminado.

> Nosso sistema solar, com as suas harmonias, é agora visto [pela ciência] como nada além de um caso passageiro de uma certa espécie de equilíbrio de movimento nos céus, realizado por um acidente local num surpreendente emaranhado de mundos onde não pode existir vida... A noção darwiniana de produção aleatória e subseqüente destruição,

> rápida ou prorrogada, aplica-se aos fatos maiores tanto quanto aos menores. É impossível, no atual estágio da imaginação científica, encontrar nos remoinhos dos átomos cósmicos... qualquer coisa além de uma espécie de intempérie sem objetivos, um fazer e um desfazer, sem realizar nenhuma história adequada, sem deixar nenhum resultado[16].

James era, porém, um psicólogo por demais importante e um pensador por demais independente para se deixar confundir por essas idéias, mesmo nos tempos anteriores a Einstein e a Max Planck. "Uma farsa é uma farsa", diz-nos ele com firmeza, "mesmo que ela tenha um nome científico; e a expressão total da experiência humana, como a encaro com objetividade, insiste inflexivelmente comigo para que eu ultrapasse os limites estreitos do 'científico'." James reconheceu que a ciência e a religião "são, ambas, chaves genuínas para destrancar a porta do tesouro do mundo"; que "nenhuma das duas é exaustiva ou exclusiva do uso simultâneo da outra"; e que a religião, nos seus vôos mais altos, "é infinitamente apaixonada". Quanto à justificação da experiência religiosa, ele nos diz que algumas pessoas "*sabem*; pois realmente *sentiram* os poderes maiores".

Isso me lembra uma história de Charles Darwin sobre uma velha que disse ao pai de Darwin: "Doutor, sei que o açúcar é doce na minha boca, e sei que meu Salvador vive." Darwin observa que o argumento não admite resposta. Contudo, mal se pode dizer que se trate de um argumento. Ele é, sim, um relato de uma experiência.

Certa vez, perguntei a Winifred Rushforth, uma ilustre psicoterapeuta, então com seus noventa anos, de que modo ela podia ter tanta certeza assim de que a experiência "espiritual" era uma reação genuína a uma realidade espiritual. Ela olhou para mim e disse simplesmente: "Eu *sempre* soube disso." Essa experiência, quando chega, parece ser irresistível.

12. *Lidando com as emoções: alguns métodos ocidentais*

Há três formas distintas segundo as quais a mente humana pode se desenvolver. Uma consiste em acrescentar um novo modo àqueles já disponíveis, como quando o modo linear começa a aparecer, por volta do final do primeiro ano de vida. Chamemos esse fato de "ampliação do repertório". Outra forma consiste em atingir novos níveis de competência dentro de um modo estabelecido, como quando a pessoa aprende a cozinhar ou a aperfeiçoar sua compreensão do relacionamento entre a terra e o sol[1]. Chamaremos essa forma de "aprendizado dentro do modo". A terceira forma consiste em melhorar a capacidade de determinar que uso se fará do próprio repertório modal – combinar modos para um determinado objetivo, ou passar de um modo a outro à vontade. Esta última forma, que chamaremos de "controle do repertório", é a que recebeu a menor atenção explícita, pelo menos nas culturas ocidentais.

Há certos tipos de passagem voluntária de um modo para outro nos quais alguns de nós revelam perfeita competência. Por exemplo, aqueles que praticaram a disciplina intelectual em algum grau desenvolveram uma capacidade para voltar suas mentes para a atividade intelectual quando isso lhes parece desejável. No entanto, a questão geral de como controlar o repertório não costuma ser debatida.

Como uma consideração preliminar ao exame deste tópico, há algumas coisas a dizer sobre a passagem *involuntária* de um modo para outro. Para começar, alguns tipos de passagens momentâneas são comuns na vida diária – na realidade acontecem o tempo todo. Creio que isso é óbvio. Deixamos queimar a torrada porque começamos a nos interessar por alguma coisa que pretendemos fazer mais tarde, a nos preocupar com a possibilidade de termos causado "má impressão" a alguém, ou seja lá o que for.

Já foi afirmado, aqui, que os modos nos quais a maioria de nós vai parar involuntariamente, com a maior facilidade, são o modo linear e o modo do construto básico. Eles parecem nos atrair. Nós pairamos e resvalamos na direção deles. No entanto, também é preciso salientar que, em algumas ocasiões, é o modo pontual que de repente assume o comando com uma força irresistível.

Apenas eventualmente isso acontece de um jeito muito agradável. Lewis Thomas descreve um acontecimento dessa natureza durante uma visita ao zoológico de Tucson. Na ocasião, ele estava caminhando ao longo de um caminho aberto entre dois lagos providos de paredes de vidro, de tal modo que se podia ver bem de perto uma família de lontras e uma família de castores – ao alcance da pessoa se não fosse o vidro – enquanto eles nadavam debaixo d'água e subiam à superfície. Diz Thomas:

> Fiquei petrificado. Ao que eu agora me recorde, havia apenas uma sensação na minha cabeça: pura exultação combinada com o assombro diante de tanta perfeição. Empolgado, eu flutuava de um lado para o outro, girando meu

> cérebro, olhando perplexo para os castores, depois para as lontras... Lembro-me de pensar, com o que me restava de consciência, que eu não queria nada da ciência dos castores ou das lontras. Não queria nunca saber como eles realizavam aquelas maravilhas... Tudo o que eu pedia era a plena complexidade peluda, ali diante dos meus olhos, de castores e lontras inteiros e intactos em movimento.
>
> Lamento dizer que isso durou apenas alguns minutos, e logo eu estava de volta ao final do século XX, reducionista como sempre... tornei-me cientista do comportamento, psicólogo experimental, especialista em etologia, e naquele instante perdi todo o assombro e a sensação avassaladora. Fiquei deprimido[2].

Thomas viu-se naquele momento escapando não do modo linear, mas dos modos intelectuais que lhe eram habituais. Tenho certeza, porém, de que nos seus poucos segundos de exultante atividade no modo pontual, os interesses do modo linear também foram eliminados. Tudo o que ele queria – e que conseguiu por instantes – era um envolvimento pleno, alegre e não dividido com o que estava diretamente diante dele. E, quando voltou a contragosto aos modos intelectuais, os pensamentos que lhe encheram a mente por algum tempo não foram sobre os animais, mas sobre sua própria reação a eles. Ele concluiu que seu objetivo para com eles havia sido apenas o da amizade.

Segue-se um exemplo bastante semelhante, extraído da obra de Marion Milner:

> Um dia eu estava ociosa, olhando algumas gaivotas que voavam muito alto. Não estava interessada, pois as reconhecia como "nada mais do que gaivotas" e olhava vagamente, primeiro para uma, depois para outra. De repente, algo pareceu se abrir. Meu tédio lânguido com o

conhecido transformou-se numa alegria e numa paz profundas, e toda minha atenção foi captada pelo desenho e pelo ritmo do seu vôo, seu lento navegar que se havia tornado uma dança silenciosa[3].

Por acaso, esses dois exemplos referem-se à observação de animais, mas momentos de experiência imediata intensamente gratificantes podem, naturalmente, ocorrer em muitos contextos. No entanto, o predomínio do modo pontual é também produzido em nós, e de forma mais previsível, por momentos de crise aguda. Se um avião caiu, por exemplo, os passageiros têm interesse em sair de dentro dele. E por algum tempo nada mais tem importância. Um passageiro que dez minutos antes estava preocupado com o risco de um casamento destruído ou com a recente queda de algum investimento especulativo, deixará o modo linear abruptamente e concentrará toda sua atenção no aqui e no agora: a distância até a porta de emergência mais próxima, e como chegar lá.

Algumas pessoas são capazes de enorme altruísmo em momentos de crise. Elas podem ajudar outras pessoas a chegar à porta de emergência mais próxima, correndo o risco de nunca a alcançarem. Elas podem também ter relances de séria preocupação com aqueles que ficarão desassistidos no caso da sua morte. E há alguns relatos de nítidos *flashbacks* da história da sua vida. Mesmo assim, em momentos de enorme perigo ou necessidade, a maioria dos interesses do modo linear é imediatamente superada. A mente os abandona. O modo pontual assume o comando.

Para muitas pessoas no mundo, hoje em dia, é bastante incomum encarar uma crise imediata. Não estou me esquecendo dos milhões para os quais as circunstâncias externas representam perigo ou dor, de um instante a outro, com pouca trégua. No entanto, é muito freqüente que as atividades dos modos linear e do construto básico sejam as que geram o sofrimento humano. O que não é novidade. Buda compreendeu isso muito bem.

A conscientização quanto aos problemas que esses dois modos acarretam não deveria obscurecer o fato de que não poderíamos viver vidas humanas sem eles. Precisamos de ambos. E seria uma grosseira distorção abandonar a felicidade e o enriquecimento que eles nos proporcionam. Contudo, eles também provocam turbulência, conflito e sofrimento – e precisamos de meios para lidar com a dor. A natureza desse problema foi examinada em capítulos anteriores, mas pode ser uma boa idéia voltar a expô-la agora, como preparação para o restante da argumentação. Em resumo, portanto, somos feitos de tal forma que geramos muitos objetivos diversos; e podemos persegui-los com tenacidade e paixão intensas. No entanto, a natureza da existência no tempo-espaço é tal que é freqüente que um evento seja incompatível com outro, fazendo com que, muitas vezes, um objetivo só possa se realizar à custa do fracasso de outro. Assim, os confrontos e os conflitos são inevitáveis, tanto dentro de uma única mente quanto entre pessoas – ou grupos sociais – diferentes com metas diferentes. Além de tudo isso, dispomos de capacidades cognitivas que nos dão conhecimento de uma vasta gama de perigos. Estes incluem não só os perigos para o eu físico, mas também ameaças à imagem do eu que tanto nos é cara. A imagem do eu é um construto no qual, normalmente, pensamentos e emoções estão inextricavelmente emaranhados. Ela pertence ao modo do construto básico, assim como noções semelhantes da *nossa* família, *nosso* grupo social, *nossa* religião, *nossos* direitos – e os males que já nos foram feitos ou que nos podem ser feitos.

É óbvio que os modos linear e do construto básico com freqüência colaboram estreitamente entre si. Juntos, eles geram grande quantidade de conhecimentos incômodos, dos quais conseguimos nos proteger até certo ponto por meio do uso de dispositivos chamados de "mecanismos de defesa". Em geral esses mecanismos consistem em meios de nos iludirmos. Eles começam a funcionar enquanto ainda somos muito jovens (provavelmente durante o segundo ano de vida)[4], e enquanto não temos consciência do que estamos fazendo nem somos capazes de prever os problemas que nossas defesas primitivas podem provocar mais tarde.

O resultado de tudo isso é que grande parte do sofrimento humano deriva, não de alguma circunstância externa atual, mas da forma pela qual lidamos com o que já ocorreu e com o que pode ocorrer – ou, ainda, com aquilo que certamente irá ocorrer, como a morte.

A questão consiste, portanto, em saber o que nós, enquanto adultos, podemos fazer. Há alguma forma de escapar? Ou devemos simplesmente aceitar que esse sofrimento está além do nosso poder de controle? Isso equivale a perguntar se podemos aprender a superar as auto-ilusões das defesas da infância.

Observe-se que controlar as emoções pode representar muito mais do que livrar-se de emoções indesejáveis. Pode significar aprender a alcançar emoções de valoração positiva, como a serenidade e a paz. Esse é um sonho humano de enorme antiguidade. Conseqüentemente, há várias fontes de aconselhamento, antigas e modernas.

Eu deveria de imediato esclarecer que, no que se segue, não procurarei dar um panorama das opções de "terapias" atualmente à disposição. Não estarei falando de perturbações do tipo que chamamos de "doença mental", mas, sim, do sofrimento humano com o qual cada um de nós precisa de algum modo lidar. É claro que a linha que separa a doença mental dos problemas "normais" não é nítida. Ela compartilha da indefinição comum às fronteiras de categorias. Mesmo assim, pretendo me manter voltada para a normalidade.

O primeiro ponto a reconhecer é o de que aqueles de nós que vivem no século XX em culturas ocidentais herdaram idéias algo confusas e limitadas sobre a possibilidade de controle emocional. Por um lado, tem ampla aceitação a crença de que temos algum poder para controlar o que pensamos e como agimos, mas não como nos sentimos. Dizemos frases como, por exemplo: "Vou pensar melhor nisso" ou "Resolvi dar uma pensada nesse assunto", ao passo que não costumamos falar sobre a decisão de ter uma emoção.

Estou me referindo aqui a idéias populares, em grande parte não-questionadas, sobre aquilo que é considerado líquido e certo para a maioria das pessoas, a maior parte do tempo. Posições mais extremas foram adotadas por alguns intelectuais. A idéia de que temos algum poder real de escolha em questões de comportamento e experiência sofreu forte ataque nas décadas de 1870 e 1880, quando o darwinismo social produziu o que Hughes chama de "uma espécie de fatalismo científico". Levada ao seu extremo, essa atitude gerou afirmações como: "A virtude e o pecado são produtos, como o açúcar e o ácido sulfúrico", ou: "A natureza e a história são apenas o desenrolar da necessidade universal."[5] Sob algum aspecto, na época, ter essas opiniões dava uma impressão de esclarecimento.

Como vimos anteriormente, crenças semelhantes vieram a predominar naquela parte da psicologia chamada de behaviorismo; e, durante algum tempo, elas exerceram grande influência sobre a disciplina. No entanto, tenho certeza de que, *na prática*, poucas pessoas, se é que alguma, se deixaram guiar totalmente por essas idéias. A experiência imediata de resolver o que vamos fazer a seguir é forte demais. Por outro lado, parecemos não ter nenhuma convicção comparável no que diz respeito à emoção. "Não posso evitar meus sentimentos", dizemos, e geralmente ninguém nos contradiz.

Quando tecemos esse comentário, é freqüente que a referência seja às emoções do amor, do ódio ou da raiva. No entanto, é evidente que também insistimos uns com os outros no sentido de procurar obter certos tipos de controle em termos que insinuam alguma crença na possibilidade. Dizemos às pessoas que se alegrem ou que se acalmem.

Existe também um reconhecimento, que remonta a épocas muito anteriores a Freud e tem vigorosa expressão em certos ramos da literatura, de que se pode pelo menos negar expressão às emoções. Jane Austen, por exemplo, fala repetidamente do controle das emoções através do "esforço". Essa é, para a escritora, uma atividade extremamente consciente e deliberada, que ela evidentemente admira e valoriza. Em *Sense and Sensibility*, o contraste entre Marianne e Elinor é demonstrado em boa parte em termos da capacidade de "esforçar-se" quando a aflição passional poderia, de outro modo, fugir ao controle. Assim, quando Elinor diz a Marianne que já sabia do noivado secreto de Edward e Lucy há quatro meses, sem demonstrar a dor, o sucesso da dissimulação é atribuído a um "esforço consciente e doloroso" e é apresentado pela autora como um triunfo. Marianne, que não está nem um pouco acostumada a tentar realizar feitos dessa natureza, a princípio acha que Elinor não pode no fundo ter amado muito, mas Elinor lhe assegura que sofreu profundamente. Ela recebeu, porém, o apoio de "sentir que eu estava cumprindo meu dever". E o leitor descobre que, durante o período do esforço, Elinor *disse a si mesma* muitas coisas, entre as quais, "não é para ser, não é correto, não é possível" que a felicidade de uma pessoa dependa inteiramente de uma outra pessoa específica. O resultado final é que seu sofrimento é declarado não apenas oculto, mas genuinamente superado: "Já não sofro como antes."

Mais tarde, os acontecimentos sugerem que essa afirmação pode ser exagerada, mas fica claro o objetivo de um real controle, da mesma forma que a crença na sua possibilidade. O que Jane Austen nos está dizendo é que a emoção dolorosa pode ser controlada por meio dos esforços diretos da vontade. "*Terei* calma. *Terei* domínio sobre mim mesma", diz Elinor mais tarde, quando Edward chega inesperadamente. Nesses esforços, a força de Elinor parece derivar principalmente do funcionamento do modo do construto básico – de um sistema de crenças sobre o decoro e a obrigação social, e de um forte apego à imagem do eu moldada segundo essas crenças. Ela também recorre a pensamentos que vão além das noções de resignação social: ela diz a si mesma que "não é para ser", que "não é possível" e "não é correto". Ou seja, ela fala consigo mesma em termos destinados nitidamente a modificar a avaliação positiva – a suprema importância de Edward na sua vida – que é a fonte da sua dor. E, no entanto, revela-se que, mesmo que ela consiga amenizar seu sofrimento com esse método, seu amor por Edward não é de modo algum diminuído. Pois, ao descobrir que está livre de Lucy – livre por motivos honestos, é claro – ela cai num "estado de tal agitação que mal a deixa perceber onde se encontra". Portanto, o que Jane Austen descreve para os leitores fica muito longe de ser um controle emocional verdadeiro e efetivo. O amor sobrevive aos esforços; e, além disso, sob certas circunstâncias, é perfeitamente admissível uma alegria louca. Contudo, o decoro ainda exige que Elinor, mesmo nesse apogeu de felicidade, saia correndo pela porta antes de explodir em lágrimas.

Já Marianne representa o pleno fluir da sensibilidade romântica que havia sido descrito com admiração no "romance de sentimentos" do século XVIII por escritores como Lawrence Sterne e Henry Mackenzie. Esse gênero chegou a levar a uma desvalorização do controle emocional, que era considerado não tanto difícil quanto indesejável. Os heróis ou as heroínas costumavam ser afetuosos, impulsivos e dominados pelas emoções. Era característico que os vilões fossem "calculistas" e, bem no fundo, frios, não importa a impressão que conseguissem dar. Assim, aqueles que escondiam suas emoções eram, em geral, pessoas em quem não se podia confiar. Não eram apresentados como modelos dignos de serem imitados, e essa parte da nossa tradição ainda é forte, apesar de reações posteriores contra ela.

Existe, porém, uma outra parte da nossa herança cultural que, paradoxalmente, não combina com a imagem romântica, apesar do fato de se costumar vê-la como o ápice do "romance". O rito ortodoxo do casamento inclui uma promessa de amar até a morte. No entanto, se essa promessa não for acompanhada de uma crença de que a emoção pode ser controlada, ela não vale nada. Era melhor que não fosse feita uma promessa que *não pode* ser cumprida. Na prática, é claro, ela costuma ser não tanto uma promessa, mas uma expressão de fé em que os sentimentos atuais perdurem.

Se nos voltarmos da questão do amor por um indivíduo para o exame de atitudes mais gerais com os outros, descobriremos que a religião cristã nos dá o "novo mandamento" de que "nos amemos uns aos outros". Além disso, a tradição nos ensina a pedir que nossas ofensas sejam perdoadas "como perdoamos a quem nos tem ofendido". O verdadeiro perdão significa, no entanto, deixar de *sentir* ressentimento ou qualquer desejo de vingança. Portanto, mais uma vez, há um conflito entre um aspecto poderoso da nossa herança cultural – ainda poderoso apesar do crescente desinteresse pela Igreja – e a crença vigente de que as emoções estão fora do nosso controle. É claro que se faz necessária uma conciliação.

Esta é por vezes ensaiada ao se considerar que as injunções tradicionais se referem à ação, não ao sentimento (embora muitos cristãos não considerem legítima essa atitude). De acordo com essa perspectiva, na realidade não estamos sendo solicitados a amar: apenas a agir *como se* amássemos. E não estão nos dizendo que não sintamos nenhum rancor: apenas que atuemos como se não sentíssemos. Nesse caso, porém, ainda estaremos com problemas, pois "agir como se" é o que os vilões calculistas fazem, não é? Além disso, há a dúvida racional quanto à possibilidade de se sustentar uma atuação por muito tempo.

Contra esses argumentos, outros podem ser apresentados. Para começar, o motivo importa. Vilões calculistas "agem como se" a fim de enganar. No entanto, uma pessoa poderia tentar mudar sua conduta na esperança de, agindo assim, operar uma mudança mais profunda em si mesma. Será isso ingênuo?

Thomas Nagel afirma, com acerto a meu ver, que "se nos exigem que façamos certas coisas, estão nos exigindo que sejamos o tipo de pessoa que se dispõe a fazer essas coisas"[6]. No entanto, como iremos nos tornar pessoas de tipos diferentes, diferentes não só no nosso comportamento, mas na estrutura profunda do nosso ser? Será absurdo imaginar que o fato de agir como se já fôssemos como queremos ser poderia propiciar a mudança desejada? Enquanto foi prisioneiro em Dachau e Buchenwald, Bruno Bettelheim chegou à conclusão de que essa idéia não é nem um pouco absurda. Diz ele: "A princípio, de um modo impreciso, mas cada vez com maior clareza, cheguei também a ver que a forma de agir de um homem logo pode alterar o que ele é. Aqueles que agüentaram bem nos campos tornaram-se homens melhores; aqueles que agiram mal logo se tornaram homens maus..."[7]

Uma "pessoa melhor" tem de ser alguém cujas emoções sejam, em certo sentido, melhores. Pois as emoções são nossos sentimentos de valor – nossas reações diretas ao reconhecimento da importância. E a qualidade moral pessoal não pode estar separada da questão do que se considera importante. Isso está sem dúvida envolvido, mesmo que não seja tudo o que está envolvido.

Até agora, portanto, surgiram duas sugestões sobre como poderíamos mudar para podermos ser como queremos ser no que diz respeito à emoção. (É uma suposição pretensiosa a de que é fácil saber como "realmente" queremos ser, mas vamos prosseguir, por enquanto, sem questionar esse aspecto.) As duas sugestões dependem da crença de que a emoção pode se inserir no campo de ação daquilo que normalmente é representado pela vontade. A protagonista de Jane Austen tenta simplesmente "exercer" a força de vontade direta, e o processo se revela bastante parecido com o que Marion Milner chama de "apertos e grunhidos internos"[8]; ou, pelo menos, isso combina com a descrição de Austen do comportamento como "doloroso". Por outro lado, a observação de Bettelheim do comportamento sob condições de coação extrema fornece um vislumbre de um percurso mais indireto através do controle da ação.

O movimento da "musculatura voluntária" é aquele de cuja capacidade de controle mais facilmente nos damos conta. Portanto, se isso nos proporcionasse um bom método para mudar nossas emoções para melhor, seria interessante, pois teríamos um ponto de partida de competência estabelecida. Podemos bem começar, então, examinando o que as pessoas já são capazes de fazer, com pouco esforço ou sem nenhum.

Como adquirimos controle sobre nossos movimentos, nenhum de nós consegue recordar; nem temos nenhum conhecimento direto de como fazemos isso agora. Os especialistas em fisiologia podem nos dizer algumas coisas sobre o que acontece, mas nós não vivenciamos esses eventos corporais internos. Se resolvemos mexer com os dedos dos pés ou erguer um braço, em geral isso simplesmente acontece. Não há nada de consciente entre a intenção e sua realização. Por outro lado, alguns de nós conseguem se lembrar de uma ampliação do controle básico de novos grupos musculares. Não me refiro à ampliação no sentido de técnicas complexas, como andar de bicicleta ou tocar piano, mas apenas a capacidades como a de mexer com as orelhas em vez de com os dedos dos pés. A maioria das pessoas não consegue fazer isso; algumas aprenderam.

Eu não consigo mexer com as orelhas, mas tenho uma lembrança pessoal de quando aprendi a erguer uma sobrancelha de cada vez. Quando eu estava talvez com uns oito anos, vi alguém fazer isso e resolvi que ia aprender também. Se pedi algum conselho a alguém, agora não tenho certeza, mas creio que não. O que me lembro é de passar períodos diante do espelho só tentando.

A questão interessante é saber no que consistiam essas "tentativas". Considero impossível responder. Eu só tentava. Tudo o que eu tinha era um objetivo nítido e um importante fragmento de entendimento, o de que um espelho me ajudaria a conhecer os resultados – ou a me dar *feedback*, como diríamos atualmente. Como eu cheguei a saber que o *feedback* é importante não está claro para mim. Talvez devamos chamar essa atitude de *insight* intuitivo. Seja como for, o espelho parecia importante para o sucesso da empreitada – e ela realmente teve sucesso. Tornei-me capaz de mover minhas sobrancelhas separadamente e com rápidos movimentos ritmados. Foi muito gratificante. Sem o espelho, eu ainda teria tido um *feedback*, de natureza muscular; mas é provável que o acréscimo do *feedback* visual tenha me dado a comprovação dos primeiros sinais de sucesso, dos primeiros ínfimos movimentos independentes. No mínimo, ele teria confirmado os dados musculares.

O que eu havia descoberto, de fato, era o princípio subjacente às técnicas atualmente conhecidas como *biofeedback*. Só que eu não percebia todo o alcance da minha descoberta. Não generalizei meu conhecimento. A generalização teria de esperar até que Neal Miller aplicasse sua mente ao assunto na década de 1960.

A idéia do *biofeedback* é que grande parte da atividade corporal que costuma ficar fora do alcance do nosso controle normal pode ser regulada à vontade, se obtivermos informações sobre cada mudança ínfima que ocorra durante nossos esforços no sentido de aprender. Além disso, descobriu-se que a possibilidade de regulagem se aplica não só a níveis raros de controle de grupos de músculos voluntários, como no caso das sobrancelhas ou das orelhas, mas à regulagem de funções corporais geralmente fora do campo de ação da nossa vontade. É assim que as pessoas podem aprender a reduzir a pressão arterial, a alterar os batimentos cardíacos e assim por diante, se ao menos for possível dar-lhes informações precisas sobre mudanças pequeníssimas. Para esse fim, são usados instrumentos de aferição, fazendo-se com que eles emitam sinais claros. Por exemplo, uma nota musical pode soar para indicar que os batimentos cardíacos sofreram uma levíssima desaceleração. O aprendiz vivencia então a tarefa como a que produz o som, e cada sucesso é conhecido instantaneamente. Sob essas circunstâncias, o aprendizado costuma ser rápido e eficiente.

Ora, os tipos de funções fisiológicas que podem ser controlados dessa forma estão intimamente relacionados ao que experimentamos como emoção. Se estamos com raiva ou com medo, o coração bate mais rápido, e as batidas rápidas e fortes são um componente daquilo que estamos sentindo. Trata-se, porém, apenas de um componente, já que o coração também bate mais rápido quando sentimos uma alegria intensa.

Apesar desse fato evidente, houve quem alegasse que as sensações corporais *são* a emoção, caso se considere o padrão como um todo. William James e Carl Lange costumam ser vistos como os defensores originais dessa opinião. James, por exemplo, alegava que nos sentimos tristes porque choramos, em vez de chorarmos porque estamos tristes. Mas é claro que isso ainda nos deixa com uma pergunta: por que choramos?

James tinha consciência disso, e não ignorou o papel da percepção de algum "evento detonador" na produção de lágrimas. O que ele realmente queria salientar era que "sem os estados corporais que acompanham a percepção, esta última seria meramente cognitiva em forma, pálida, incolor, desprovida de calor emocional"[9].

Ele estava totalmente certo quanto a esse ponto: a emoção é do corpo. As emoções são *sentimentos* de valor; e existem também julgamentos de valor que, em si, são relativamente frios e pálidos. No entanto, James não deu ênfase suficiente ao componente avaliador ou interpretativo da experiência emocional; e grande parte da pesquisa subseqüente revelou que era isso mesmo.

Voltemos agora, porém, ao tópico do controle. Se podemos aprender com as técnicas do *biofeedback*, ou por algum outro meio, a moderar à vontade certas sensações corporais como os batimentos cardíacos, quanto controle *emocional* ganhamos com isso? Se o coração pára de bater disparado ou de palpitar e se torna lento e regular, e daí? Ainda nos sentiremos furiosos, com medo, animados ou exultantes, conforme seja o caso?

A resposta é que a desaceleração dos batimentos cardíacos afetará a experiência emocional. Algo da sua intensidade ou da sua urgência irá abandoná-la. No entanto, se nada mudar além disso, ainda nos restará a avaliação positiva ou negativa da importância, e esta continuará a ser "colorida" por algum sentimento: um sentimento de irritação, talvez, ou de um prazer mais calmo.

A conclusão deve ser a de que qualquer um que aprenda a reduzir o ritmo cardíaco à vontade, ou a regular de modo semelhante quaisquer outros sinais fisiológicos de excitação, realmente conseguiu obter certo grau de controle emocional deliberado. Portanto, esse é um recurso que em princípio está ao alcance de qualquer um. No entanto, pelo menos numa primeira reflexão, ele parece muito limitado na sua atuação. Ele pode "amenizar" certas experiências altamente desagradáveis; mas poderá fazer mais do que isso? Ele poderá contribuir de alguma forma para o estabelecimento de vivências positivamente desejáveis?

Trata-se de uma questão importante que voltará a ser levantada mais adiante. Enquanto isso, existe uma outra competência relevante sobre a qual todos nós acreditamos já ter um certo grau de controle voluntário. Trata-se da fala. Podemos, com uma liberdade considerável, decidir o que vamos dizer e dizê-lo. É claro que isso exige o uso dos músculos voluntários. A fala também se insere no caso do "agir como se", já mencionado anteriormente. Pois o que dizemos evidentemente faz parte de como agimos.

O controle sobre a fala manifesta não é de modo algum perfeito, mesmo que o isolemos de problemas como, por exemplo, a gagueira ou os vários tipos de afasia. Mesmo assim, durante a maior parte do tempo a maioria de nós escolhe as palavras muito bem. E, talvez com maior importância para o tópico presente, podemos regular nosso discurso interior. Temos algum controle sobre o que dizemos a nós mesmos "entre dentes", ou em silêncio total.

Costumamos usar o discurso interior – ou eventualmente a fala exterior – para nos dar certos tipos de ordem ou instrução. Recordemos como Elinor diz (intimamente, é claro): "*Terei* calma. *Terei* domínio sobre mim mesma." Elinor é um modelo de uma luta sofisticada por um tipo de autocontrole; mas eu também me lembro de um outro extremo, numa ocasião em que uma menina de quatro anos de idade, chamada Anna, estava sentada ao meu lado numa cadeira alta demais para ela, que deixava seus pezinhos soltos no ar. Anna não parava de se contorcer, e seus pés não paravam de bater um no outro. "Pés, parem de brigar!", disse ela, de repente, olhando para baixo com uma expressão séria. A "briga" era de fato, creio eu, uma expressão corporal de algum desconforto emocional que Anna estava sentindo naquela hora. Talvez tenha sido por esse motivo que ela recorreu às palavras para apoiar o tipo de decisão instantânea que geralmente controla os músculos de movimentação do esqueleto. As palavras, porém, não foram muito eficazes. Os pés pararam, obedientes por um instante, e depois voltaram a colidir um com o outro, como antes.

A verdade é que comandos verbais diretos costumam ser bastante limitados quanto ao que conseguem quando se trata de questões emocionais, quer a ordem provenha de alguém, quer seja dada pela própria pessoa. Nós dizemos a nós mesmos que devemos nos animar, e a tristeza continua ou volta logo. Nós dizemos a nós mesmos que não devemos ter medo, e o medo não desaparece. Se, como Anna, dermos ordens aos nossos *corpos*, podemos nos sair bem melhor. A recomendação "Sorria!" geralmente pode ser obedecida; e há algumas evidências indicadoras de que, se conseguirmos adotar uma expressão feliz e mantê-la, podemos vir a nos sentir mais felizes. Portanto, surge mais uma vez a hipótese de Bettelheim quanto aos efeitos de "agir como se".

Apesar disso, é freqüente que não consigamos alterar nossas emoções por ordem direta. E aqui reside um enigma. Por que deveria ser assim, quando temos tanto sucesso, sob certos aspectos, na manipulação da nossa própria percepção, ao nos convencermos, ao escolher o que queremos saber e vivenciar? Por que às vezes parecemos reagir tão sem reservas à voz interior, e outras vezes mal parecemos reagir?

A resposta a essa pergunta tem de ser complexa. Muitas circunstâncias irão afetar o resultado. No entanto, há uma distinção que se revela crucial: a distinção entre dizer a nós mesmos qual é a situação e dizer a nós mesmos o que *fazer* – ou *não fazer* – no caso em que essa ação exige mudança em algum estado emocional. É este último tipo de discurso que, com freqüência, parece não produzir absolutamente nenhum efeito, ou mesmo produzir um efeito contrário ao que se pretendia.

Uma vez traçada essa distinção, não é difícil encontrar a razão. A esfera na qual uma ordem verbal é mais geralmente eficaz é a da musculatura voluntária. É verdade que não precisamos de palavras para controlar nossos próprios músculos, e também que às vezes, como no caso dos pés de Anna, ordens verbais dirigidas ao próprio eu, mesmo nessa esfera, não são perfeitamente eficazes. No entanto, usamos regularmente ordens verbais em nossas tentativas de controlar a musculatura de outras pessoas, e eu creio não haver dúvida de que, quando dizemos a *nós mesmos* para fazer algo, o sistema que costuma entrar em jogo é o do controle da musculatura voluntária. Esse sistema revela-se, porém, inadequado para lidar com nossas emoções. Nós determinamos o efeito, e nada acontece. Na realidade, quanto mais nos esforçamos *dessa maneira* para tentar ignorar um sentimento indesejado, é provável que nos tornemos mais conscientes dele. A experiência é desconcertante.

Consideremos, por outro lado, o efeito de dizer a nós mesmos qual é a situação; por exemplo, de dizer que nos sentimos calmos e confiantes, embora essa não seja a verdade. É claro que nem sempre uma afirmação dessas conduz a um aumento da calma e da confiança. Por vezes, uma outra voz interior retruca imediatamente que não nos sentimos assim. Além disso, circunstâncias externas, como a presença de um tigre a dez metros de distância, podem ser mais importantes do que quaisquer esforços no sentido de autopersuasão. Contudo, parece ser uma verdade universal o fato de nos dispormos a acreditar em nós mesmos quando fazemos afirmações quanto à situação das coisas. Embora essa disposição possa ser superada, ela é poderosa; e, em certas circunstâncias, pode ser extremamente forte.

Nossa tendência a esse tipo de crença é posta em uso em muitas técnicas para a obtenção de relaxamento. É bem conhecido o fato de que a repetição da frase "Minha perna direita está pesada e morna" costuma induzir na perna direita as sensações descritas. Em circunstâncias favoráveis, a perna *fica* pesada e morna. Os músculos relaxam, o sangue circula mais livremente. O corpo começa a se adequar à descrição feita.

Ao procurar entender isso, é instrutivo considerar que, quando as crianças começam a usar a linguagem, elas primeiro se deparam com essas descrições como relatos de sentimentos reais. Ou seja, os sentimentos vêm primeiro. Depois a linguagem, uma vez aprendida, é usada para falar sobre eles. Inicialmente, os sentimentos fazem surgir descrições. O que é notável é que, mais tarde, surge a possibilidade do movimento no sentido oposto: as descrições passam a ter a capacidade de fazer brotar os sentimentos. Se fizermos uso dessa possibilidade, além de dizer a nós mesmos o que sentimos, podemos, até certo ponto pelo menos, sentir o que dizemos a nós mesmos.

É esse o princípio em que se baseia toda uma série de técnicas conhecidas como "treinamento autógeno", "auto-hipnose" ou, simplesmente, "relaxamento". Essas técnicas costumam fazer uso de imagens, exatamente como os hipnotizadores. São então usadas palavras para evocar as imagens. Assim, em vez de dizer "Minha perna está pesada", pode-se dizer "Minha perna é feita de chumbo". E esses métodos para chegar a um corpo calmo e relaxado vão se aproximando gradativamente do que é às vezes conhecido como "visualização criativa", na qual uma parte muito maior da ênfase é aplicada à produção voluntária de imagens. Elas ainda podem ser imagens relacionadas ao corpo, como quando pessoas com câncer são estimuladas a pensar nos seus sistemas imunológicos como exércitos de criaturas ferozes – tubarões, talvez, a nadar no sangue – capazes de devorar o tumor. Alega-se que quanto mais nítida e vigorosa a imagem, maior a chance de uma luta vitoriosa contra a doença. Aqui, mais uma vez, o princípio invocado é o de que o corpo de algum modo se adapta à descrição que fazemos dele, seja essa descrição composta de palavras, seja de "imagens na mente".

Às vezes, porém, a visualização criativa não está voltada para a imaginação direta de um estado corporal. Pode acontecer, em vez disso, que se elabore uma imagem que produza o tipo desejado de associação. Lado a lado com imagens de lembranças, todos temos imagens que podemos criar ou inventar, mas a distinção não é tão precisa quanto poderia parecer. Nossas imagens de lembranças não são em geral como fotografias; elas são construídas. Por outro lado, as imagens inventadas sempre têm alguma base no que se vivenciou, por mais surpreendentes que sejam em sua inovação. Mesmo quando criamos por meio da negação do que sabemos ou pondo-o de cabeça para baixo, não estamos criando a partir do novo. Assim, as imagens estão vigorosamente vinculadas aos tipos de circunstâncias nas quais elas tiveram origem[10]. Segue-se que a imagem tem algum poder de portar o contexto vivenciado típico: se imaginarmos um lago imóvel ao amanhecer, uma leve névoa sobre a água, o céu iluminando-se ao leste e sons do canto de pássaros, é provável que isso induza um estado emocional calmo e agradável (a menos que tenhamos alguma recordação pessoal vinculada a uma emoção de outra natureza). O ato de evocar uma imagem adequada e de se deter sobre ela é, portanto, uma técnica de controle emocional. Da mesma forma, se imagens poderosas surgem sem que sejam chamadas, perde-se o controle emocional. As imagens dos nossos sonhos geralmente fogem ao nosso controle consciente, embora, num certo sentido, nós as produzamos; e elas podem gerar fortes experiências emocionais, chegando a extremos de pavor. Além disso, imagens de lembranças podem brotar em nós, detonadas talvez por um acontecimento casual.

Estes dois últimos tópicos – controle do que dizemos a nós mesmos e controle das imagens – estão relacionados à questão do controle do pensamento, pois tanto as palavras quanto as imagens são usadas no ato de pensar[11]. Anteriormente, neste capítulo, ao falar de opiniões populares, eu disse que as pessoas na nossa cultura parecem acreditar que os pensamentos são controláveis – ou, pelo menos, mais controláveis do que as emoções.

Temos de reconhecer que o controle do pensamento em si está longe de ser perfeito[12]. No entanto, ele pode ser considerável. E a questão agora é saber se nossos pensamentos são promissores como um meio para controlar nossas emoções. Serão eles um importante recurso ao nosso alcance para essa finalidade, se soubermos usá-los bem? Há uma história infantil – uma espécie de conto de fadas moderno – sobre um monstro chamado Coisa Horrorosa, que tinha o poder mágico de escravizar quem quer que conseguisse deixar muito furioso. Conseqüentemente, ele logo tinha todos os criados de que precisava, só lhe faltando uma boa lavadeira. Um dia, ele percebeu um chalé com o jardim cheio de roupas de um branco alvíssimo, e imaginou que a velha que morava ali lhe serviria bem. Por isso, cortou seu varal e esperou que ela se enfurecesse. No entanto, quando a velhinha viu o que havia acontecido, ela só disse baixinho que era uma felicidade seu varal ter arrebentado justo naquele dia, pois sua chaminé havia soltado fumaça e, sem dúvida, devia haver fuligem nas roupas, o que significava que ela teria de lavá-las de novo de qualquer jeito. Ela voltou então para a lavanderia "cantarolando no caminho". Depois disso, a Coisa Horrorosa tentou medidas cada vez mais extremas, que culminaram com o incêndio do chalé. Cada vez, porém, a mulher descobria uma forma de encarar a desgraça como algo positivo. "Que sorte a minha", dizia ela, repetidamente. Era seu modo habitual de pensar – e de conversar consigo mesma – que a mantinha constantemente serena[13].

Esse é o tipo de resultado almejado pelas técnicas da terapia cognitiva, embora os objetivos geralmente sejam mais modestos do que a alegria diante da catástrofe, por pior que seja. A terapia cognitiva e suas variantes, como por exemplo a terapia racional-emotiva, são esforços no sentido de ajudar as pessoas a pensar de modo diferente sobre as situações nas quais se encontram e, dessa maneira, a ter sentimentos diferentes a propósito delas. Ao longo da transformação do seu jeito de pensar, as pessoas são estimuladas a falar consigo mesmas em estilos diferentes, construtivos, mais positivos[14].

É importante observar como isso difere do tipo de "dizer a si mesmo que...", examinado anteriormente. A distinção depende do fato de que as emoções geralmente têm dois componentes: um componente avaliador e um de sentimento (embora eles não sejam normalmente vivenciados em seqüência, mas como um "sentimento de valor"). Se dissermos a nós mesmos que nossos músculos estão relaxando, que nosso coração está batendo com regularidade e tranqüilidade, que respiramos em paz – se a tentativa der certo – estaremos simulando uma emoção por meio da influência sobre sensações corporais. Se dissermos a nós mesmos que tivemos sorte com relação a algum acontecimento – ou se procurarmos de outros modos ter mais opiniões otimistas e menos sombrias – estaremos afetando a emoção através do processo da avaliação. Estaremos olhando o que importa a partir de uma perspectiva diferente.

Um método ou outro pode ser tentado por qualquer um. E eles não são de forma alguma mutuamente exclusivos.

Os métodos para tentar regular nossas emoções que foram considerados até agora variam quanto a uma qualidade que venho chamando de "atitude direta". Sob essa perspectiva, alega-se ser mais direto simplesmente *desejar com determinação* a mudança do que tentar realizá-la pelo aprendizado de técnicas de *biofeedback*, por imaginar deliberadamente, falar consigo mesmo ou agir como se você sentisse o que não sente na esperança de chegar a ter sentimentos diferentes. No entanto, todos esses métodos ainda compartilham de uma certa atitude direta, pelo menos na medida em que eles identificam algo de errado agora ("Não gosto de como estou me sentindo, ou não me agrada essa sensação.") e tentam resolver o problema sem se preocupar muito com os motivos pelos quais ele surgiu originariamente. Não estou querendo dizer que esses métodos ignoram as causas; mas eles têm a tendência a lidar com causas imediatas – tensão nos músculos, talvez, ou maus hábitos respiratórios, ou ainda as costumeiras idéias pessimistas. É típico que não haja nenhum esforço, ou não muito esforço, no sentido de lançar o olhar para o passado e perguntar quando e por que o problema começou. E, seguramente, não há nenhuma pressuposição de que ele tenha começado na primeira infância. Em comparação, a psicanálise, essa importante tentativa do século XX no sentido de resgatar o modo linear, foi chamada de "arqueológica" por envolver uma "escavação". Essa escavação, que costuma ser prolongada, tem o objetivo de recuperar o que pode ser sensatamente considerado "artefatos" antiqüíssimos, já que foram elaborados pela criança ao longo dos seus primeiros contatos com o mundo e depois foram enterrados, ou seja, ficaram perdidos para a consciência. É típico que esses artefatos sejam considerados produtos dos mecanismos de defesa. Eles representam o que a criança fez quando foi forçada a encarar o fato de que a realidade não proporciona tudo que é desejado.

Freud desenvolveu uma teoria evolutiva detalhada sobre a natureza dos primeiros desejos da criança e dos conflitos que surgem. Essa teoria é crucial para uma compreensão das suas próprias práticas terapêuticas e das práticas daqueles que, seguindo-se a ele, se intitularam "freudianos". No entanto, há características gerais do procedimento psicanalítico que não dependem de Freud estar certo ou não, por exemplo, quanto à natureza instintiva de agressividade sexual dos problemas da criança, ou quanto ao mérito de se dividir o "aparelho psíquico" em id, ego e superego. Crucial entre as características gerais é a crença de que a recuperação de um artefato representa um triunfo: o que estava oculto veio à luz. Assim, ele agora pode ser examinado e resolvido pela mente madura.

Esse parece ser um argumento sensato se for aceita a idéia básica dos mecanismos de defesa; e ele comprovou despertar amplo interesse. Grandes esperanças tiveram-no por base. Tempo e esforços imensos foram aplicados a ele, pois as escavações costumam ser prolongadas. Mas será que elas realmente valeram a pena? Mais para o fim da vida, o próprio Freud expressou dúvidas quanto a isso. Cito um trecho de *Analysis Terminable and Interminable*, uma reflexão tardia particularmente interessante sobre sua obra:

> ... é sempre uma questão do fator quantitativo, que é ignorado com tanta facilidade. Se essa for a resposta correta para nossa pergunta, podemos dizer que a análise, ao alegar curar a neurose por meio da garantia do controle sobre o instinto, está sempre certa na teoria, mas nem sempre na prática. E isso ocorre porque ela nem sempre consegue proteger, num grau suficiente, os alicerces nos quais se baseia um controle do instinto. Descobre-se facilmente o motivo desse fracasso parcial... Se a força do instinto for excessiva, o ego maduro, apoiado pela análise, falha na sua missão, exatamente como o ego indefeso falhou anteriormente ... Não há nisso nada de surpreendente, já que o poder do instrumento com o qual a análise opera não é ilimitado, mas restrito; e o resultado final sempre depende da força relativa dos agentes psíquicos que lutam entre si[15].

Freud, portanto, admite claramente os limites dos seus métodos. A vida, segundo sua perspectiva, é uma batalha infinita contra impulsos instintivos, e nunca podemos ter certeza de que eles não se revelarão fortes demais. Assim, a volta à consciência daquilo que estivera oculto não é nenhuma garantia de sucesso.

Já foram mencionados os comentários de Bettelheim sobre o comportamento sob condições extremas em Dachau e Buchenwald[16]. Tendo crescido em Viena, entre as duas guerras, ele ficara muito impressionado com o que a psicanálise parecia oferecer. Ele próprio havia passado anos sendo analisado. Ficou, então, chocado com a descoberta de que, nos campos de extermínio, a psicanálise acabava por não funcionar da forma esperada. Concluiu que ela não era "absolutamente o meio mais eficaz para *mudar* a personalidade", acrescentando que, embora a psicanálise "dissesse muito sobre o 'oculto' no homem, ela dizia muito menos sobre o 'verdadeiro' homem".

Bettelheim registra, porém, e o faz com gratidão, que a psicanálise como método de observação, e não como um corpo teórico ou uma terapia, ajudou-o a compreender o que poderia estar ocorrendo no inconsciente de prisioneiros e guardas – "uma compreensão que vez por outra pode ter salvado minha vida, e, em outras ocasiões, me permitiu ser útil a alguns dos meus companheiros de prisão, nos casos em que ela fez diferença". Ele concluiu que o problema da psicanálise reside na sua concentração voltada para o que deu errado. Em especial, ela tem pouco a dizer sobre "o que contribui para a 'virtude' ou para a 'excelência'" numa vida. Isso eu creio ser verdadeiro. E o problema é inerente. Ele consiste no fato de o processo da análise – a "escavação arqueológica" – estimular, até mesmo exigir, uma concentração tão acentuada nos modos linear e do construto básico.

Relembremos os três tipos de desenvolvimento: a expansão do repertório, o aprendizado dentro de um modo, e o controle do repertório – ou seja, o desenvolvimento da capacidade de movimentação flexível e à vontade entre os modos. A análise prolongada dos eventos do nosso próprio passado e da sua importância não conduz em si ao cultivo de outros modos, nem mesmo ao aumento daquela capacidade importantíssima e muito negligenciada de se decidir, a qualquer dado momento, em que modo se quer estar.

Isso não pretende negar o valor de reflexão sobre como se chegou a ser como se é e de procurar se livrar de antigas auto-ilusões. O difícil conhecimento explícito que isso acarreta – o tipo de honestidade firmada com o eu que pode daí resultar, se o esforço der certo – não é uma realização que se desdenhe. Ela pode, na realidade, ser um pré-requisito para certos tipos de progresso maior. Existem, porém, perigos. A "análise interminável" pode representar uma fixação ilimitada no próprio passado, de um tipo que estreita a visão e não é moralmente desejável. Além disso, como Freud terminou por admitir, e como Bettelheim foi forçado a ver, a análise não garante que, mesmo para o eu, tudo vá correr bem dali em diante.

Julian de Norwich, que tinha uma crença tão firme de que tudo acabaria bem, recomendava que, quando sentíssemos dor, não deveríamos "acompanhá-la com tristeza e lamentos por ela" mas deveríamos, sim, "de repente superá-la"[17]. Ou seja, deveríamos nos esforçar ao máximo para deitá-la por terra e seguir em frente.

13. Lidando com as emoções: alguns métodos budistas

O último capítulo tratou de alguns métodos com os quais podemos ser capazes de reduzir o sofrimento que com tanta freqüência deriva do funcionamento dos modos linear e do construto básico, seja de um deles, seja, o que é mais comum, da atuação conjunta dos dois. Em sua maioria, as possibilidades até agora examinadas foram tentativas no sentido de chegar a aperfeiçoamentos *dentro* desses modos, para lhes proporcionar, de alguma forma, uma condição melhor ou uma maior maturidade. É assim, por exemplo, que a análise freudiana almeja resgatar ambos os modos por uma espécie de reconstrução, seguindo-se a um *insight* do que deu errado originalmente. E a terapia cognitiva pretende uma reconstrução sem se preocupar muito com a história evolutiva. Resta, porém, um outro tipo de possibilidade: em vez de tentar resgatar um modo conturbado, podemos tentar abandoná-lo, pelo menos por algum tempo. Podemos nos concentrar em sair dele. A amplitude e a eficácia das opções para agir assim dependerão de quais outros modos nos sejam disponíveis, bem como do estado da nossa condição de controle do repertório – ou mudança entre modos –

que, como a maioria das capacidades humanas, pode se desenvolver ou pode ficar relativamente imatura.

Todos nós dispomos de pelo menos alguma variedade do modo pontual para a qual podemos fugir. Por isso, não é nenhuma surpresa que, quando as crianças começam a achar possível tomar algum tipo de atitude contra uma emoção aflitiva, a solução que propõem consista em *fazer* alguma coisa prática: apanhar um brinquedo preferido, sair para brincar. Na medida em que elas então consigam *manter seu pensamento* no brinquedo ou na brincadeira, estarão funcionando no modo pontual[1]. Paul Harris, relatando pesquisas sobre esse tema, declara que crianças de seis anos (o grupo mais novo pesquisado) eram totalmente pessimistas quanto à possibilidade de conseguir atingir um estado emocional melhor. No entanto, aquelas que achavam que conseguiriam fazer isso geralmente falavam de procurar alguma nova atividade à qual se dedicar. Crianças mais velhas também costumavam sugerir "mudar a situação", nas palavras de Harris; o mais comum, porém, era que conseguissem explicar como isso poderia ajudar – a atitude permitiria que elas se esquecessem do que as estava perturbando.

O que isso significa é que as crianças estavam descrevendo uma mudança do modo linear para o modo pontual. E algumas das de seis anos já dispunham da mesma estratégia, embora não conseguissem explicar seu valor.

Na nossa cultura, pelo menos, o recurso a atividades do modo pontual continua sendo, em qualquer idade, o meio mais comum de fuga. A terapia ocupacional é um exemplo organizado desse fato. "Arranje alguma coisa com que ocupar sua cabeça" é um conselho dado com freqüência, e geralmente significa que a pessoa deve procurar fazer alguma atividade física, plantar repolhos ou jogar golfe. O conselho de Kipling, dado a "guris e adultos também" era

... não ficar sentado imóvel,
Nem mofar com um livro junto à lareira;
Mas pegar uma boa enxada e uma pá,
E cavar até que comece a transpirar...[2]

No entanto, para algumas pessoas, os modos intelectuais também fornecem uma saída. Whitehead chamou a matemática de "refúgio da instigante urgência dos acontecimentos fortuitos"[3]. Uma série de garotos que participaram de uma pesquisa realizada por Harris e Guz em colégios internos ingleses sugeriu que "enfiar a cara nos livros" ou "só pensar nos estudos" podia ajudá-los a lidar com a profunda tristeza e a saudade de casa que muitos sentiam. Um deles declarou: "Quando eu sentia um pouco de falta de casa, começava a fazer problemas de matemática."[4] Não obstante, essas crianças também admitiram espontaneamente que a estratégia de se deixar absorver por alguma outra coisa – fosse por jogos ou pelo estudo – não era uma estratégia que eles dominassem completamente. Às vezes, disseram os meninos, era impossível se concentrar em decorrência da tristeza. E o pior de tudo era que, quando chegava a noite e eles ficavam necessariamente em silêncio e imóveis, a aflição voltava com toda certeza.

Harris tece comentários sobre como esses colégios internos preenchem o horário diurno com atividades organizadas e muito públicas. Não há nenhum incentivo à solidão e ao silêncio. E, por isso mesmo, não se oferece instrução alguma sobre como usá-los bem.

"Não ficar sentado imóvel", diz Kipling, um produto desse sistema. No entanto, existe toda uma tradição humana diferente segundo a qual *ficar sentado imóvel* é considerado uma característica essencial do esforço por controlar o sofrimento e, portanto, um método através do qual muitas horas da vida podem ser passadas de forma adequada e benéfica.

Antes de passarmos a considerar essa idéia alternativa, quero levantar mais uma questão. Se vamos dedicar algum esforço ao desenvolvimento deliberado, por quaisquer meios, da capacidade de mudar livremente de um modo para o outro, o objetivo é meramente o de reduzir nossa própria aflição e aumentar nossa própria felicidade? Ou haverá outras razões pelas quais se poderia considerar que uma iniciativa dessas valha a pena?

Para começar, há uma distinção óbvia a ser traçada entre almejar reduzir a própria infelicidade e pretender encontrar meios para reduzir o sofrimento de toda a humanidade. As crianças que Harris descreve estavam interessadas, em termos modestos, pela primeira opção. O Buda estava interessado, em termos ambiciosos e abrangentes, pela segunda.

É fácil perceber que essas duas iniciativas são amplamente diversas. No entanto, cabe aqui mais uma distinção. Trata-se da distinção entre o objetivo de encontrar meios para reduzir o sofrimento, seja o próprio, seja o dos outros, e o objetivo do autodesenvolvimento ou da autotransformação. Em outras palavras, estamos falando apenas de nos tornarmos mais felizes, ou também de nos tornarmos, num certo sentido, mais sábios ou *melhores*? Estamos falando de coisas como a liberação ou a iluminação?

Um fato de grande interesse é que uma preocupação inicial com a redução do sofrimento parece muitas vezes levar as pessoas muito além dessa meta relativamente modesta. Se o esforço for sério e prolongado, costuma desenvolver-se uma exploração das possibilidades para a experiência humana que pode levar muito longe do ponto de partida. Trata-se de uma questão de enorme importância que costuma não ser compreendida nos dias de hoje.

A esta altura da argumentação, proponho-me a dedicar algum tempo a um exame do budismo, por ser ele, dentre as iniciativas dessa natureza, uma das mais prolongadas e disseminadas de que temos conhecimento. O budismo é uma tentativa particularmente resoluta de desenvolver a capacidade de deixar livremente os modos indesejáveis. O ensinamento budista não diz apenas que esse desenvolvimento é importante; ele fornece muita orientação explícita sobre como a capacidade pode ser cultivada.

Devo logo reconhecer que o budismo é um tema vastíssimo no qual hesito adentrar por falta de um conhecimento profundo. No entanto, considero que a argumentação deste livro exige seu exame. Não tenho condições de esgotar a questão, e muito será deixado de fora. O máximo que posso fazer é procurar não deturpar o que for incluído, embora mesmo isso represente uma dificuldade notória para alguém criado numa tradição muito diferente.

Diz-se que o Buda cresceu numa família privilegiada, gozando de muito conforto e segurança, mas que se sentia profundamente perturbado pela desgraça que via ao seu redor. Aos vinte e nove anos de idade, ele parece ter abandonado a mulher e o filho pequeno para se tornar um monge andarilho, num esforço para adquirir compreensão. De acordo com a tradição, após seis anos de esforços em vão, ele se sentou uma noite à sombra de uma árvore e fez o voto de não se mover enquanto não fosse iluminado e as causas das desgraças ficassem claras aos seus olhos. Quando chegou a aurora, ele havia atingido uma compreensão perfeitamente nítida das origens do sofrimento e dos meios de se liberar dele[5].

Foi esse o início da enorme proliferação de devoção e esforços humanos que constitui o budismo em toda a sua diversidade. Em virtude dessa diversidade, há muitos aspectos controvertidos, mesmo no que diz respeito à natureza da experiência básica do Buda e sobre como essa experiência foi – ou jamais poderia ser – descrita. Os zen-budistas, por exemplo, consideram que as palavras não conseguem captar qualquer experiência adequadamente, muito menos essa. Por isso, eles alegam que o Buda comunicou sua grande descoberta ao seu discípulo, Mahakasyapa, mostrando-lhe uma flor sem nada dizer[6]. Doutrinas anteriores, porém, incorporadas ao cânon indiano páli, baseiam-se na crença de que o Buda foi até um parque de cervos na periferia de Benares e ali fez declarações muito explícitas sobre o que está errado na condição humana e o que deve ser feito. Essas declarações vieram a ser conhecidas como as Quatro Verdades Nobres. A idéia central que emerge delas é a de que o sofrimento se origina de uma concentração nos nossos próprios desejos e de uma incapacidade de entender a futilidade de persegui-los[7]. A futilidade deriva do fato de que esta vida dentro do tempo-espaço não nos proporciona nada que seja permanente. Os prazeres jamais podem ser agarrados e mantidos. Na realidade, não existe nenhum eu permanente que possa dar conta do ato de manter. Assim, o ego é efetivamente desconstruído.

Watts fornece a seguinte explicação sobre as idéias budistas acerca do que normalmente consideramos a identidade do eu:

> Pois o ego existe apenas num sentido abstrato, sendo uma abstração da memória, algo como o ilusório círculo de

> fogo deixado no ar por uma tocha giratória. Nós podemos, por exemplo, imaginar a trajetória de um pássaro no céu como uma linha distinta seguida por ele... Na realidade concreta, o pássaro não deixou linha alguma e, da mesma forma, o passado a partir do qual nosso ego é abstraído desapareceu completamente[8].

Esse é o máximo rebaixamento do modo linear – bem como da imagem do eu que elaboramos através do funcionamento do modo do construto básico – que poderia ser imaginado. Ele equivale a dizer que esses modos são a fonte de todos os nossos problemas. Eles nos alimentam com ilusões. Eles nos fazem tentar o impossível e pagar caro por isso. O que devemos fazer, então?

A resposta budista é clara: devemos sair deles. Nesse caso, é inevitável que outras perguntas se sigam. Sair deles para onde? E como? Duas possíveis vias de escape são propostas nos primeiros textos budistas e aceitas por grande parte da ortodoxia budista. Paul Griffiths chama esses caminhos de "cultivo da tranqüilidade" e "cultivo do *insight*", sendo o primeiro uma tentativa de superar o *apego*; e a segunda uma tentativa de superar a *ignorância*.

As noções de ignorância e de apego são centrais à teoria budista. Na realidade, estão ligadas de uma forma quase inseparável dentro dela, como já vimos; pois o que se alega é que nossa ignorância nos leva a perseguir os desejos ridículos que constituem o apego. E, no entanto, é evidente que a ênfase em uma ou outra dessas noções poderia sugerir tratamentos diferentes. Se a ignorância for realçada, o próximo passo racional parece ser a procura de um melhor entendimento; por outro lado, se o apego for realçado, a pessoa poderia ser orientada a se concentrar na renúncia às tentativas inadequadas de agarrar e manter, com todas as emoções turbulentas que elas tendem a gerar, dada a futilidade da iniciativa.

Griffiths faz a seguinte colocação:

> Em termos aproximados, o cultivo da tranqüilidade concentra-se na manipulação das atitudes emocionais de quem o pratica; e o cultivo do *insight* concentra-se na manipulação das suas capacidades cognitivas. O adepto do primeiro destrói a paixão ao evitar todo contato com o universo exterior, enquanto o do segundo afirma seu controle sobre o universo ao aprender a conhecê-lo como é[9].

Poderia, assim, parecer que os dois caminhos levam aos modos emocionais e intelectuais respectivamente. Essa noção, porém, por mais sedutora que a princípio aparente ser, a um exame mais detalhado acaba por revelar-se uma falsa impressão. Somos logo forçados a reconhecer que os tipos de aptidões cognitivas que devem ser manipuladas não são aquelas nos quais pessoas modernas no mundo ocidental pensam quando ouvem a palavra "intelectual". "Aprender a conhecer o universo como ele é" sugere-nos as atividades da ciência moderna. Não se pretendia nada dessa natureza através do cultivo do *insight.*

Parece haver alguns pontos de divergência cruciais. Em primeiro lugar, para o budista o centro do interesse está na experiência humana – ou, pelo menos, esse é o ponto de partida de onde e através do qual deve-se captar a natureza de todas as coisas. No entanto, a atividade de estudar essa experiência não se assemelha de modo algum à moderna psicologia.

King expressa da seguinte maneira a procura budista pelo *insight*: "'Ver as coisas como realmente são' significa, acima de tudo, se não exclusivamente, ver a-mim-mesmoenquanto-vivencio como realmente sou – transitório, cheio de dor e impessoal." Portanto, o foco da atenção incide sobre a "observação da mente-corpo enquanto funciona no seu ambiente"[10].

Surge agora, porém, uma segunda e profunda diferença entre essa atividade e a ciência moderna: no esforço budista à procura do *insight*, a natureza geral das verdades a serem discernidas é presumida desde o início. Considera-se que o jeito-que-realmente-sou é o declarado por Buda após sua iluminação. Suas declarações estão contidas na literatura canônica, portanto suas descobertas, *consideradas como proposições verbais*, estão disponíveis a todos. O que, então, resta a ser descoberto?

É claro que é verdade que toda investigação parte de certas pressuposições, não sendo a ciência, do modo como a conhecemos, nenhuma exceção. Não obstante, a ciência é um método que gera novos conhecimentos e proposições. Ela pode sempre, em princípio, derrubar suas teses iniciais, e às vezes chega a fazer isso mesmo. No entanto, não se espera que o cultivo do *insight* budista leve a qualquer resultado semelhante.

Conclui-se que alcançar o *insight* não equivale a descobrir algo de radicalmente novo. Não é parecido, por exemplo, com conseguir entender pela primeira vez a estrutura helicoidal dupla do DNA. Mas, se não é isso, então é o quê? O que é que tem de ser *cultivado*?

A questão é que o conhecimento puramente intelectual das descobertas de Buda não é a meta. Ser capaz de recitar as Quatro Verdades Nobres tem muito pouco valor, se pararmos aí. O que deve ser cultivado é algo que se baseia nelas, mas que é mais parecido com um "conhecimento afetivo", "conhecimento vivenciado" ou "intuição" (conceitos que não estão ausentes da tradição européia, como Fromm salienta ao examinar o zen-budismo e a psicanálise)[11].

No entanto, seria errado supor que o que o Buda disse deve ser aceito sem questionamento, mesmo como uma base. Saddhatissa ressalta que o Buda recomendou aos seus seguidores que aceitassem suas palavras apenas depois de testar pessoalmente seu valor. A idéia é que deveríamos, pelo próprio esforço, chegar a conhecer as Quatro Verdades Nobres "com nossos próprios ossos". Ou ainda, para usar uma imagem diferente – a imagem ortodoxa – elas devem passar a ser como uma fonte de luz, iluminando tudo o que se faz, a experiência total da pessoa. Quando isso ocorre, a pessoa está "iluminada".

King fala do "tipo de esforço especificamente budista dedicado a ver tudo à luz da crença budista de que a existência corpórea é transitória, impessoal e insatisfatória". E ele prossegue, dizendo que "a percepção vivenciada dessa crença, quando ela é percebida com tal integridade e plenitude que se torna para quem medita a consciência existencial do seu próprio ser pessoal, aqui e agora, é chamada de 'compreensão'"[12]. Considera-se que essa compreensão é de tal natureza que ela "libera". Ela é procurada porque oferece à pessoa a possibilidade de se livrar da servidão.

Um importante contraste surge agora. Ele está aberto a intelectuais que não sigam uma linha de conduta que os leve a alegar que querem *apenas* compreender, na medida em que atuem sem o desejo de mudar alguma coisa. É verdade que, inevitavelmente, eles mudarão a si mesmos sob certos aspectos se compreenderem mais, em qualquer sentido. E, a menos que se recusem a comunicar sua nova compreensão, o que é muito raro, é inevitável que eles afetem a mente de outros que aprendam com eles. Além disso, alguns desses outros irão, quase com certeza, querer aplicar seu novo conhecimento de modo a controlar uma coisa ou outra. E, mesmo assim, o objetivo inicial pode não ser nada a não ser o aumento do entendimento. Esse não pode ser o caso, porém, se o verdadeiro objetivo for a liberação ou a iluminação, e se o papel do *insight* for o de cumprir essa finalidade. Há, assim, um profundo paradoxo inerente ao desejo de escapar do desejo: na medida em que se deseje escapar, ainda se está desejando[13].

Em seguida, devemos nos perguntar o que é imposto necessariamente pelo caminho descrito como o do "cultivo da tranqüilidade", e como ele se relaciona com esse problema. Griffiths dá uma explicação dos quatro "*jhāna* da forma" – ou estados meditativos – através dos quais, segundo a ortodoxia da prática budista Theravadin, esse cultivo deve prosseguir. No primeiro estado assim alcançado, a capacidade para o raciocínio e a deliberação permanece, aliada à alegria e à felicidade, mas o "desejo" e os "estados mentais negativos" desapareceram.

Para muitos de nós, isso pareceria uma grande realização e um resultado altamente satisfatório. Mas é apenas um começo. No estado seguinte, o raciocínio e a deliberação são eliminados, e restam a alegria, a felicidade, a tranqüilidade interior e a "precisão mental" (ou seja, uma condição enfocada, resistente a perturbações, imune ao conflito ou à confusão). No terceiro estado, a alegria desaparece, para ser substituída pela serenidade, "felicidade física" e "plena consciência". No quarto estado, toda a felicidade desaparece e resta apenas "aquela pureza da plena consciência que é a serenidade".

O processo consiste numa redução progressiva da experiência. A felicidade é uma escala, não um destino satisfatório. No entanto, nem mesmo o quarto estado não era a realização última para as escolas da doutrina e prática budistas pelas quais Griffiths tem especial interesse. Na realidade, os quatro *jhāna* da forma, embora se considere tradicionalmente que eles caracterizam o próprio caminho de Buda até a iluminação[14], vieram a ser vistos como preliminares – como primeiros passos rumo a um estado final conhecido como "cessação" que, pelo menos em certas tradições, é definido como uma condição na qual não ocorre absolutamente *nenhum* evento mental. Isso pode parecer muito semelhante à morte. Griffiths sugere que seja como uma profunda hibernação.

O problema que interessa a Griffiths é como podia, então, ser considerado possível emergir da cessação, se é que essa condição algum dia fosse realmente atingida. Pois, como ele salienta, é difícil evitar a conclusão de que algum ato mental seria necessário para trazer a pessoa de volta. Essa questão, embora filosoficamente interessante, não é pertinente aqui. A importância da "cessação" para esta argumentação consiste no fato de ela mostrar até onde foram às vezes as tentativas de escapar do sofrimento do modo linear. O cultivo da tranqüilidade pode transformar-se no cultivo da "ausência de consciência". Se isso der certo, ter-se-á sem dúvida evitado o desejo, mas a um preço que parece muito alto[15].

Quando o cultivo da tranqüilidade é levado a esse extremo, Griffiths vê uma incompatibilidade entre os dois caminhos porque, segundo ele, a ausência de *qualquer* experiência tem de implicar a ausência de *insight*. Creio que ele exagera o problema. Pois não seria de se esperar que ninguém, por mais experiente, permanecesse na condição de "cessação" durante mais do que um tempo limitado. A opinião geralmente aceita parece ter sido – e ainda ser – a de que o feito de ter aprendido perfeitamente a cultivar a tranqüilidade (ou seja, a se livrar do apego) é uma ajuda quando se chega ao cultivo da compreensão budista, mas que esta última – a missão de tratar radicalmente a ignorância e seus efeitos – é o objetivo final, aquele sem o qual a iniciativa não é genuinamente budista.

Façamos um levantamento da argumentação até este ponto. Já examinamos vários exemplos de tentativas de lidar com estados insatisfatórios por meio de controle do repertório, ou seja, passando de um modo a outro: em primeiro lugar, o método tipicamente ocidental de se engajar em alguma outra atividade – geralmente alguma do modo pontual com um significativo componente físico, outras vezes alguma intelectual, como a matemática; em seguida, a fim de criar um nítido contraste, algumas técnicas tradicionais budistas para evitar esses modos.

Existe, porém, uma outra vertente do budismo que difere consideravelmente nas suas recomendações – pela qual a busca da "cessação" é considerada um grande erro e chamada de "escuro abismo da ignorância". Refiro-me ao budismo mahaiana, e em especial ao zen, muito desenvolvido e praticado no Japão, embora ele tenha vindo através da China de uma fonte original na Índia[16].

O zen-budismo deixou muitos ocidentais intrigados com seus "*koans*" desconcertantes e suas afirmações paradoxais. À primeira vista, sua característica mais surpreendente parece ser seu antiintelectualismo. O *koan* é exatamente um problema que o intelecto não consegue resolver. Os exemplos citados com maior freqüência são: "Deixe-me ouvir o som de uma mão batendo palma" e "Mostre-me o rosto original que você tinha antes de nascer." Os mestres do Rinzai Zen exigem que seus discípulos tentem "resolver" esses *koans* – bem como muitos outros, em séries graduadas, se eles persistirem a ponto de se tornarem eles próprios mestres, ou Roshis. No entanto, todos os esforços racionais no sentido de lidar com um *koan* estão fadados ao fracasso – e esse é exatamente o objetivo. Os mestres exigem que seus discípulos continuem a tentar até que eles se sintam totalmente encurralados e sem esperança, atingindo o que Suzuki chama de "estado de total imobilidade". A esperança é que esse estado conduza a algum tipo de ruptura ou revolução, na qual o "pensar com a cabeça" de repente ceda lugar ao "pensar com as entranhas"[17].

Suzuki dá-se ao trabalho de salientar que essa é uma linguagem simbólica. O que ela significa é que o *koan* deve ser absorvido pelo "inconsciente" – ou seja, que ele mergulhe no ser como um todo. Nem mesmo isso, porém, é o ponto final. O objetivo último é uma descoberta posterior através da qual se supera a "escuridão do inconsciente" e se vejam "todas as coisas como se vê o próprio rosto num espelho bem iluminado".

É óbvio que essa linguagem é simbólica, mas Suzuki prossegue com sua explicação: a idéia consiste em evitar a dicotomia entre sujeito/objeto que é vivenciada com tanta intensidade quando o eu consciente de si mesmo sabe, sente e percebe, conquistando-se, assim, uma "intuição totalista do infinito". Isso acontece "quando o ego finito, rompendo sua crosta endurecida, passa a se referir ao infinito". É como uma intuição de "algo que transcende todas as nossas vivências particularizadas e especificadas". O caminho para se chegar a esse nível passa *pelas* camadas mais profundas do eu no sentido da sabedoria transcendente. No entanto, considera-se que o intelecto impede o caminho – e esse obstáculo deve ser removido. O *koan* deve servir como uma espécie de dinamite – embora ele tenha um pavio muito longo e a explosão possa levar meses, até mesmo anos, para ocorrer.

Tudo isso deve parecer ininteligível aos ouvidos ocidentais (e provavelmente a muitos orientais também). A idéia é expressa com maior clareza pelo moderno mestre zen Sokei-an Sasaki:

> Um dia limpei minha cabeça de todas as idéias. Abandonei todo desejo. Descartei todas as palavras com as quais pensava e me mantive em silêncio. Senti-me um pouco estranho – como se estivesse sendo transportado para dentro de alguma coisa, ou como se eu tivesse tocado alguma força para mim desconhecida... e de repente fui sugado. Perdi a noção de limites do meu corpo físico. É claro que eu continuava com a minha pele, mas eu me sentia parado no centro do cosmo. Falei, mas minhas palavras haviam perdido o significado. Vi pessoas que vinham na minha direção, mas todas eram o mesmo homem. Todas eram eu! Eu nunca havia conhecido esse mundo[18].

Ou, nas palavras de Watts:

> Quando não nos identificamos mais com a idéia de nós mesmos, todo o relacionamento entre sujeito e objeto, entre conhecedor e conhecido, sofre uma transformação súbita e revolucionária... O conhecedor já não se sente independente do conhecido; quem experimenta já não se sente isolado da experiência. Conseqüentemente, toda a noção de conseguir alguma coisa "da" vida, de obter algo "a partir da" experiência, torna-se absurda[19].

Essa "transformação súbita e revolucionária" é chamada na terminologia zen de "satori". Creio eu que ela seja equivalente ao que a tradição Theravadin chama de "consciência do Caminho"[20]. Suzuki declara que os europeus não dispõem de nenhuma experiência "especificamente equivalente" a ela. No próximo capítulo, entretanto, veremos que esse não parece ser o caso.

Devemos agora ressaltar um outro aspecto do zen que parece representar algum contraste com toda essa conversa de despertar para intuições do infinito, embora o conflito termine por revelar-se apenas aparente. Trata-se da ênfase dada à conveniência do comportamento simples, espontâneo, sem artifícios. A pessoa que atingiu esse objetivo zen não tem "nenhuma convencionalidade, nenhuma conformidade, nenhuma motivação inibidora... O 'bom-dia' desse homem não tem nenhum elemento humano de interesse de qualquer espécie. Dirigem-se a ele, e ele responde. Ele sente fome e come"[21].

"Quando sinto fome, eu como; quando estou cansado, eu durmo" é um famoso resumo do estilo de vida zen. A ação que surge naturalmente, sem a intervenção do pensamento e do planejamento e, acima de tudo, sem constrangimento, é o objetivo. É preciso que haja uma crença – uma confiança – na "correção" essencial da mente – a mente espontânea e original, que às vezes é chamada de "Não-nascida". Esta, diz-nos Watts, é "a mente que não surge ou aparece no reino do conhecimento simbólico"[22].

A partir dessa perspectiva, portanto, é o modo do construto básico que é visto como a fonte de séria ameaça. A idéia é que a imagem do eu pode se tornar totalmente dominante e avassaladora na vida da pessoa, de tal forma que toda atitude que ela tome seja controlada e arquitetada, avaliada antes e depois pelas suas implicações e conseqüências. O resultado pode ser a hesitação e algo próximo da paralisia. Talvez fosse esse o problema de Hamlet.

O meio zen de fuga dessa situação volta-se para o modo pontual – para a qualidade imediata do aqui e do agora. Coma quando sentir fome, durma quando estiver cansado. Ou ainda:

> Sentar-se em silêncio, sem fazer nada,
> A primavera vem, e a grama cresce sozinha.

Como diz Watts, o zen "não confunde a espiritualidade com o fato de se pensar em Deus enquanto se descascam batatas. A espiritualidade Zen é simplesmente descascar batatas". A idéia é estar plenamente alerta e absorto no que se está fazendo *agora*.

A longa disciplina do *koan* pode ser considerada um caminho nessa direção – talvez, um caminho indireto. Watts compara essa disciplina a andar algum tempo com chumbo nos sapatos a fim de ter uma empolgante sensação de leveza ao descalçá-los.

A técnica do *koan* é defendida pela escola oriunda do pensamento de Rinzai. Por outro lado, o Soto Zen, que se baseia nos ensinamentos de Dogen, tem uma abordagem muito mais direta: basta parar de lutar, "pense apenas neste dia e hora". Da mesma forma, a pessoa deveria "esquecer o lado bom e o ruim da sua natureza, a força e a fraqueza do seu poder".

Pode parecer, portanto, que fechamos o círculo. Começamos com a fuga tipicamente ocidental para o modo pontual, e agora encontramos no budismo o que parece ser algo do mesmo tipo. A solução zen consiste em *apenas descascar as batatas*, o que à primeira vista não parece ser tão diferente assim de aceitar o conselho de Kipling e ir cavar no jardim. No entanto, Kipling está propondo uma fuga temporária, enquanto o zen busca uma solução permanente que, na realidade, é radicalmente diferente.

Lembremo-nos de que não é só a escola zen do budismo que recomenda o modo pontual; pois vimos, anteriormente, que a busca do *insight* na prática Theravadin tradicional impõe a observação da própria experiência *aqui e agora* enquanto ela ocorre. De fato, é evidente que a insistência de Buda na transitoriedade quase necessariamente empurra a pessoa no sentido de considerar o "aqui e agora" como um ponto de interesse primordial. E essa ênfase, sempre forte, parece ter se tornado muito proeminente no desenvolvimento da tradição Theravadin no século XX em Burma, onde King nos diz ser praticado o método da "Atenção Nua". Esse método alega ser derivado de antigas escrituras budistas sobre a "plena consciência", mas é ao mesmo tempo típico das tendências atuais.

"A 'Atenção Nua' é a consciência clara e coerente do que realmente acontece *conosco* e *em nós* nos sucessivos momentos de percepção."[23] Ela é "nua" porque simplesmente observa, sem reagir "por atos, palavras ou comentários mentais". Se os comentários surgirem na mente, eles próprios deverão ser meramente notados, sendo-lhes permitido que desapareçam.

Ora, essa é indubitavelmente uma atividade do modo pontual. No entanto, com uma clareza idêntica, ela não é do tipo recomendado por Kipling, nem do tipo ao qual recorrem os meninos em colégios internos ingleses quando as coisas ficam difíceis. E então, de que tipo ela é? Ela acaba se revelando muito mais parecida com aquele tipo especial de percepção distanciada e objetiva que desempenha um papel crucial na ciência moderna. Na realidade, considerada apenas como uma atividade, ela é bastante semelhante.

Isso pode parecer surpreendente. Sem dúvida, fiquei surpresa quando me dei conta disso pela primeira vez. No entanto, a semelhança não pode ser questionada[24]. Por outro lado, os dois tipos de observação distanciada distinguem-se entre si não só porque um deles (o budista) está restrito a um tema específico – a própria experiência da pessoa – mas porque eles têm objetivos diferentes e fazem parte de iniciativas enormemente diferentes. A observação científica tem o objetivo de reunir informações para uso em conjunto com os dois modos intelectuais. A "Atenção Nua" do budismo – assim como a atenção zen ao aqui e ao agora – é destinada a conduzir quem a pratica à "iluminação". É consenso geral que a experiência chamada de "iluminação" não pode ser expressa adequadamente em palavras. No entanto, como vimos, as pessoas não deixam de tentar. Para usar uma linguagem mínima e moderada, ela parece ser um estado ampliado e altamente gratificante da consciência.

Em relatos dessa experiência de fontes budistas e de outras naturezas (nem todas elas religiosas, como iremos ver), a noção de transcendência e de algum tipo de estado situado além dos limites do tempo-espaço, como nos é normalmente conhecido, ocorre repetidamente. Diz Keith Ward, ao falar da noção budista:

> Talvez, então, o melhor meio de se pensar nela não seja como uma negação do eu, nem mesmo como uma realização do eu, como esta costuma ser entendida, mas como uma transcendência ao eu – a descoberta da realidade mais verdadeira de si mesmo ao se prestar plena atenção ao que não está condicionado, o que gera beatitude e conhecimento.

Mais tarde, ele descreve da seguinte forma a experiência: "Trata-se de um estado de ter superado a transitoriedade para alcançar um centro permanente."[25] Ou seja, trata-se de um estado que transcende o tempo. (Observe-se, porém, que, embora Ward aceite a ocorrência dessas experiências, ele questiona seu uso para justificar alegações da realidade última.)

Somos levados à conclusão de que, dentro das tradições budistas que estivemos considerando, a fuga do modo linear e do modo do construto básico acarreta principalmente um movimento para dois outros modos: um tipo especial de modo pontual, distanciado ou objetivo, e uma versão do modo transcendente. É característico que se considere que o primeiro leve ao segundo, que é o objetivo final.

Outros paralelos entre o método científico e a prática budista tornam-se, assim, evidentes. Os dois sistemas dependem de observações diretas, distanciadas, sem envolvimento, usadas em conjunto com alguma função transcendente.

A analogia não deve ser forçada além de um certo ponto, pois há diferenças gritantes. Por exemplo, a ciência não considera que um modo seja um caminho na direção do outro, ou seja, ela não usa a coleta objetiva de dados como um meio para atingir o *insight matemático.* Mesmo assim, porém, as semelhanças são interessantes. E elas levam, de uma forma bastante óbvia, à questão do papel do modo do construto. Será que ele tem alguma função a desempenhar na iniciativa espiritual que seja de alguma forma comparável com a função do modo do construto intelectual na ciência?

Antes de tentar responder a essa pergunta, seria recomendável ampliar o debate com um exame explícito da noção de meditação e daquilo que ela deve realizar, não apenas dentro do budismo, mas em outros setores. Dessa forma, as possíveis contribuições do modo do construto podem tornar-se mais claras[26].

A meditação tem muitas variedades diferentes, mas todas elas parecem ter como meta imediata o treinamento e a orientação da atenção. Quando meditamos, mantemos nossa mente tão fixa quanto possível num único processo – como o da nossa respiração –, num objeto ou numa imagem. Isso não é fácil de fazer por mais de alguns minutos, como logo descobre qualquer um que tenha tentado. Mesmo que reduzamos as interrupções de fora a um mínimo, escolhendo um lugar tranqüilo, fechando nossos olhos (se não estivermos meditando sobre um objeto físico) e mantendo nosso corpo imóvel, rapidamente percebemos que os pensamentos e os sentimentos não se dispõem a ficar quietos. Na realidade, não há nenhum meio melhor para se perceber – se é que já não se sabia disso – a natureza irrequieta e inconstante da nossa própria mente.

Os pensamentos e sentimentos vagueiam. Vagueiam orientados pelo que os psicólogos chamam de "processos associativos"; e, no funcionamento desses processos, a influência do modo linear e do modo do construto básico é forte. Por isso, não paramos de voltar para os interesses pessoais.

É exatamente isso que a pessoa que pratica a meditação está procurando aprender a regular. A maioria das instruções sobre como meditar reconhece, porém, que a mente não é assim tão fácil de disciplinar. Por isso, a recomendação costumeira é que se aceite o fato de que ocorrerão intromissões e que, quando elas ocorrerem, devemos notá-las e voltar delicadamente ao tema da meditação.

A dificuldade de manter fixa a atenção é reconhecida numa famosa passagem no Bhagavad Gita, na qual Arjuna diz a Krishna: "A mente é muito agitada, ó Krishna, é impetuosa, poderosa e firme. Creio que ela é tão difícil de controlar quanto o vento."[27]

Krishna concorda com isso, mas insiste no fato de que o controle chega através da "prática e da incoloração". A "incoloração" tem de significar algo como ausência de emoção. A dificuldade está em que realizar isso faz parte do problema, pois é muitas vezes a emoção que desvia a mente. No entanto, com a prática regular, a maioria das pessoas parece ter mais sucesso em manter a atenção firme. Mas, qual é a vantagem? Por que agir assim?

Fica logo evidente que a meditação é uma técnica para estimular a capacidade de passar para um modo desejado à vontade. Com freqüência trata-se do modo pontual, como em muitas práticas budistas e hindus. Mas não precisa ser assim. Vimos, anteriormente, que São João da Cruz recomenda a meditação sobre "formas, figuras e imagens, imaginadas e moldadas pelos sentidos", o que é nitidamente uma atividade do modo do construto. Isso, porém, é para principiantes, diz ele. Mais tarde surge a tentativa mais difícil de passagem para o modo transcendente de percepção de valor, que João chama de "contemplação".

Já examinamos com alguma profundidade o objetivo budista de alcançar o modo transcendente; mas, naquelas variantes do budismo consideradas até agora, o uso de imagens não é incentivado. No entanto, também dentro do budismo, encontramos disciplinas nas quais a entrada no modo do construto de percepção de valor é valorizada e cultivada. Por exemplo, a escola Yogacara privilegiava a idéia de usar a meditação como um meio para adquirir controle completo sobre nosso repertório de imagens[28].

E o repertório de imagens tem um papel essencial no budismo tântrico ou Vajrayana, que se desenvolveu no Tibete. Segundo essa tradição, traça-se uma distinção entre o Caminho da Forma e o Caminho Sem Forma[29]. No primeiro deles, dá-se uma ênfase enorme à prática de sofisticados ritos de visualização, especificados em detalhes consideráveis. Deve-se, porém, ressaltar que eles são sempre e de forma explícita um meio para um fim: as imagens devem ser plenamente desenvolvidas e depois deliberadamente dissolvidas.

As ligações com São João da Cruz são evidentes. Para ele, também, as imagens devem ser cultivadas e depois deixadas para trás, como uma escada que serve apenas para dar acesso ao "aposento tranqüilo e plano lá em cima" (ver p. 213). E é surpreendente que São João fale da sua recomendação de combinar atividades do modo do construto e do modo transcendente como algo que proporciona um meio para "atingir a união com o divino rapidamente", enquanto o budismo tântrico afirma que suas técnicas abrem um Caminho Curto para a liberação – supondo-se que as técnicas sejam aplicadas com suficiente determinação e energia. (Por "curto", eles querem dizer a liberação numa vida, e não depois de muitas vidas.) Ora, não é considerado impossível avançar rapidamente sem o uso da visualização, mas trata-se de um feito visto como muito mais difícil. Ou seja, o Caminho Sem Forma – que na realidade evita o modo do construto – também pode ser curto desde que a pessoa seja extremamente competente e determinada. No entanto, a crença geral é a de que a maioria das pessoas fará maiores progressos se não rejeitar o Caminho da Forma.

Poderiam ser citados muitos outros exemplos de diferentes tradições para mostrar que a meditação (usando-se o termo no seu sentido amplo) pode ser praticada como uma técnica para se passar ao modo pontual, ao modo do construto de percepção de valor ou ao modo transcendente de percepção de valor, e para ali permanecer durante períodos controlados e predeterminados.

Não resta nenhuma dúvida de que, entre esses três modos, o do construto é o mais controvertido. Há quem o considere uma ajuda; há quem o considere um obstáculo ao progresso – algo de que devemos nos livrar. No entanto, qualquer que seja o ponto de vista, a meditação é uma técnica destinada a promover o exercício da capacidade de regular o ponto de interesse. Ela é um meio para cultivar o controle do repertório.

Essa é a essência da sua importância. Entretanto, encontram-se com freqüência duas outras noções do seu valor, ambas relacionadas à idéia de que ela "acalma" ou "esvazia" a mente. A primeira delas é de origem antiqüíssima e equivale a alegar que, quando a mente está calma ou vazia – quando desaparecem a tagarelice e a agitação costumeiras – pode haver espaço para que surja "algo" em seu lugar – algo a ser enormemente valorizado e que, de outro modo, não encontraria espaço para surgir. Geralmente, considera-se que esse "algo" seja um vislumbre de uma realidade para além daquilo que normalmente somos capazes de aprender. A idéia, portanto, é muito próxima da crença de que a meditação pode nos ajudar a atingir algum tipo de salto do finito para o infinito.

A segunda alegação é muito mais concreta. A meditação, ao acalmar o sistema nervoso, teria efeitos fisiológicos benéficos[30]. Observe-se, porém, que as duas alegações não são absolutamente incompatíveis.

O budismo serviu como um exemplo de um esforço sério e prolongado no sentido de aprender a reduzir o papel dos modos linear e do construto básico e privilegiar alguma combinação do modo pontual, do modo do construto de percepção de valor e do modo transcendente de percepção de valor. Pretendo concluir e fazer um resumo, focalizando alguns temas que surgiram e que são de relevância geral.

Em primeiro lugar, o que foi chamado de "caminho intelectual" – ou às vezes de "caminho da gnose" – em disciplinas religiosas e meditativas no mundo inteiro parece com freqüência usar como ponto de partida uma observação calma e atenta da própria experiência pessoal – um estudo que almeja alcançar algum tipo de objetividade e, de fato, de impessoalidade. Portanto, o foco do interesse é o *eu*, o *aqui*, o *agora*. No entanto, não se trata de um egocentrismo no sentido comum. A idéia é que *esse* tipo de atenção ao eu conduz exatamente à perda de interesse pelo eu. A crença subjacente, extremamente difundida mas expressa de formas variadas, é que os seres humanos têm a capacidade, geralmente amortecida por nossos esforços e preocupações, de *ver* (em algum sentido) o cerne das coisas quando voltam os olhos para dentro. E essa capacidade, se desenvolvida adequadamente, resulta em nos vermos com outros olhos.

O fato de essa ênfase ter uma intensidade especial numa ramificação da igreja cristã primitiva, posteriormente erradicada, é demonstrado pelos textos conhecidos como Evangelhos Gnósticos, que foram encontrados em 1945 em Nag Hammadi, no Alto Egito. Por exemplo, o Livro de Thomas, o contendor nos diz que "quem não se conheceu não conheceu nada, mas aquele que se conheceu ao mesmo tempo adquiriu conhecimento sobre as profundezas de todas as coisas"[31].

Portanto, se considerarmos nossa própria experiência com a atitude correta e distanciada do modo pontual, esperando e observando, a idéia é que captaremos a realidade com maior fidelidade. Descobriremos, então, que não somos como pensávamos que éramos; e, assim, perderemos o velho eu fenomenal para conquistar pelo menos um vislumbre do verdadeiro eu, que freqüentemente é escrito com letras maiúsculas. Diz-se que esse Eu está "em harmonia" com o universo, que já não está separado de tudo o mais e em oposição, mas que de algum modo é participativo, transcendente, atemporal. E a descoberta de tudo isso é extremamente poderosa. Uma vez que tenhamos uma amostra do que seja, queremos mais. Diz Wood: "Quando se vê o Eu, mesmo que só um pouco, sua atração ou influência é tremenda."[32] A verdade de tal afirmação é de consenso geral entre aqueles que afirmam ter tido alguma experiência direta do tipo que estamos considerando.

Agora, mal pode ser posto em dúvida que a experiência, enquanto experiência, seja real e muito disseminada. Ela não pode ser chamada de banal, mas não pode ser assim tão incomum mesmo nos nossos dias. Esse fato em si não nos diz claramente, porém, se está bem fundada a alegação de que através dessa experiência se chega mais perto de um conhecimento da realidade. A sensação de realizar tal coisa poderia ser ilusória. Por outro lado, alguns dos maiores pensadores que a humanidade produziu até agora acreditaram que são nossas percepções comuns que são ilusórias. O caso mais ilustre talvez seja o de Platão que, na sua famosa alegoria da caverna, nos convida a considerar uma espécie de seres acorrentados nas trevas a partir do nascimento, com fogueiras ardendo às suas costas de modo a projetar sombras na parede da caverna. No entanto, até mesmo as sombras são sombras de marionetes. O que esses prisioneiros vêem não passa, portanto, de distantes distorções da realidade. E os prisioneiros podem captar a verdade apenas se forem libertos do cativeiro, se forem virados e levados passo a passo (pois é doloroso) à luz do dia[33].

Platão está tão convencido quanto qualquer budista da natureza insatisfatória de nossas relações costumeiras com o que é efêmero e perecível. Sua solução também é a de aprender a contemplar o eterno, o transcendente. No entanto, seu caminho nessa direção é algo diferente: é o de estudar a matemática pura. Assim, o "caminho do intelecto" de Platão é, de fato, o caminho que atualmente chamaríamos de intelectual – o que quase não surpreende, já que lhe devemos tanto da nossa herança intelectual.

Diz ele, por exemplo: "Pois enquanto eles [os matemáticos] empregam à guisa de imagens essas figuras e diagramas anteriormente mencionados... eles realmente estão procurando contemplar aquelas abstrações que uma pessoa só pode enxergar com os olhos do pensamento."[34]

Assim, o caminho para a apreensão da realidade dá-se através da razão pura. O interesse *último* de Platão não é, porém, pela verdade, mas por aquilo que ele chama de "o Bem". E, para ele, o Bem é a força que "fornece aos objetos do verdadeiro conhecimento a verdade que está neles, e que concede a quem os conhece a faculdade de conhecê-los". Portanto, "o Bem, longe de se identificar com a existência real, de fato a transcende em dignidade e poder"[35].

Lembremo-nos que a "existência real" já está estabelecida em forte contraste com tudo o que percebemos diretamente e com que tratamos na transitoriedade do tempo-espaço. O Bem é, portanto, *muito* remoto, superior e poderoso. A metáfora de Platão para ele é o sol. Ele é a fonte da luz que nos permite ver as coisas reais do lado de fora da caverna das sombras – e é muito difícil olhar diretamente para ele. Diz Iris Murdoch, ao comentar a idéia platônica:

> O sol é visto ao final de uma longa procura que envolve uma re-orientação (os prisioneiros têm de se voltar) e uma subida. Ele é real, está lá fora, mas muito distante. Ele dá luz e energia e nos capacita a conhecer a verdade. À sua

> luz, vemos as coisas do mundo nos seus verdadeiros relacionamentos. Olhar para ele mesmo é de uma dificuldade suprema, e é diferente de olhar para os objetos por ele iluminados. Ele é diferente daquilo que ilumina[36].

É evidente que Platão está falando de aspirações espirituais. E o objeto final da visão espiritual ele chama de Bem, o que indica tratar-se do valor máximo e, portanto, propenso a evocar emoções reverentes. Ele acredita, de fato, que conhecer o Bem é amar o Bem; se você não o ama, é porque não o conhece. Assim, ele aparenta estar alegando que o modo transcendente intelectual, sob a forma da matemática, pode servir como caminho – até mesmo como *o caminho* – para o modo transcendente de percepção de valor no seu grau de máximo desenvolvimento.

É duvidoso se isso poderia funcionar para a maioria das pessoas. No entanto, Platão também reconhece que, na prática, o contato com a verdade imutável através do *insight* que penetra na "pura mente viva" é, para os seres encarnados, limitado e eventual na melhor das hipóteses[37]. E ele tem consciência da importância de manter a atividade intelectual viva e cheia de energia. É inútil aquilo que Whitehead chamaria de "idéias inertes". Por isso, Platão toma cuidado com a palavra escrita, e acredita ser bom olhar as estrelas e *falar* filosofia. Ele também tem muita cautela com a arte, considerando que as imagens têm a probabilidade de fazer com que nos contentemos com a aparência, e que ela nos fornece uma falsa impressão de transcendência.

Portanto, Platão talvez deva ser incluído entre aqueles que vêem o modo do construto como um obstáculo, e não como um auxílio. Mesmo assim, como salienta Iris Murdoch, ele próprio faz um uso extremamente surpreendente e eficaz das imagens, como na própria alegoria da caverna[38]. Como eu, Murdoch acredita que o modo do construto de percepção de valor (embora ela naturalmente não faça uso do termo) pode ser um apoio, e não um impedimento. Ela defende a arte como aquilo que nos dá "imagens intermediárias", e argumenta, em minha opinião com acerto, que a maioria de nós não consegue viver sem o "poderoso substituto para a vida espiritual e especulativa" que ela fornece. No entanto, Murdoch também reconhece que as imagens podem levar a um "ponto morto" se forem consideradas como "de verdade".

Afinal, o que deveremos considerar ilusório? O mundo do dia-a-dia? Ou a experiência de transcender esse mundo? Ambos ou nenhum dos dois? Seja qual for a conclusão a que se chegue, seria uma arrogância rejeitar *a priori* as alegações daqueles que, como Platão, acreditam ser possível ver a verdade e o bem com maior nitidez do que a maioria de nós o faz a maior parte do tempo. No mínimo, parece conveniente ter algum tipo de humildade diante dessas alegações.

14. Experiências de percepção de valor: alguns indícios contemporâneos

É hora de voltar a examinar as sociedades ocidentais modernas. E a pergunta que agora deve ser feita é a de determinar se o tipo de experiência transcendente que estivemos debatendo é conhecida dos seus cidadãos, em outros casos além dos muito excepcionais. No entanto, não há indícios abundantes de que assim seja. Em culturas dessa ordem, as pessoas costumam não falar muito sobre essas coisas, e os esforços no sentido de descobrir sua natureza ou incidência foram fracos em comparação com nossas tentativas de adquirir outros tipos de conhecimento.

Mesmo assim, há registros de pesquisas pioneiras e sérias, sobretudo desde a década de 1960. Elas foram muito diversas no que diz respeito aos grupos estudados e às técnicas de coleta de dados. Em certos casos, foram usadas técnicas de amostragem aleatória. Em outros, foram obtidos relatórios a partir de solicitações de informações através dos meios de comunicação de massa. Às vezes, foram interrogados grupos específicos, como o de enfermeiras ou de estudantes de pós-graduação. Repetimos que as perguntas feitas variavam consideravelmente entre si.

É preciso dizer que a elaboração de perguntas adequadas não é fácil. Uma pergunta ideal seria prontamente inteligível para a maioria das pessoas, sem ser formulada de modo a impor – ou mesmo a sugerir – interpretações particulares de quaisquer experiências que pudessem ter ocorrido. Esses dois critérios são difíceis de satisfazer, e os pesquisadores devem ter enfrentado problemas com a tarefa.

Seguem-se algumas perguntas que foram experimentadas:

> "Você diria que algum dia teve uma 'experiência mística ou religiosa', ou seja, um momento de súbito *insight* ou despertar religioso?"

> "Você já teve consciência ou sofreu a influência de uma presença ou força, quer você a chame de Deus quer não, que fosse diferente do seu eu costumeiro?"

> "Você algum dia se sentiu como se estivesse muito perto de uma força espiritual que parecesse elevá-lo para fora de si mesmo?"

Essas duas últimas são evidentemente bastante semelhantes, e são bem específicas quanto ao tipo de experiência a que se refere a pergunta. Elas procuram, cada uma a seu modo, evitar a inclusão de uma nítida hipótese de a experiência ter sido um encontro com Deus.

Essas três perguntas foram usadas numa série de pesquisas na Grã-Bretanha e nos Estados Unidos. Uma excelente análise do trabalho é dada por David Hay[1]. Há uma quarta pergunta, algo diferente no estilo, que também quero mencionar. Ela é menos específica. Na minha opinião, não sugere nenhuma premissa religiosa, mas talvez seja de compreensão mais difícil:

"Você conhece uma sensação de êxtase transcendental?"

Essa pergunta foi elaborada e usada por Marghanita Laski. Se as pessoas perguntavam o que se pretendia dizer com ela, Laski respondia: "Considere que ela significa qualquer coisa que você imagine que ela possa significar."[2]

Os participantes da sua pesquisa foram as sessenta e três primeiras pessoas que ela encontrou em circunstâncias que lhe permitiram conduzir sua pesquisa "sem um embaraço intolerável". Na realidade, isso quis dizer que eles eram principalmente seus amigos e conhecidos; e, assim, talvez fosse mais provável que eles fossem capazes de resolver o problema de interpretação. Sem dúvida, os relatos que eles forneceram continham coerência suficiente para revelar que suas interpretações não eram amplamente divergentes.

No entanto, se não nos restringirmos a um único estudo, mas tentarmos avaliar todo o leque de pesquisas disponíveis, descobriremos que as experiências citadas são bastante variadas em sua natureza, o que não é de surpreender, considerando-se as diferenças de método. Há, por exemplo, as premonições, aparições de mortos, experiências de estar fora do próprio corpo, entre outras. Mesmo assim, porém, volta e meia nos deparamos com descrições que satisfazem os critérios do modo transcendente de percepção de valor, ou seja, o ponto de interesse não se encontra nos acontecimentos do tempo-espaço, e o componente mental predominante é uma emoção poderosa. A emoção é sentida como uma reação a algo apreendido como sendo de intensa realidade e valor. O valor, contudo, não é específico a acontecimentos na vida do indivíduo, e assim, em comparação com ele o eu normal, seu passado e seu futuro deixam de ter importância. O eu pode, de fato, deixar por um instante de ser percebido na sua forma habitual, com a conseqüência de que fronteiras rígidas de individualidade e diferença são dissolvidas.

Um bom exemplo de uma clássica experiência unitiva é citado por Hay:

> Eu estava atravessando um campo, com a cabeça voltada para admirar o céu poente e olhando para uma fileira de pinheiros que davam a impressão de veludo negro em contraste com o pano de fundo cor-de-rosa, que passava para o verde-azulado mais no alto, à medida que o sol se punha. Foi quando aconteceu. A consciência expandiu-se de modo a incluir e *ser* o que anteriormente era o observado. "Eu" era o pôr-do-sol, e não havia nenhum "eu" a vivenciá-"lo". Não havia mais observador e observado. Ao mesmo tempo, a eternidade "nascia" – não havia passado, nem futuro, apenas um eterno agora... Voltei, então, completamente à consciência normal, descobrindo-me ainda a atravessar o campo, inserido no tempo, com uma memória[3].

Geoffrey Ahern, tendo realizado análises por computador de uma amostragem de dados colhidos pelo Alister Hardy Research Centre, relata ter encontrado conglomerados que sugerem uma grande distinção entre experiências que são de cunho "religioso/espiritual" (sua terminologia) e as que não são[4]. Os relatos na primeira categoria costumam conter referências à intensificação da percepção (de cores, e às vezes de cheiros); a sensações de atemporalidade; à perda do sentido de separação; à conquista de uma espécie de *insight* que desafia a expressão em palavras; à alegria, beatitude ou paz. Essas sensações, porém, não se encontram necessariamente todas juntas ao mesmo tempo.

Considerando-se o atual nível do conhecimento, não é possível ter certeza quanto ao número de pessoas que têm essas experiências nos nossos dias, mas, sem dúvida, esse número não é ínfimo. A maioria das pessoas que relatam um acontecimento desse tipo diz que ele ocorre com muita raridade: uma vez ou duas na vida, talvez. Além disso, costuma ser breve, terminando num instante. Mesmo assim, é algo a que se costuma atribuir grande importância e valor, embora pouco se fale dele. As pessoas guardam-no para si[5].

A experiência revela-se mais comum em alguns setores da comunidade do que em outros. Ahern descreve uma forte correlação positiva com o nível de educação[6]. A princípio, isso pode parecer estranho, já que o intelecto recebe tanta ênfase no nosso atual sistema educacional; mas realmente não é difícil ver de que forma a conclusão faz sentido.

O próprio Ahern argumenta que os centros das nossas cidades se tornaram particularmente "impermeáveis" à experiência espiritual. Ajusta-se bem a essa afirmativa o fato de que relatos no seu próprio estudo, bem como no de Laski, quase sempre mencionam como detonadores externos encontros específicos com a natureza ou com a arte[7]. Além disso, há sugestões repetidas de que o fato de se estar só é benéfico, ou mesmo necessário. As vidas das pessoas menos privilegiadas na nossa sociedade demonstram nitidamente uma grave carência de oportunidades sob todos esses aspectos.

Laski fala de circunstâncias inibidoras, que ela chama de "antidetonadores". Diz ela, ao tecer comentários sobre sua natureza:

> Em termos gerais, eles consistem em qualquer coisa que esteja inalienavelmente associada à vida social comum; e uma valiosa impressão geral deles é obtida ao se reunir tudo aquilo de que as pessoas nos grupos julgavam ter escapado durante suas experiências de êxtase – aspectos nor-

> mais do dia-a-dia, preocupações, relações pessoais, convencionalismos, desejos e objetivos ridículos, diversões mundanas, multidões[8].

Esses interesses normais de todos os dias sem dúvida pertencem ao campo de atuação dos modos básicos, pelo menos em algumas das suas manifestações.

O papel dos modos intelectuais conforme revelado pelo estudo de Laski é mais complexo. Alguns membros do grupo que respondeu ao seu questionário citam um detonador intelectual – por exemplo, "encontrar dez cromossomos quando eu sabia que eles tinham de estar ali". Essa mesma pessoa descreve a experiência de "êxtase transcendente" como um "estado em que a pessoa não é ela mesma". Uma outra menciona a "solução de problemas matemáticos" como um dentre uma série de detonadores, e fala da experiência de êxtase: "Palavras como 'liberação' – multiplicação de possibilidades – percepção intensa acompanhariam a experiência, mas dificilmente fariam parte dela – a segurança – uma sensação de proximidade do esplendor". Talvez essas pessoas estejam, de fato, seguindo o caminho platônico e abordando o modo transcendente de percepção de valor através do intelecto.

Laski comenta que os prazeres da razão permanecem disponíveis apenas para alguns, e que, mesmo que a razão possa por si mesma ser um detonador, o exercício do pensamento analítico também pode ser "irrelevante, quando não antagônico" à fruição de outros detonadores. Ela acrescenta:

> ... no exato momento do êxtase, a faculdade do raciocínio é suspensa. O que se perde no êxtase passa a ser julgado prejudicial – e não é possível vivenciar o êxtase e manter o poder do raciocínio, mesmo que possa ter sido o exercício da razão o que levou ao êxtase.

Em outras palavras, ela afirma que, mesmo que a transcendência intelectual possa conduzir à transcendência de percepção de valor, as duas não podem ser vivenciadas ao mesmo tempo.

Creio que agora estamos na posição de dizer que a assimetria entre os modos intelectuais e de percepção de valor na sociedade moderna não é inevitável. Mais do que isso: ela pode não ser tão ampla quanto foi forçada a parecer através de nossa conspiração de ocultação.

Seja como for, está claro que as experiências no modo transcendente de percepção de valor não estão extintas entre nós. Elas ainda surgem intensamente, apesar do poder de outros modos que ameaçaram excluí-las. Há, porém, um fato notável que ainda não mencionei. Na grande maioria dos casos, as pessoas que relatam essas experiências não procuraram cultivá-las, e alegam não saber como fazer isso. As experiências ocorrem eventualmente, de forma inesperada, como maravilhosos acasos; mas elas não constituem um recurso que possa ser usado para a vida. Elas não podem ser consideradas parte do repertório modal.

A questão agora é saber se isso poderia mudar. É possível, dentro de uma sociedade como a nossa, aprender a incentivar o movimento das emoções para além dos modos linear e do construto básico a fim de desenvolver e cultivar essas capacidades negligenciadas? Ahern diria que nós não as negligenciamos simplesmente, mas que as bloqueamos energicamente e lhes opomos resistência[9]. E na minha opinião, de fato, sob vários aspectos a cultura atual não é apenas indiferente a elas, mas também hostil.

No entanto, pode haver indícios de que algo de novo está começando a acontecer. Na época em que escrevo, o estudo de Ahern é muito recente, enquanto o de Laski é de trinta anos atrás. Durante esse período, parece ter surgido, pelo menos em certos setores da sociedade, um aceleramento da sensação de necessidade de mudança, uma espécie de ânsia por ela. Isso levou a proclamações de que estamos entrando num novo período da vida humana, às vezes chamado de Era de Aquário, às vezes de Nova Era.

A literatura da Nova Era é atualmente abundante. Eventos da Nova Era, na forma de conferências, seminários e cursos breves estão continuamente em oferta. O correio hoje de manhã trouxe-me um maço de folhetos que anunciavam esses acontecimentos. Para usar apenas alguns exemplos, eles se propunham a me ensinar a explorar meu potencial interno, a trabalhar com a sabedoria do corpo, a restaurar o equilíbrio perturbado, a liberar fontes ociosas de energia, a aprender antigos métodos de xamanismo, a me tornar uma curandeira, a controlar meus sonhos através de técnicas secretas, a usar cristais para dominar enfermidades, a desenvolver o pensamento intuitivo e criativo, a usar a cor e o som para ampliar a percepção, a descobrir como acontecimentos nas minhas vidas passadas estão me afetando agora, a conhecer meus guias espirituais, a encontrar o companheiro da minha alma, a tomar banhos de imersão para melhorar a saúde e a aprender a arte do amor.

Não pretendo zombar dos impulsos que procuram sua satisfação por esses meios. Nem quero, de modo algum, insinuar que todas as conferências, cursos e oficinas oferecidos não têm valor. Na realidade, tenho certeza de que não se trata disso. No entanto, a variedade de opções é desnorteante, as promessas são enormes e os perigos para os incautos, óbvios. Além disso, os objetivos são bastante heterogêneos. Muitos são de fato objetivos do modo linear, tendo pouco a ver com o cultivo dos modos de percepção de valor, como eu aqui os defino.

Creio ser provável que esse cultivo, à semelhança daquele dos modos intelectuais, exija um trabalho constante, mantido ao longo de muitos anos; que ele seja difícil de atingir em quaisquer circunstâncias; e que seja ainda mais difícil de atingir sem o pleno apoio dos recursos da cultura em que se vive.

Existe um relato de uma tentativa séria e prolongada de cultivar os modos de percepção de valor, que merece nossa atenção pelo que ele revela ser possível. A tentativa foi iniciada por Marion Milner em 1926, quando ela estava com vinte e seis anos. Naquela época, imagino que não houvesse nenhum comentário sobre a Nova Era que lhe proporcionasse estímulo, e o clima intelectual geral era provavelmente mais hostil a esse tipo de iniciativa do que é hoje em dia.

Marion Milner teve o que ela descreveu como uma formação normal anglicana, seguida de educação universitária. Isso a deixou, aos vinte e poucos anos, com uma opinião agnóstica acerca da religião, um diploma em psicologia com distinção e um otimismo geral e indefinido quanto à vida, salpicado de crises de tristeza. A maioria de nós teria simplesmente continuado nesse estado – "tirando o melhor partido da situação", como se costuma dizer, o que significa, de fato, que a pessoa está apenas resignada. Milner, no entanto, adotou um procedimento diferente, que deveria levar a desdobramentos totalmente imprevistos a princípio.

Um ponto crítico de decisão parece ter surgido com o aumento da sua percepção de "certos desconfortos mentais" que anteriormente ela não havia "conhecido, apenas sofrido". Ela atribui esse novo conhecimento explícito ao seu hábito de escrever tudo – de rabiscar anotações aleatórias sobre tudo que surgisse na sua cabeça. Ao rever essas anotações mais tarde, ela ficou perplexa com a veemência dos sentimentos que elas expressavam. E, assim, veio a perceber a extensão da sua dependência do que as outras pessoas pensassem a seu respeito, bem como do desconforto que isso lhe causava: o pavor de ofender ou de não agir corretamente, a incapacidade de relaxar. Depois de ter encarado essa verdade desagradável, ela resolveu que algo tinha de ser feito. Tomou uma decisão que parece bastante simples, mas que se revelou significativa: ela tentaria descobrir o que a fazia feliz.

Talvez alguém se sentisse tentado a fazer dois comentários desdenhosos. O primeiro, de que a resposta é óbvia, pois sem dúvida a pessoa sabe quando está feliz. O segundo, de que a iniciativa é egoísta. No entanto, nenhum dos dois comentários seria justificado. Marion Milner, sem a menor dúvida, não estava apenas querendo saber como "se divertir", como dizemos. Ela queria uma orientação para viver – um meio de saber o que importa. E ela se perguntava se talvez nós não dispuséssemos de algum sentido intuitivo disso, um sentido que havia sido abafado pelas convenções sociais e amortecido pelo esquecimento. Se isso fosse verdade, será que nós não poderíamos reanimá-lo, adotando o hábito de prestar atenção a ele? E a felicidade não seria um sinal de estarmos tendo sucesso?

Ela não começou com nenhuma convicção de que isso funcionaria; mas achava que, pelo menos, valia a pena tentar. Assim, deu início a um diário no qual anotava o que queria, se havia conseguido e se isso a deixava feliz – assim como "qualquer outra coisa que parecesse importante de tal modo que, se se revelasse que a felicidade não tinha importância, eu teria a oportunidade de descobrir o que era mais importante".

Sua primeira tentativa de produzir um registro honesto de um dia comum de trabalho encheu-a com tanto horror que ela quase desistiu. Descobriu em si mesma tanta preocupação com o fato de seu cabelo estar bonito ou não que ficou desanimada e começou a recear que a manutenção desse diário introspectivo somente viria a piorar as coisas. No entanto, algo a impediu de tentar derrotar seu egocentrismo ignorando-o. Ela não conseguiu renunciar à idéia de uma "realidade do sentimento em vez de uma realidade do conhecimento", que tinha de ser explorada se se quisesse viver "uma vida própria". Isso desperta na minha mente fortes ecos de relatos budistas da procura do "*insight*", pois, com a palavra "conhecimento", Milner quer nitidamente referir-se ao conhecimento intelectual como é entendido na tradição ocidental; e sua "realidade do sentimento" parece afim ao conhecimento afetivo ou à intuição. Ela, entretanto, não dá nenhuma indicação de reconhecer esse ponto, e não confiava expressamente no conhecimento tradicional. Portanto, aos vinte e seis anos de idade, ela partiu sozinha em sua busca[10].

A própria Marion acredita que os métodos que desenvolveu podem ser de maior interesse geral do que as descobertas que fez, já que pretende salientar que o que funciona para ela pode não convir a todos. Mesmo assim, neste contexto, tanto os métodos quanto os resultados nos interessam. Procurarei resumir o que se depreende dos detalhes que ela fornece.

O método tem duas partes. Em primeiro lugar, há a cuidadosa observação da própria experiência, incluindo-se o que Marion chamou de "pequenos movimentos da mente". Em segundo lugar, porém, há as técnicas para alterar essa experiência. Tanto uma quanto as outras exigem uma quantidade considerável de honestidade, determinação e engenhosidade.

Os "pequenos movimentos" da mente iriam revelar-se especialmente significativos, pois o reconhecimento da sua existência levou Marion a ver que era possível controlar seu modo de perceber as coisas. Foi após várias experimentações deliberadas com esses movimentos ou "gestos internos" que ela teve a súbita experiência enquanto observava gaivotas voando, experiência já citada aqui (ver p. 265). Em suma, o que aconteceu foi que, de uma forma totalmente inesperada, ela passou a ver as aves de um novo modo que transformou o tédio lânguido numa "alegria e paz profundas".

Tornou-se, então, necessário que ela examinasse mais de perto a natureza desse novo estilo de percepção, contrastando-o com o antigo. Depois de várias tentativas no sentido de alcançar a essência da diferença, Marion expressou a distinção através da metáfora de "olhar com o foco limitado" e "olhar com o foco aberto", sendo o primeiro o modo com que percebemos as coisas a maior parte do tempo. É a seguinte a colocação que ela faz. A atenção do foco limitado "seleciona o que serve aos seus interesses imediatos e ignora o resto". Ela é como um "'animal rastreador' que não levanta o focinho da trilha" – ou seja, da trilha dos próprios objetivos pessoais. Já a atenção aberta se torna possível somente quando esses "objetivos de rastreamento" deixam de comandar a situação. "Prestar atenção a alguma coisa e, ainda assim, nada querer dela, essas atitudes pareciam ser essenciais ao segundo estilo de percepção." (Ela enfatiza que isso não se assemelha em nada a um sonhar acordado, vagamente distraído.)

Logo fica evidente o que isso significa em termos dos modos. A atenção aberta é uma atividade do modo pontual imune a intromissões de objetivos de outros modos. Mais do que isso, porém, ela está isenta até mesmo do tipo de objetivo que é um componente da atividade mais comum no próprio modo pontual.

Geralmente, como diz Marion, se não queremos nada de algum objeto ou situação, costumamos ignorá-los. O que ela estava começando a descobrir era a manter sua atenção totalmente aberta, a se desviar das "distorções dos... interesses pessoais" e a contemplar "a calma impessoalidade" das coisas. Ela descobriu que isso gerava um prazer de um tipo que ela não conhecia antes. E começou a praticar o que chama de "gesto ritual" de dizer "Não quero nada", de modo a que a experiência chegasse a ela.

Isso, no entanto, nem sempre funcionava. Por vezes, o próprio desejo da experiência parecia impedi-la, o que não é tão surpreendente já que o desejo é em si um objetivo pessoal. E nós já reconhecemos a natureza paradoxal do desejo de escapar do desejo. Às vezes, por outro lado, a impressão era a de que um excesso de expectativa era o problema, de tal modo que "imagens nítidas do que poderia acontecer me fechavam para a percepção do que realmente acontecia". O pior de tudo, porém, era qualquer medo do fracasso. Sempre que o medo de cometer um erro surgia na sua mente, sua atenção "se concentrava no tamanho da ponta de um alfinete", e qualquer ampliação se tornava impossível.

A essa altura, Marion Milner já acreditava estar fazendo um progresso genuíno. Os obstáculos a maiores progressos tinham, portanto, de ser investigados. Em especial, por que o medo do fracasso tinha tanto poder? Essa pergunta levou-a ao reconhecimento de que grande parte do seu pensamento era o que ela chama de "cego" – ou seja, propenso a crenças sem críticas, fraco na avaliação racional das opiniões, fraco ao considerar os pontos de vista de outras pessoas e muito enredado com a emoção.

Portanto, agora que começava a compreender isso melhor, ela mais uma vez tentou o ato de distanciamento de objetivos pessoais. Em vez de se perguntar como poderia fazer com que as pessoas fizessem o que ela queria, ela conseguia às vezes perguntar: "Por que eles estão se comportando desse jeito?" Em termos mais gerais, o que ela tentava perguntar era: "Quais são os fatos?", e não: "Agora, o que eu vou fazer?" E ela fala na sensação de alívio e liberdade que essa mudança lhe proporcionou. Concluiu que o pensamento cego se importava muito pouco com os fatos: "Suas idéias eram norteadas pelos sentimentos. Em geral, ele acreditava naquilo em que queria acreditar, embora sempre gostasse de fingir que havia levado em conta os fatos e agido racionalmente." Ela descobriu, também, que seus julgamentos não eram quase nunca moderados. O pensamento cego apreciava declarações radicais e tinha a propensão a se precipitar a conclusões extremas. Esta última tendência, uma vez que Marion se deu conta dela, ajudou-a a entender seu medo do fracasso. Pois, se ela só podia ser ou maravilhosa ou imprestável, um único erro poderia demonstrar que esta última opinião era a correta. A terrível verdade sobre ela mesma poderia ser revelada.

Milner concluiu que o pensamento cego era como uma espécie de tagarelice constante no fundo da sua mente, destruindo-lhe a paz. E, tendo observado esse fato, ela viu com clareza cada vez maior como certos tipos de emoção prejudicam o pensamento, puxando-o para baixo, reduzindo seu potencial.

A essa altura, portanto, ela estava bem consciente do problema que pode derivar do funcionamento conjunto dos modos linear e do construto básico, sobretudo quando eles operam sob o domínio das exigências deformantes impostas pela auto-imagem, como na prática é tão freqüente que operem. Ela acabou por concluir que muitos dos seus problemas tinham por origem um medo muito profundo de perda da identidade pessoal, e que era isso o que havia feito com que ela fosse tão dominada por certos tipos de objetivo. "Eu tinha o desejo constante de conseguir realizar coisas para provar a mim mesma que eu existia enquanto pessoa."

Foi por volta desse estágio de sua investigação que ela fez uma nova descoberta. Ela se convenceu de que seus pensamentos e necessidades mais indefiníveis – aqueles que não conseguia pôr adequadamente em palavras – estavam de fato em busca de sua própria expressão. No entanto, por serem inexprimíveis em palavras, eles conseguiam encontrar expressão apenas através de imagens. Ela começou, assim, a procurar usar imagens como a princípio havia usado a linguagem – ou seja, como um meio de dar forma aos vagos conteúdos da sua mente. Portanto, as imagens – principalmente visuais – tornaram-se para ela um novo caminho para o autoconhecimento (e pelo restante da sua vida, como seus livros posteriores demonstram sobejamente, o caminho parece ter crescido em importância).

Daí em diante, Marion Milner descobriu que suas alterações de humor se submetiam mais facilmente ao seu controle; mas ainda nem sempre. Às vezes, a tensão e a preocupação eram fortes demais. Ela começou, então, a praticar o relaxamento e, através dele, chegou a um novo *insight*: ela compreendeu que o "relaxamento" do tipo benéfico não devia ser equiparado à completa passividade mental, pois a total passividade permitia que ela caísse de volta no "pensamento cego", com todos os seus riscos e imperfeições. Em outras palavras, algum ato de orientação deliberada ou algum norteamento da atenção, era necessário se se quisesse evitar a tendência a cair de volta nos modos linear e do construto básico. Sua atração continuava forte. A mente estava sempre propensa a disparar pelas trilhas conhecidas. Marion precisava, portanto, cultivar "aquela atividade que era necessária para produzir a inatividade", a saber, um certo tipo de consciência plena. A semelhança com os ensinamentos budistas é mais uma vez evidente, embora Marion Milner tenha chegado à idéia por seus próprios meios.

No final de *A Life of One's Own*, livro no qual descreve esses primeiros estágios das suas explorações, ela concluiu ter confirmado com certeza seu palpite inicial de que nós temos, sim, um sentido intuitivo de como viver; mas, se quisermos estimulá-lo e usá-lo, devemos descobrir o que interfere na sua atuação e qual é a melhor forma de ajudá-lo a encontrar expressão.

Marion Milner escreveu outros livros no decorrer de sua longa vida. Um deles aplica-se especialmente aqui como continuação do primeiro, mas eu o mencionarei com maior brevidade[11].

An Experiment in Leisure, publicado em 1937, trata de uma incômoda preocupação herdada da sua obra anterior: como sabemos de fato quando podemos confiar nos nossos sentimentos? Para mim, essa é uma pergunta de importância crítica. Um dos aspectos que me perturbam em algumas das afirmações da Nova Era – refiro-me a afirmações específicas, como as exemplificadas anteriormente – é o fato de que a necessidade de fazer essa pergunta raramente parece receber proeminência.

Em virtude do seu constrangimento a esse respeito, Marion Milner começou a estudar algumas das suas memórias e a tentar lidar honestamente com o lado mais sombrio da sua própria natureza. E grande parte do seu livro é sobre o poder das imagens. Quando as imagens mentais são uma força? Quando elas são um perigo?

Marion concluiu que a imaginação pode funcionar de duas formas: ela pode ser escrava dos fatos – às vezes fatos indisputáveis, de tal modo que, através dela, nós chegamos a conhecer melhor a nós mesmos; ou ela pode nos ajudar a evitar os fatos, oferecendo-nos satisfações substitutas quando somos frustrados ou contrariados. A questão crucial consiste em saber o que provoca a mudança de uma função para a outra.

Na opinião de Marion, a resposta deverá ser encontrada, mais uma vez, no papel dos desejos pessoais. Se a imaginação servir a eles – e em especial se ela for usada para glorificar a auto-imagem – ela é um perigo. Em outros casos, ela pode ser uma enorme fonte de sabedoria. Pois tem condições de exprimir dramaticamente verdades sobre nós mesmos que precisamos compreender.

Sua conclusão geral anterior fica, assim, confirmada. A repetida renúncia a qualquer objetivo pessoal é uma condição necessária para o crescimento e o bom funcionamento da vida emocional. E as imagens podem ajudar esse processo, mas somente se forem usadas adequadamente.

Nesse livro, Marion Milner trata principalmente daquelas imagens e metáforas que brotam na mente se a pessoa espera tranqüila, alerta para ver sua chegada. No entanto, há uma distinção semelhante a ser traçada no que diz respeito ao imaginário público, como a autora também percebe com clareza[12].

Na minha opinião, a distinção depende do fato de que as imagens, como a linguagem, podem ser usadas a serviço de modos diferentes. No funcionamento do modo do construto básico, elas podem facilmente promover não só a glorificação do eu individual, mas também o poder e os objetivos do grupo: o herói jovem e puro indo para a batalha, o inimigo absolutamente perverso. Elas podem assim tornar-se, citando Marion Milner novamente, "o instrumento do desejo infantil mais tosco de ser rei do castelo e provar que os outros são canalhas imundos"[13]. Foi assim que, na Primeira Guerra Mundial, a propaganda oficial britânica criou imagens dos hunos incrivelmente cruéis e bárbaros. E, mais tarde, os nazistas usaram imagens nas quais os judeus eram mostrados como criaturas feias, desprezíveis, subumanas, associadas à sujeira e a parasitas – enquanto, para criar contraste, promoviam imagens de moças e rapazes arianos belos e bem aprumados caminhando por prados ensolarados.

É óbvio que as palavras podem ser manipuladas de modo a produzir efeitos bem semelhantes em algumas manifestações do modo do construto básico. Por exemplo, há simples palavrinhas como "vermelho", "negro" – e "branco" – que encheram tantos corações e mentes com repulsa e pavor. Ou poderíamos considerar, por um lado, *"Deutschland über alles"*, e, por outro, aquela "Terra de esperança e glória" que deve expandir seus limites sempre mais, e que deve tornar-se, se as orações forem atendidas, "ainda mais poderosa". Nesses dois últimos casos, e em muitos outros, a música transmite às palavras um enorme fluxo adicional de força emocional.

Não há nada de errado em se ter – e em se expressar – um sentimento de carinho e afeto pelo nosso próprio povo e pela nossa pátria. Todos perderíamos, sem esse aspecto. O problema surge quando as emoções positivas passam a ter um vínculo com objetivos que põem o bem-estar de um agrupamento humano contra o bem-estar de outros. A expansão de algumas fronteiras territoriais implica, infelizmente, a redução dos territórios vizinhos. Trata-se de um fato inevitável no mundo que habitamos. Em termos mais gerais, os objetivos, se forem de certos tipos, têm a propensão a entrar em conflito. Surge uma incompatibilidade que não pode ser evitada. E assim estamos de volta ao ponto onde começou a argumentação.

No entanto, temos agora condições de comparar esse estado de coisas com um estado diferente. Pois nenhum conflito semelhante surge quando conseguimos passar para os modos intelectuais ou de percepção de valor. Se eu aumentar meus poderes intelectuais, ninguém mais precisa sofrer nenhuma perda equivalente. Se eu me sintonizar melhor com alguma "realidade do sentimento", se eu me tornar mais receptivo emocionalmente a valores que transcendem o pessoal, nenhuma outra pessoa precisa pagar um preço pelo que conquistei. Esses são fatos da maior importância para as vidas humanas e para o possível desenvolvimento das sociedades humanas.

15. *Desejos diferentes e melhores: perspectivas para uma iluminação dual*

> *"– Talvez eles me façam rei – disse Kim, serenamente preparado para qualquer coisa.*
> *– Eu lhe ensinarei desejos diferentes e melhores ao longo do caminho, – respondeu o lama com a voz da autoridade. – Vamos até Benares."*
>
> Rudyard Kipling

Depois de termos procurado entender algo da abrangência do desenvolvimento das mentes humanas, é chegada a hora de voltar a atenção com firmeza para as questões da opção e da ação. Essas questões surgem para nós em termos individuais e coletivos. Podemos respondê-las com graus variáveis de reflexão, mas não podemos evitá-las.

Como, então, iremos usar essa nossa capacidade perigosa e emocionante de criar objetivos e persegui-los? Quais são as restrições – internas e externas – que precisamos levar em consideração? Qual o nível de dificuldade dos empreendimentos que poderíamos nos decidir a iniciar? De quanta ajuda iríamos precisar? De quanta dedicação? Quais são as implicações de certas escolhas? A que mais poderíamos ter de renunciar? E, acima de tudo, o que vale a pena?

Já distinguimos três formas pelas quais a mente humana pode se desenvolver. Há a expansão do repertório, ou seja, o acréscimo de novos modos àqueles já disponíveis. Há o aprendizado de novos tipos de competência dentro dos modos estabelecidos. E há o desenvolvimento do controle regulador do repertório, de tal modo que nos tornamos capazes de selecionar o modo no qual queremos estar a qualquer momento, da mesma forma que um motorista opta por uma marcha.

Ora, é evidente que o leque de possibilidades proporcionado por isso é imenso; e a primeira restrição consiste em que ninguém consegue realizar todas elas. Esse é um objetivo inatingível. Em primeiro lugar, a busca da perfeição num dado setor geralmente consome um tempo considerável. Se você quiser ser um excelente jogador de sinuca, não sobrará muito tempo para adquirir um alto nível de competência especializada em matemática. Portanto, você pode ter um grande potencial para a matemática, mas este permanecerá não-realizado porque você optou por passar sua vida de outra forma. E, mesmo que você conseguisse ser um excelente jogador de sinuca e um grande matemático, o que é improvável, isso também se daria à custa de outras possibilidades – de uma quantidade infinita delas. Wittgenstein parece ter tido um grande potencial para a engenharia aeronáutica, mas ele optou por dar preferência ao seu potencial para a filosofia, sacrificando o outro campo de realização.

Tudo na existência é assim, como já observamos. Uma coisa surge e, em virtude desse mesmo fato, outras que eram possíveis tornam-se "o que poderia ter sido".

Portanto, mesmo que para nós faça sentido pensar em nós mesmos como detentores de algum potencial fixo, o que é duvidoso, não podemos nunca saber qual ele é, e certamente nunca podemos realizá-lo plenamente. Portanto, a idéia não é útil. Mais do que isso, ela pode ser muito prejudicial se nos levar a concluir que algumas pessoas têm um potencial fixo que é baixo. Se uma criança não se sai bem na escola, o que isso nos diz do seu potencial para o esqui ou para a espiritualidade, ou mesmo para o desenvolvimento intelectual em outras circunstâncias[1]?

Muitas pessoas chegam cedo na vida à convicção danosa e freqüentemente duradoura de que seu potencial é baixo, em algum sentido indefinido mas bastante abrangente. Em geral, isso resulta da aceitação da perspectiva dos outros a seu respeito. A vantagem de se pensar em termos não de limites, mas de possibilidades, é enorme, quer estejamos avaliando a nós mesmos ou a outros; mas ela sem dúvida atinge seu valor máximo quando estamos avaliando crianças. No entanto, mesmo esse bom procedimento tem seus perigos quando levado a extremos, como a maioria dos procedimentos, sempre que levados a extremos. Devemos sempre reconhecer que as pessoas são diferentes, que elas têm suas próprias aptidões. Como diz Whitehead, somos "naturalmente especialistas"[2]. Do mesmo modo, as pessoas sentem prazer em tipos diferentes de atividade. Uma pessoa gosta de ser apresentador de televisão, outra gosta de ficar sentada num silêncio contemplativo.

Para cada um de nós, surge a opção – opção quanto ao que fazer e ao que ser. No entanto, o leque de opções que na prática está aberto a nós depende não só de nós mesmos mas da nossa cultura. Nem nossas próprias capacidades, nem nossas preferências, se desenvolvem isoladamente dos outros seres humanos entre os quais vivemos e crescemos. Assim, embora as diferenças individuais devam sempre ser respeitadas, uma série de questões surge quanto à conduta da sociedade. Existem alguns tipos de competência que todos os membros do grupo deveriam ter? E, por outro lado, quando se trata de especialização – como sempre deve se tratar – existe algum tipo de equilíbrio que deveria ser almejado?

O que uma cultura estimula depende de muitas considerações e não é imutável, muito embora os ideais, uma vez estabelecidos, possam perdurar por longos períodos. Já vimos como modos amplamente negligenciados ao longo de séculos podem começar a florecer de novo. Além disso, dentro dos modos, as competências mais valorizadas e as formas pelas quais os valores encontram expressão irão diferir de um tempo e lugar para outro. Os habitantes das cavernas pintavam suas paredes; os europeus da Idade Média construíam catedrais.

Se você morar numa parte do mundo na qual as condições físicas sejam muito difíceis, é provável que seu grupo social se concentre em lhe ensinar certas técnicas do modo pontual destinadas à sobrevivência. No entanto, nenhuma sociedade se preocupa exclusivamente com o modo pontual. Todos os seres humanos desenvolvem um sentido de tempo pessoal: lembranças de acontecimentos da vida, expectativas para o futuro, sendo todas carregadas de emoção. Elas afetam o que pensamos, como nos sentimos, o que fazemos. E, além disso, nós também temos crenças saturadas de emoções sobre a natureza geral das coisas: sobre nossa identidade pessoal e sobre nossa sociedade, sobre o mundo à nossa volta e sobre o cosmo.

Toda sociedade humana tem interesse por esses tópicos. E toda sociedade humana espera dos seus membros adultos certas competências, certos tipos de capacidade e entendimento que se situam no campo de atuação dos três modos básicos: o pontual, o linear e o do construto.

Se você pretende ser um ser humano adulto funcionando normalmente em qualquer parte, esses modos devem estar no seu repertório, à disposição para seu livre acesso. Eles são os modos fundamentais, e são universalmente imperativos. No entanto, os tipos exatos de competência que se exigem que as pessoas desenvolvam dentro deles podem variar consideravelmente de um grupo para outro. Muitos de nós, por exemplo, estão agora sujeitos à expectativa de que aprendam a regular suas vidas estritamente no modo linear com o auxílio dos nossos relógios a quartzo. Devemos apanhar aviões, cumprir compromissos, aparecer para o trabalho na hora. Sob esse aspecto, creio que enfrentamos exigências extraordinariamente difíceis e rígidas. No entanto, todas as sociedades esperam que as pessoas sejam capazes de algum tipo de planejamento para o futuro, bem como de cálculo do tempo para a participação em iniciativas compartilhadas.

Contudo, o funcionamento do modo do construto básico é o que parece gerar a maior diversidade entre os grupos humanos. Mesmo assim, apesar de termos perfeita consciência de alguma parte dessa diversidade, e de freqüentemente nos orgulharmos do nosso jeito de fazer as coisas, existem também certos tipos de crenças elaboradas que nos parecem tão óbvias, tão absolutamente consumadas a ponto de praticamente serem inquestionáveis. Essas constituem o campo do conhecimento tido como líquido e certo, dentro do qual as pessoas se conduzem com sensatez, com "bom senso", como se diz. E costumamos supor que o bom senso esteja nas mãos das pessoas racionais em toda parte.

Falei anteriormente do "senso humano" como de algo que todos temos em comum[3]. Agora, porém, quero traçar uma distinção entre o senso humano e o bom senso – uma distinção que, de fato, define com maior rigor a primeira idéia. Digamos, então, que o senso humano deriva do aprendizado inicial dentro dos modos pontual e linear básicos, aprendizado que é semelhante nas sociedades humanas em todos os lugares; enquanto o bom senso é ampliado pelo aprendizado posterior, sobretudo no modo do construto básico, e é muito mais variável em termos culturais.

Clifford Geertz fornece uma hábil ilustração do tipo de distinção que tenho em mente. Ele examina a "opinião de bom senso" de que devemos nos abrigar da chuva se possível, e divide essa opinião em dois componentes: o conhecimento de que a chuva nos molhará e a crença de que esse resultado deve ser evitado. Ele salienta, então, que a parte do conhecimento é universal. Todos nós sabemos que a chuva molha. Por outro lado, avaliações quanto à conveniência de procurar abrigo podem ser variáveis. Alguém poderia sustentar que enfrentar os elementos, fazendo pouco caso da chuva, é uma atitude boa e adequada a tomar. Geertz poderia ter acrescentado que, em partes do mundo onde a chuva é muito escassa, a pessoa poderia se alegrar com sua sensação quando ela ocorre.

Ora, saber que a chuva nos molha faz parte do senso humano. No entanto, julgar qual comportamento é adequado diante do fato faz parte do bom senso. E eu concordo com Geertz quando ele afirma que este último é elaborado em termos sociais. Ao mesmo tempo, ele é vivenciado como algo tão fundamental que tende a admitir para si a universalidade. Nas palavras de Geertz: "O que a sabedoria elementar tem em todos os lugares é o ar irritante de sabedoria elementar com o qual é pronunciada."[4]

O fato é que se espera de todos nós que aprendamos o bom senso do nosso grupo de uma forma perfeitamente meticulosa, e, em geral, é isso o que fazemos. Se não o fizermos, ou se nosso aprendizado deixar de ser aplicável, não poderemos cumprir as expectativas mais fundamentais para uma vida comum sensata, isso para não falar em sensível. Pessoas que passaram longos períodos em instituições têm dificuldades imensas – e totalmente compreensíveis – exatamente com esse tipo de interação quando voltam a viver em sociedade. A conseqüência é que elas costumam ser tratadas com total aspereza. No entanto, a maioria das sociedades tem suas categorias especiais de incompetentes tolerados: o padre desligado, o professor distraído. Todos nós conhecemos histórias sobre gente desse tipo. Houve, por exemplo, um professor da St Andrews University de quem se diz que um dia viajou até Leuchars Junction, onde teria de fazer baldeação. Ele telefonou para a mulher a fim de lhe perguntar para onde estava indo. Ela lhe disse, com seu bom senso em funcionamento, que olhasse na passagem. Só que ele olhou na parte da volta e voltou para St Andrews.

Até aqui, portanto, a argumentação consiste em que os três modos básicos entram facilmente para o repertório e são imperativos para a participação comum em todas as sociedades humanas. Algumas partes do seu *conteúdo* – ou seja, o aprendizado realizado com eles – parecem ser genuinamente universais também. Essas constituem o senso humano. Algumas partes são tidas como líquidas e certas a tal ponto que são imaginadas universais, apesar de não serem. Essas são o que queremos dizer com bom senso. Resta, porém, um terceiro componente ainda não examinado: o aprendizado do modo básico de coisas que são culturamente distintivas, reconhecidas como tais, valorizadas como tais e, se necessário, ferozmente defendidas. Incluo nesta última categoria um senso da nossa própria história, como nos foi "transmitida" com seus elementos lendários, as histórias – às vezes canções – antigas e elaboradas de triunfos e desastres. Incluo um senso de compromisso com religiões específicas, com suas próprias festas, rituais a serem cumpridos e lugares sagrados. Incluo todas as normas para a conduta da vida que consideramos nos proporcionar nossa identidade nacional: é assim que *nós* fazemos as coisas, é assim que *nós* somos.

Ora, os grupos humanos normalmente se preocupam com a preservação das suas próprias identidades e com sua perpetuação. Assim, tentativas mais ou menos deliberadas são feitas no sentido de transmitir aos jovens esses valores e crenças característicos e conscientes. Quando o grupo está estabelecido e seguro, essas tentativas costumam ter um bom grau de sucesso apesar de rebeliões. O caso já é diferente se uma cultura estranha interfere, como infelizmente aconteceu com freqüência na história.

Quando um grupo consegue dominar um outro por algum período considerável, a dominação costuma ter – talvez *tenha de* ter – como uma das suas características principais a eliminação dos processos pelos quais a cultura subordinada é transmitida. Assim, o grupo dominado, pelo menos em algum grau, é cortado da sua própria história e costumes – e, em casos críticos, da sua língua –, resultando numa perda sentida profundamente e numa raiva justificada.

Se quisermos sentir que pertencemos a um dado grupo social, devemos considerar suas crenças e valores característicos dos modos básicos como "nossos". A perda dessa sensação de conforto pode ocorrer não só a membros de grupos subordinados, mas a indivíduos que vivem numa cultura que seja "sua" por outros critérios normais. No entanto, o que está em jogo é mais do que a perda do conforto. Se a alienação for profunda e não estiver bem dissimulada, ela pode ser muito perigosa para a pessoa que a vivencia. A perseguição é uma conseqüência freqüente. Por exemplo, a discordância com o sistema do construto básico dominante na Alemanha nazista era realmente perigosa. A alienação geralmente é arriscada até certo ponto.

O modo do construto básico é a arena para as disputas políticas e religiosas. Termos como "herege", "dissidente", "subversivo" e "anti-social" são aplicados amplamente àqueles cujas crenças e valores não combinam ou que são considerados ameaçadores. Rótulos ofensivos como "escória" ou despersonalizantes como "elemento" podem ser acrescidos para fazer com que a perseguição pareça mais justificada. "Elementos subversivos" e "escória anti-social" não parecem merecer solidariedade ou tratamento moderado.

No entanto, as sociedades podem diferir imensamente na sua tolerância diante da aberração e da excentricidade. Além disso, pessoas que um dia foram consideradas dissidentes perigosos podem conquistar seguidores que as venerem. Cristo foi crucificado por seu comportamento inconformista.

Parece, portanto, que o primeiro tipo de desenvolvimento, ou seja, a expansão do repertório modal, é comum a todos, pelo menos até o nível do construto básico. Contudo, alguns tipos de desenvolvimento *dentro* desses modos são bastante variáveis, sendo afetados tanto por predileções individuais quanto pela influência dos outros. Essa influência é educacional: os membros mais velhos do grupo social estão ensinando aos jovens. Entretanto, o ensino em questão é muitas vezes bem informal, sem estrutura ou planejamento. Ele surge espontaneamente quando um momento adequado se apresenta (um dos motivos pelos quais a erradicação total de tradições culturais é difícil de se conseguir). E, com freqüência, ele vem em resposta a alguma iniciativa por parte da criança – algum interesse demonstrado, alguma pergunta feita, embora também seja fato que muitas iniciativas deixam de evocar a resposta adequada, e que inúmeras oportunidades educacionais não são aproveitadas.

Esse tipo de ensino ocorreu seguramente em todos os grupos sociais humanos que já existiram. Com seu método, por mais aleatório que seja, muito se aprende de uma forma que parece eficaz, duradoura – e quase bastante agradável, tanto para quem ensina quanto para quem aprende. O adulto ensina quando lhe parece adequado, a criança aprende quando surge um interesse espontâneo. Isso parece – e é – bom. Agora, porém, chegamos a uma questão fundamental para a educação numa sociedade moderna. E o desenvolvimento dos modos restantes, aqueles que se encontram para além dos três primeiros? Eles também passam a fazer parte do repertório de um indivíduo da mesma forma fácil e universal? E, uma vez que isso tenha acontecido, o aprendizado *dentro* desses modos pode ser estimulado efetivamente através de algum tipo de ensino informal que saiba tirar proveito das circunstâncias?

Creio que se pode afirmar com segurança que nunca existiu uma sociedade humana em que todos os seus membros tivessem à sua disposição todos os modos, mesmo que estabeleçamos critérios bem baixos para essa "disponibilidade". Por exemplo: numa nação moderna, muitos dos cidadãos adultos – talvez a maioria deles – dispõem de alguma capacidade para lidar com a noção de número de uma forma que depende do funcionamento do modo transcendente intelectual. Ou seja, eles conseguem pensar em números e fazer operações com eles até um certo limite, sem ter de elaborar algum contexto imaginado de "coisas" reais a serem enumeradas. Poderíamos, portanto, afirmar que, assim que isso se torna possível, o modo transcendente intelectual está no seu repertório – está à sua disposição, mesmo que eles estejam longe de usar esse modo com a desenvoltura com que usam constantemente os três modos básicos. No entanto, há sem dúvida alguns que deixam a escola praticamente incapazes de sequer usar o modo transcendente intelectual.

Argumentos semelhantes aplicam-se aos modos de percepção de valor, mesmo em sociedades nas quais eles são altamente valorizados. Temos de concluir que, após o terceiro modo, alguma coisa muda. Aparentemente, os modos básicos "ocorrem naturalmente" aos seres humanos, mas além desse ponto, entramos num novo território, enfrentando novos problemas educacionais. Devo mais uma vez salientar que dizer que esses modos "ocorrem naturalmente" *não* significa dizer que eles se desenvolvem independentemente da experiência ou da influência de outras pessoas. Nem equivale a dizer que todos os recursos dentro de cada um deles são igualmente fáceis e universais.

Os modos básicos ocorrem naturalmente, no sentido específico de que todas as crianças que não sejam profundamente anormais em termos genéticos nem profundamente carentes ou prejudicadas em termos ambientais irão, por volta dos quatro ou cinco anos de idade, ter esses modos disponíveis para seu livre uso e para muita expansão opcional futura. Isso terá sido alcançado através de uma interação prolongada com o mundo físico e social, mas ainda sem a necessidade de um esforço conscientemente planejado, seja por parte da criança, seja por parte da comunidade à qual ela pertence. As crianças aprendem muitas coisas que nunca se propuseram a aprender, e que ninguém mais chegou a colocar diante delas como um objetivo deliberadamente concebido[5].

Entretanto, não se trata de que todo desenvolvimento humano poder ocorrer dessa mesma forma fácil, sem planejamento. Algumas realizações têm de ser conquistadas: conquistadas através de exercícios deliberados e prolongados, ou através de um estudo estruturado. Podemos chamar um aprendizado de espontâneo quando ninguém (aluno ou professor, indivíduo ou grupo social) decidiu conscientemente que o aprendizado deverá se realizar. Assim que surge uma decisão consciente no sentido de aspirar a algum conhecimento ou estado mental, ou a conseguir que alguma outra pessoa faça isso, o aprendizado passa a ser deliberado. Isso vale mesmo que sejam feitos esforços para que ele pareça espontâneo.

Tornou-se moda ultimamente, pelo menos na Grã-Bretanha, considerar pouco palatáveis essas verdades. A idéia de que o aprendizado espontâneo, informal, é o modelo ideal para todo aprendizado mostrou-se poderosamente sedutora, a tal ponto que muitos que realmente não acreditam nisso receiam parecer obtusos se propuserem que se deva *ensinar* sistematicamente qualquer coisa às crianças. Isso é a morte para o intelecto. E, se a mesma doutrina for aplicada ao desenvolvimento da percepção de valor, na minha opinião ela será igualmente destrutiva nesse setor.

A distinção entre aprendizado espontâneo e deliberado aplica-se tanto dentro de cada modo quanto entre os modos. Alguns tipos de habilidade do modo pontual ocorrem prontamente a todo mundo; outros, só com trabalho árduo e determinado. Todos nós andamos, mas nem todos somos bailarinos. Da mesma forma, como já vimos, os modos básicos apresentam uma disponibilidade livre e ampla, mas isso não vale para os restantes. Em especial, manter o pensamento separado da emoção, mesmo num grau muito limitado, não nos ocorre espontaneamente de modo algum. Se quisermos aprender a agir assim efetivamente, devemos proceder de modo diferente daqueles através dos quais a maior parte do nosso aprendizado inicial se realiza. Devemos *nos aplicar.* Devemos nos tornar capazes de guiar e direcionar nossas mentes.

Assim, surge a necessidade da disciplina. E, embora esteja em questão a autodisciplina, ela não é fácil de ser conquistada sem ajuda. Poucos conseguem conquistá-la sozinhos.

A questão é saber que tipo de ajuda é necessário, e qual a melhor maneira de oferecê-lo. Essa pergunta, aparentemente tão simples, é *a* pergunta educacional. Respondê-la é peculiarmente difícil e delicado, pois o caminho é estreito entre as ciladas que se apresentam dos dois lados.

Num livro como este, apenas alguns pontos bem gerais podem ser defendidos de forma adequada. Os dois primeiros são sobre os obstáculos. Temos de admitir, desde o início, que o cultivo deliberado e *prolongado* exigido pelos modos avançados pode tornar-se muito difícil, se não impossível, a menos que certas condições prévias sejam cumpridas. Como mencionei anteriormente, Whitehead encontrou na matemática uma fuga da "instigante urgência dos acontecimentos fortuitos". No entanto, ele vivia em circunstâncias altamente privilegiadas. Com freqüência, a urgência instigante é forte demais para permitir a fuga. Ela nos captura e nos faz prisioneiros, principalmente se somos jovens e imaturos. Como irão as crianças se dedicar ao estudo disciplinado se estiverem sentindo frio e fome, calor e sede, se não tiverem dormido bem ou se estiverem assustadas ou submetidas a violências? Não passa de uma crueldade culpar essas crianças ou zombar delas caso se tornem "fracassos educacionais". Portanto, um certo nível de segurança material e social é necessário. Até onde posso ver, isto se aplica aos modos intelectuais e de percepção de valor em graus equivalentes.

Em seguida, há a questão – a questão sempre recorrente – da auto-imagem. O desenvolvimento para além dos modos básicos exige, por definição, o cultivo da capacidade de manter sob controle a preocupação com a auto-imagem, para que ela pelo menos possa ser deixada de lado durante certos períodos. Se quisermos que esses períodos sejam mais do que momentâneos, algum nível de segurança pessoal (não material) talvez precise ser atingido primeiro. Pois, quando estamos preocupados profunda e persistentemente com o "tipo de pessoa" que somos, o interesse por tal coisa logo irá interferir. E, em vez de resolver um problema, estaremos querendo provar que somos o tipo de pessoa que consegue resolver o problema. Em geral, isso é o que se encontra no cerne do medo do fracasso. E o medo do fracasso é uma coisa que as escolas deveriam ser capazes de ensinar as crianças a superar, embora com tanta freqüência elas façam exatamente o contrário.

Deve-se acrescentar, imediatamente, que o senso de segurança pessoal de uma criança não depende apenas do que acontece na escola. Em termos profundos, ele depende de experiências em família, onde a auto-imagem lança suas raízes mais fundas, e também de experiências no grupo social mais amplo. É evidente que, se uma criança pertence a um subgrupo social que se sente ameaçado ou depreciado, essa criança enfrentará maior dificuldade para desenvolver uma base segura a partir da qual seja mais propício fazer incursões exploratórias nos modos intelectuais ou nos de percepção de valor[6].

Ocorre-me o fato de que um bebê irá geralmente explorar um novo ambiente com maior liberdade na presença da mãe, em quem confia e para quem sempre é possível voltar. A própria presença da mãe torna mais fácil não precisar importar-se com ela por algum tempo. Aparentemente, uma identidade pessoal segura e uma idéia suficientemente boa daquilo que se é propicia, de modo semelhante, o início de explorações mentais posteriores. É compreensível que seja menos alarmante parar de se importar com a auto-imagem – esquecer-se dela temporariamente – quando se sabe que se pode dar meia-volta e encontrar sua presença tranqüilizadora ainda ali. Depois, aos poucos, a importância de uma base dessas pode ir desaparecendo; embora isso certamente nem sempre aconteça, mesmo quando as circunstâncias pareçam favoráveis.

Suponhamos agora – reconhecendo como essa hipótese é utópica – que estamos falando de uma sociedade na qual tenha sido feito tudo que se podia fazer para eliminar aqueles obstáculos fundamentais ao progresso para além dos modos básicos. Voltemo-nos, então, para a questão de como esse progresso pode ser estimulado positivamente. Que tipo de concepção da educação será mais benéfico para o cultivo deliberado dos modos intelectuais e de percepção de valor?

Veio a ser de aceitação geral que o melhor tipo de educação é centrado na criança. Essa idéia encontrou apoio em certos argumentos oriundos da psicologia evolutiva, especialmente da obra de Piaget[7]. E trata-se de uma idéia que exerce forte atração sobre pessoas bem-intencionadas que desejam proteger as crianças das ameaças de opressão inerentes ao extremo oposto, ou seja, a um sistema centrado na cultura, que insiste na obediência a exigências culturais.

Ora, existe decerto um sentido no qual a educação deve ser centrada na criança. O professor deveria sempre estar com a criança – estar ao seu lado numa exploração compartilhada e tentar compreender com a imaginação como tudo se apresenta do ponto de vista da criança. Sem isso, como é possível avaliar a ajuda de que a criança precisa? Ao mesmo tempo, porém, temos de reconhecer que o ponto de vista da criança é necessariamente limitado. No curso natural das coisas, as crianças não conseguem visualizar as possibilidades abertas diante delas, ou compreender como essas possibilidades se concretizarão. Elas não conseguem prever as conseqüências a longo prazo de atitudes tomadas agora. É claro que ninguém consegue fazer isso plenamente, mas é uma parte essencial do papel do professor o ter em mente resultados plausíveis a longo prazo, resultados que as crianças são incapazes de visualizar sozinhas.

Outra forma de colocar essa questão consiste em dizer que o professor deve ser capaz de levar em conta pontos de vista diferentes: com a máxima certeza o atual ponto de vista da criança, mas também o ponto de vista dessa mesma criança no futuro, voltando a examinar a educação que lhe foi oferecida ou que lhe foi negada; e o ponto de vista do grupo cultural, que tem oportunidades específicas a proporcionar e interesses legítimos naquilo em que seus membros irão se tornar. Eu iria ainda além disso, e salientaria a importância de voltar ainda mais atrás a fim de reconhecer mais um ponto de vista: o legítimo interesse de toda a humanidade. Pois o que um grupo consegue realizar ou deixa de realizar, valoriza ou deixa de valorizar, importa a todos nós.

Portanto, o que é necessário é uma espécie de "descentração" por parte dos educadores. Uso a palavra no seu sentido estrito, como Piaget a usou. Para ele, descentrar é evitar ficar preso a um único ponto de vista. É tornar-se capaz de apreciar perspectivas diferentes e de ver como elas se relacionam entre si. Crianças pequenas conseguem fazer isso cedo e com competência em certas situações, como nas brincadeiras de esconder que examinamos no capítulo 6. No entanto, elas não podem fazer isso sozinhas quando se trata da trajetória da sua educação. Como poderiam? Como poderiam de antemão saber o suficiente sobre os recursos da sua própria sociedade ou sobre os recursos mais amplos da herança cultural humana?

Assim, os dois extremos centrados da educação – o centrado na criança e o centrado na cultura – apresentam sérias desvantagens. Se a educação for centrada na cultura, serão supervalorizados a submissão, o decoro e a transmissão de informações, com uma desvalorização da engenhosidade, imaginação e iniciativa da criança. Há também uma depreciação da capacidade humana para o desafio e a rejeição, bem como uma minimização dos tristes efeitos do tédio. O pior de tudo talvez seja a forte probabilidade de que as crianças que estão sendo instruídas não sejam respeitadas como seres humanos com direito a uma voz no empreendimento.

Por outro lado, o principal risco do extremo centrado na criança é o de superestimar os poderes das crianças para o autodirecionamento e a validade dos seus julgamentos, enquanto subestima não só sua necessidade de ajuda sistemática e bem planejada, mas também sua disposição a receber essa ajuda se ela não lhes for imposta com atitudes insensíveis. Os seres humanos jovens têm uma notável tendência a se adequar ao papel de aprendiz. Eles sabem apreciar a aceitação de novos objetivos e desafios propostos por outras pessoas, e podem experimentar uma satisfação enorme ao atingir uma competência consciente.

Por melhores que as crianças sejam na geração de objetivos, não se deve deixar que elas gerem todos eles sozinhas. Nem estaríamos agindo bem com elas se habitualmente as deixássemos calcular, sozinhas, meios para atingir objetivos. As crianças gostam de resolver problemas mas, como diz Bruner, "não é freqüente que elas se predisponham a *procurar* problemas, ou que tenham capacidade para isso" (grifo meu)[8]. Elas gostam de fazer descobertas e é bom desafiá-las a tanto, mas elas também gostam e se beneficiam de que as coisas lhes sejam explicadas. Elas fazem perguntas e querem respostas claras e honestas que, naturalmente, se forem bem calculadas, não precisam encerrar a investigação, mas podem levar ao desejo de saber mais. As crianças são capazes de apreciar, nos níveis apropriados, o poder e a beleza da boa *execução* – até mesmo, talvez, daquilo que Whitehead chama de "estilo", termo com o qual designa "a direta consecução de um fim previsto, com simplicidade e sem desperdício"[9].

Whitehead fala num fim previsto. No entanto, trata-se de um fato de grande pertinência educacional que os fins diferem entre si quanto à facilidade com que possam ser vistos de longe.

Alguns objetivos são prontamente captados em toda a sua abrangência, mesmo por crianças muito novas. Uma criança *pode ver o que é* ser um caçador de grande sucesso e, com uma limitação maior, mas ainda com muita intensidade, o que é ser bailarino, músico ou pintor. Por exemplo, uma menina chinesa chamada Yani alcançou recentemente fama internacional com suas pinturas surpreendentemente belas e de boa técnica, produzidas entre os três e os seis anos de idade. Tudo isso começou quando Yani observava e procurava copiar as atividades do seu pai no ateliê. O pai, de repente percebendo seu interesse, perguntou-se se ela realmente queria aprender a pintar. Diz-se que a "idéia pareceu iluminar sua mente. 'Yani, você é realmente o tesouro do Papai', disse ele, beijando o rosto da filha por ser incapaz de ocultar seu sentimento de satisfação"[10].

Daí em diante, Yani parece ter recebido uma combinação poderosíssima de estímulo e ajuda sintonizada. Mesmo quando ela destruiu uma das obras do pai, aplicando borrões de carvão e tinta sobre ela, não a repreenderam, pois ela estava aceitando um objetivo altamente valorizado pela sua família e pela sociedade.

As pinturas que Yani passou a produzir permanecem suas. Elas expressam maravilhosamente seus entusiasmos e suas interpretações alegres, cheias de humor. No entanto elas pertencem, em termos inconfundíveis, às tradições da sua cultura. E seus feitos derivam de "uma prática repetida e incansável" – mais de 4.000 quadros em três anos. Portanto, aos seis anos de idade, "ela pelo menos dominou alguns dos princípios e técnicas mais importantes da pintura. Até mesmo as inscrições e sua assinatura não são nunca postos no papel de forma descuidada, mas resultam de uma reflexão cuidadosa"[11].

Yani recebeu o objetivo que começou tudo isso ao observar seu pai. Ele não planejou deliberadamente oferecer-lhe esse objetivo, já que ela estava com apenas dois anos de idade. Sem dúvida, porém, ele estimulou deliberadamente os processos que se seguiram, através dos quais esse objetivo passou a pertencer à própria Yani.

Esse é um método bem conhecido com o qual se pode escolher o direcionamento de uma vida: uma pessoa amada e admirada vem a servir de modelo, sendo seguida de bom grado. No entanto, nem todas as atividades humanas são expostas com tanta facilidade. E se a pessoa amada fica sentada, pensando, meditando ou orando? A compreensão da criança do que está sendo feito não será tão fácil. E a atividade, mesmo quando começar a ser entendida, provavelmente não parecerá tão atraente em termos imediatos.

Além disso, se há objetivos que uma cultura considere de extrema importância para serem adotados por muitos dos seus jovens – ou por todos eles – as coisas não podem ser deixadas nas mãos do acaso. Esses objetivos devem ser propostos sistematicamente. O encontro com eles não deve ser meramente fortuito, dependendo de uma contingência feliz, como o encontro de Kim com seu lama (ver a epígrafe deste capítulo).

Ora, ninguém pode adotar verdadeiramente um objetivo sem compreendê-lo. É verdade que podemos executar atos sem prever as conseqüências às quais eles levam e, assim, sem compreender, podemos beneficiar o objetivo de uma outra pessoa. No entanto, não podemos tornar um objetivo nosso a menos que possamos, de alguma forma, prever uma meta. É daí, sem dúvida, que vem o valor de um modelo visível, da exibição de um resultado.

Considero um princípio básico o de que a educação fracassa a menos que os objetivos que ela oferece sejam verdadeiramente aceitos – ou seja, que acabem por ser adotados pelos aprendizes como seus próprios. Se não for assim, a disciplina não tem como se tornar autodisciplina. Conseqüentemente, um esforço educacional especial deve ser dedicado a tornar compreensíveis aqueles objetivos que tenham maior probabilidade de parecer obscuros.

Que as pessoas não deveriam ser forçadas a atividades que lhes pareçam sem sentido é, tenho certeza, a intuição subjacente à afirmação de que toda educação deve ser relevante para as vidas dos alunos. E essa intuição básica é sólida. No entanto, a educação trata de *mudar* vidas – de ampliar o alcance da pertinência. Ela trata, em primeiro lugar, de expandir o repertório modal. Ela trata de sugerir novas direções que as vidas podem seguir. Se a educação for tão reduzida a ponto de apenas servir a objetivos preexistentes – objetivos que estariam ali de qualquer jeito – ela não passará de mais um tipo de fracasso educacional.

Como, então, vamos ajudar as crianças a compreender metas que estão totalmente distantes das suas vidas presentes, e que não são fáceis de demonstrar? Como vamos dar-lhes alguma noção de como seria atingir o poder como matemático, digamos, ou como qualquer tipo de pensador teórico? Ou ainda, como dar-lhes algum sentido da experiência que advém do desenvolvimento da espiritualidade à medida que ela aspira alcançar a transcendência? Creio que a resposta realista tem de ser a de que essas metas, na plenitude da sua maturidade, não podem ser apresentadas em qualquer forma explícita que crianças pequenas possam compreender.

Então, o que deve ser feito por uma cultura que quer propor altos níveis de sucesso intelectual ou de percepção de valor aos seus jovens membros? Como pode uma cultura dessa natureza influenciar os jovens no sentido de que façam o tipo de esforço disciplinado e prolongado que certamente será necessário?

Existem pelo menos duas coisas que podem fazer a diferença. Primeiro, se formos suficientemente sérios e prudentes quanto à empreitada, nossas escolas podem oferecer metas intermediárias numa seqüência bem planejada, de modo que cada realização seja também uma abertura que revela novos desafios não muito fora do alcance. No entanto, a seqüência não deve ser rígida, menos ainda imposta rigidamente, e não deve jamais chegar a lembrar na prática aquela imagem medonha de arcos através dos quais se deve saltar. O professor não é um adestrador de circo. Tampouco é ele apenas um consultor. O professor é alguém que sabe o que está lá adiante, e também *como se chega lá.* O professor tem novos desejos a oferecer – e novas técnicas para aprender como satisfazê-los.

Isso, porém, não é tudo. Apesar da dificuldade de compreender metas realmente remotas, há mais uma coisa que uma cultura pode fazer para propô-las aos jovens – algo mais difuso e, sob um certo aspecto, mais sutil.

Examinemos por um momento os métodos tradicionais do Oriente, quando se trata da oferta de metas espirituais. Nesse caso, o segredo está na figura do homem santo. Imaginemos como essa figura deve aparecer aos olhos de uma criança. Ele não trabalha como os outros. Não é lavrador, sapateiro ou comerciante. Não faz absolutamente nenhuma contribuição óbvia à vida social. Mesmo assim, se ele aparece numa aldeia com sua tigelinha de mendigo, as pessoas ganham "mérito" ao lhe dar parte dos seus alimentos freqüentemente escassos. E, se ele resolver se instalar numa caverna das redondezas, os moradores apreciarão isso, mesmo que o homem santo agora precise ser alimentado continuamente. Uma criança que observa tudo isso percebe que o homem santo é valorizado. Ela chega a compreender que essa pessoa, por mais estranha que seja a razão, deve ser tratada de um jeito especial. Ele deve ser tratado com reverência. Além do encontro com o próprio sentimento de reverência, que não é assunto insignificante, talvez o aspecto mais importante dessa experiência deva ser encontrado no próprio fato de os motivos para a reverência não estarem imediatamente óbvios. Assim, os valores atuais da criança são desafiados, abrindo-se a possibilidade de aspirações que se encontram mais além.

Jean-Paul Sartre, ao escrever sobre sua infância, faz o seguinte relato do seu contato inicial com os livros no escritório do avô:

> Mesmo antes de saber ler, eu já reverenciava aquelas pedras erguidas; verticais ou inclinadas, apertadas umas

> nas outras como tijolos nas prateleiras da biblioteca, ou distanciadas com nobreza, como avenidas de dólmens, eu sentia que a prosperidade da família dependia delas... Costumava tocá-las em segredo para honrar minhas mãos com sua poeira, mas não tinha muita idéia do que fazer com elas. E, dia após dia, eu presenciava cerimônias cujo significado me escapava. Meu avô – normalmente tão desajeitado que minha avó abotoava as luvas para ele – manuseava esses objetos culturais com a destreza de um sacerdote oficiante[12].

Os primeiros contatos de Kim com o lama são de uma natureza diferente e, no entanto, há uma profunda semelhança subjacente. Quando inicia sua jornada como discípulo do velho, Kim tem suas próprias metas, derivadas de lembranças confusas de coisas que seu pai lhe disse. Ele as trata como profecias e se pergunta, sem grande interesse, se seu destino é o de ser rei. O lama, porém, promete ensinar-lhe *desejos diferentes e melhores* – não, em primeiro lugar, como atingir metas, mas como ter novos tipos de metas, até então inimaginados e, portanto, a princípio incompreensíveis[13].

Um desejo de trocar metas antigas por novas não é o motivo pelo qual Kim, o moleque esperto, parte com o velho lama. A princípio, ele está desempenhando o papel de discípulo. Já o convite do lama é o convite clássico. E, como as novas metas inicialmente não podem ser compreendidas pelo aprendiz, o primeiro passo do Caminho tem de ser um ato de confiança: confiança de que o guru acabará por ter algo a revelar que compense o esforço. Essa confiança não provém apenas da pessoa do mestre conforme percebida pelo aprendiz, embora isso também conte. A confiança recebe o estímulo e o endosso – ou não – das atitudes disseminadas na sociedade.

A sociedade transmite uma mensagem geral ao demonstrar respeito por alguns dos seus membros que são competentes em técnicas altamente valorizadas. Quando se demonstra respeito por realizações que não se prestam facilmente a exibições, os jovens pelo menos estarão sendo auxiliados a compreender as limitações do seu próprio conhecimento. Eles perceberão que poderiam aspirar a algo que, no presente, está fora do seu alcance. E alguns optarão por tentar.

Há perigos em tudo isso, e eles são suficientemente conhecidos. Se, por exemplo, conferir-se um respeito automático a representantes de uma religião, alguns – talvez muitos – não o merecerão enquanto indivíduos. Eles podem até ser patifes dissimulados. O mesmo vale para aqueles que representam oficialmente as realizações do intelecto. Alguns honram pouquíssimo os valores que deveriam encarnar. No entanto, minha idéia geral permanece ilesa, e ela se aplica ao aspecto intelectual tanto quanto ao espiritual: se quisermos que as crianças sejam estimuladas a direcionar seus esforços no sentido da realização nesses modos, será necessário mostrar-lhes que a alta competência neles é valorizada. Pode haver métodos diferentes de demonstrar isso; mas, se não se encontrar um bom método em qualquer grupo social, nesse grupo os modos em questão irão fenecer. Lembremo-nos: esses modos não nos ocorrem espontaneamente. Eles têm de ser cultivados por um esforço deliberado, ou iremos perdê-los.

Esse argumento não se inclina para a conclusão de que as técnicas em outros modos devam ser menos valorizadas. Há muitos meios de se contribuir para o bem comum, e eu não estou tentando colocá-los em ordem de importância. Quero apenas salientar que alguns tipos de competência são muito mais visíveis do que outros, e que a visibilidade não é uma avaliação segura do valor.

Durante os últimos cem anos, aproximadamente, uma série de grupos sociais procurou fazer algo jamais tentado antes no curso da história humana: eles procuraram apresentar todos os seus membros aos modos intelectuais. Atualmente, tendemos a considerar como líquido e certo o ensino universal, mas deveríamos reconhecer a novidade e a dificuldade dessa iniciativa.

É claro que a meta não consiste em que todos devam se tornar altamente competentes em termos intelectuais. Isso levaria muito tempo e impediria a realização de outros tipos de potencial. Essa parte é geralmente reconhecida mesmo por quem valoriza extremamente o intelecto. No entanto, existe um amplo consenso de que o ensino universal tem por objetivo promover pelo menos as capacidades intelectuais fundamentais. Não importa o que mais venha a ser alcançado, as crianças devem ser razoavelmente alfabetizadas e conhecer aritmética, devem conhecer alguns dos feitos da ciência – talvez até mesmo um pouco dos seus métodos – e devem aprender, no mínimo, algo sobre o pensamento racional aplicado a temas gerais. Ali onde tudo isso é imposto por lei, talvez possa parecer que a sociedade transmite, com total clareza, uma mensagem crucial de respeito. Infelizmente, porém, a mensagem costuma estar longe de ser clara. É perfeitamente possível que as pessoas exijam que as crianças aprendam a ler, escrever e contar e, mesmo assim, não tenham nenhuma compreensão da verdadeira natureza dos modos intelectuais – que cheguem mesmo a não gostar ou a ter medo dos intelectuais.

As competências intelectuais são normalmente valorizadas por motivos exclusivos do modo linear – ou seja, pela sua utilidade prática, que se revela enorme. Os pais costumam querer que seus filhos adquiram conhecimentos intelectuais porque, assim, eles "irão em frente". Há muito tempo, no Egito antigo, já se reconhecia que "o escriba é o chefe"[14]. Isso ainda tende a ser verdade. E o reconhecimento desse fato não precisa trazer consigo nenhuma compreensão do significado especial da alfabetização para o desenvolvimento da mente[15].

As metas dos modos intelectuais, bem como as dos de percepção de valor, são a transformação do eu em direções escolhidas. Em cada caso, há um Caminho a ser seguido. Em cada caso, há uma necessidade de anos de disciplina e dedicação, com auxílio especializado, para o iniciante, de alguém que conheça o caminho e possa propor metas intermediárias que estejam próximas o suficiente para serem compreendidas e consideradas atingíveis.

Argumentei que a competência intelectual não é amplamente compreendida ou valorizada por si; e que isso fica evidente nas atitudes para com a educação. O caso é, entretanto, muito pior quando nos dedicamos a um exame dos modos avançados de percepção de valor. Nesse nível, a falta de compreensão é geral e a carência se tornou aguda pelo menos para amplos setores da nossa sociedade – e, em especial, para os centros urbanos "impermeáveis", para usar mais uma vez o termo de Ahern.

Muitas pessoas sentem essa privação. Muitas mais parecem não senti-la ou não reconhecer de modo algum a natureza daquilo que sentem estar lhes faltando.

Entretanto, sem dúvida existe um número crescente de pensadores sérios que parecem ter chegado à conclusão de que o Iluminismo da Europa do século XVIII nos decepcionou, e que está na hora de algo novo. Contra essa perspectiva, poderíamos argumentar que fomos nós que decepcionamos o Iluminismo – que não conseguimos estar à altura dos seus princípios mais altos e, assim, deixamos de fazer cumprir sua promessa. Pode ser verdade, como diz Stuart Hughes, que o Iluminismo nas suas origens fosse menos desequilibrado – com menos peso na direção do intelecto – do que veio a se tornar após distorções posteriores. No entanto, mesmo ao apresentar esse argumento, Stuart Hughes está se alinhando enfaticamente com a concepção tradicional do Iluminismo como uma era que considerava a razão e a ciência a "faculdade suprema do homem"[16]. Nossas capacidades de percepção de valor estão, assim, sendo postas com firmeza em segundo plano.

Creio que o que costuma dar errado é a comparação entre o pensamento do modo avançado com a emoção do modo básico. A própria possibilidade de desenvolvimento emocional que esteja genuinamente em igualdade de condições – na mesma altura, no mesmo nível – com o desenvolvimento da razão só muito raramente é cogitada. Enquanto essa possibilidade for negligenciada, se a razão em si for percebida como insuficiente, para onde a pessoa poderá ir a não ser que volte para trás? Surge, assim, uma tendência regressiva, um desejo de rejeitar a razão e tudo de melhor do Iluminismo, um anseio por algum retorno ao mítico, ao mágico, ao maravilhoso, nos antigos sentidos desses termos. Isso é muito perigoso; mas tem a vantagem de ser radicalmente mais fácil do que uma aventura adentro de algo genuinamente novo.

Ora, constatamos nitidamente que o cultivo dos modos avançados de percepção de valor não é, em si, uma novidade. Ele tem raízes antigas. O que *seria* novo seria uma cultura na qual os dois tipos de iluminação fossem respeitados e cultivados em conjunto. Existe alguma perspectiva de que uma nova era dessa natureza possa estar nascendo?

Eu gostaria de pensar que sim. Mas como se pode saber? Podem-se investigar pré-requisitos gerais para esse tipo de grande mudança, mas a questão é vasta e difícil. Fernand Braudel, o ilustre historiador francês, salienta que não devemos jamais subestimar o efeito do que ele chama de "*la longue durée*". Em outras palavras, devemos reconhecer a enorme intensidade com que somos influenciados – prostrados ou confinados – pelos grandes períodos do tempo passado. *La longue durée* é algo que se move lentamente, algo em que é preciso examinar o decurso de séculos para detectar alguma mudança. E Braudel argumenta que mal estamos conscientes da forma pela qual esse tipo de influência histórica e duradoura nos afeta agora.

No entanto, mudanças bruscas acontecem mesmo, e Braudel admite esse fato também. Ele reconhece a natureza dramática da mudança que ocorreu no século XVIII, e o fato de agora vivermos numa época que "rompe os velhos ciclos e os costumes tradicionais do homem"[17].

E o que acontecerá em seguida? Entre todas as influências que interagem e se entrelaçam, algumas sem dúvida fogem à nossa percepção neste momento. No entanto, uma coisa que faz diferença é o aparato mental disponível às pessoas: os conceitos que elas podem usar, as distinções que são capazes de traçar[18]. Por exemplo, consideremos a incapacidade quase geral no século XVII de distinguir a matemática e a mecânica, por um lado, da magia, pelo outro. No capítulo 10 vimos como, em decorrência dessa incapacidade, desenvolvimentos tecnológicos tornados possíveis pelo advento da ciência foram muitas vezes considerados prodígios sobrenaturais, oriundos do poder do demônio, e não do poder da mente humana.

Essa confusão específica só pode nos parecer absurda quando olhamos para o passado através dos séculos que nos separam daquela época. Deveríamos, porém, nos perguntar se agora não podem estar em vigor outras confusões que sejam tão prejudiciais quanto aquela. E, de fato, acredito que experiências transcendentes de percepção de valor do tipo que estivemos definindo e examinando correm atualmente um enorme risco de ser confundidas com outras coisas com as quais têm pouquíssima semelhança.

É uma espécie de duplo risco. Por um lado, elas podem ser confundidas com a magia, de tal modo que, como diz Paolo Rossi, "um retorno à fase arcaica da experiência mágica é aceito por muitos como um método válido para nos livrarmos dos pecados da civilização"[19]. Como Rossi, considero essa atitude uma fuga às nossas responsabilidades históricas.

Por outro lado, as experiências nos modos de percepção de valor correm o risco de ser confundidas com a loucura. Nos casos em que as experiências de percepção de valor se aproximam do misticismo, como os estados que estivemos examinando sem dúvida se aproximam, muitas pessoas que ouvem falar deles costumam sentir uma forte suspeita que, freqüentemente, se expressa por meio da ridicularização e da zombaria. Aqueles que admitem essas experiências – ou que aspiram a elas – correm o risco de ser considerados "esquisitões" ou "birutas". Creio que esse perigo será especialmente maior se as experiências não estiverem expressamente vinculadas a algum sistema ortodoxo de crença teológica. Parece que um sistema dessa natureza confere uma espécie de respeitabilidade.

É claro que existem entre nós pessoas propensas a vários tipos de estados delirantes – e há outras que se aproveitam dessas pessoas para seus próprios objetivos. Da mesma forma, houve de fato – e ainda há – os que praticam a magia.

Quando se tratava de distinguir a matemática da magia, isso não foi fácil, como já vimos. No entanto, a distinção foi alcançada. Da nossa parte, teremos de alcançar uma distinção semelhante entre experiências no modo da percepção de valor comparadas com a magia, de um lado, e a loucura, do outro, se quisermos um dia corrigir o desequilíbrio entre o desenvolvimento emocional e intelectual que existe atualmente.

Minhas palavras finais têm de ser a afirmação de que eu não sei se uma nova era, caracterizada por uma dupla iluminação, está sequer próxima. Tenho certeza, porém, de que as possibilidade de sua chegada serão maiores se somarmos ao nosso aparato mental uma melhor compreensão de como os modos básicos se relacionam com os modos avançados; e também de como, dentro desta última categoria, as variedades intelectuais e de percepção de valor da experiência se relacionam mutuamente. Poderemos, então, ver com maior facilidade que o intelecto nos desequilibrou, que estão abertos a nós passos corretivos que não são regressivos e não acarretam uma rejeição à razão. Ao mesmo tempo, poderemos vir a nos sentir menos embaraçados pela emoção transcendente, e sentir menos desconfiança com relação a ela, considerando-a nem um pouco mais "esquisita" do que a capacidade para o pensamento matemático. Nenhum dos dois é, ou terá jamais a probabilidade de parecer, banal ou vulgar. Cada um tem seu elemento de mistério. No entanto, cada um é um poder normal, embora geralmente pouco desenvolvido, da mente humana.

Apêndice: Os modos

Os quatro modos principais são definidos por quatro pontos de interesse, como se segue.

Em primeiro lugar, podemos nos interessar por algo localizado nesse pedaço do tempo-espaço que chamamos de "aqui e agora".

Em segundo lugar, podemos nos interessar por acontecimentos que ocorreram no passado, ou que poderiam ocorrer no futuro: ou seja, com o "lá e então".

Nesses dois pontos, o interesse é por objetos específicos. No entanto, à medida que avançamos, ocorre uma mudança no sentido da generalidade: a mente passa a se interessar pelo jeito que as coisas são.

No terceiro ponto, o interesse é por como as coisas são "em qualquer época, em qualquer lugar" – ou, pelo menos, "algum dia, em algum lugar". Há um esforço no sentido de se lidar, de uma forma ou de outra, com a *natureza* dos acontecimentos no tempo-espaço. O interesse não fica mais centrado em episódios particulares, a não ser na medida em que ilustrem alguma generalidade.

Chegamos, afinal, ao quarto ponto. E talvez aqui o termo "ponto" dificilmente seja adequado, pois o interesse não mais se fixa absolutamente em acontecimentos no tempo-espaço. Podemos dizer, por estranho que pareça, que o interesse não está "em nenhum lugar"; mas isso sem dúvida não significa que a mente não esteja interessada em nada. As atividades nesse modo são muito variadas, mas o exemplo mais útil é provavelmente o da matemática. A matemática trata de padrões de relacionamento. Esses padrões podem ser aplicáveis ao tempo-espaço. É o que freqüentemente acontece – talvez com uma freqüência surpreendente. Mas nem sempre. Recorrendo ao exemplo mais óbvio, pode haver extensão em *n* dimensões. Seja como for, porém, quando estamos envolvidos com a matemática pura, nosso *interesse* está voltado para os padrões, não para suas possíveis exemplificações espaço-temporais. Assim, o ponto de interesse não está no tempo e no espaço.

São os seguintes os nomes dos quatro modos principais, como definidos pelos pontos de interesse.

modo pontual – ponto "aqui e agora"
modo linear – ponto "lá e então"
modo do construto – ponto "em algum lugar, em alguma época" (sem lugar ou época específica)
modo transcendente – ponto "em nenhum lugar" (ou seja, não no tempo-espaço)

Há também quatro "componentes" mentais a serem levados em consideração, a saber: a percepção, a ação, a emoção e o pensamento. Eles servem para especificar subdivisões dos quatro modos principais. Temos, portanto, um sistema de coordenadas, com o "ponto de interesse" num eixo, e os "componentes" no outro. Quatro pontos de interesse e quatro componentes resultariam em dezesseis pontos de interseção, mas as coisas são ainda mais complexas, porque temos de abrir espaço para combinações de componentes. Quatro componentes – considerados todos em conjunto, quaisquer três, quaisquer dois ou isoladamente – geram quinze combinações. No entanto, nem mesmo isso reconhece adequadamente todas as sutilezas que surgem na prática; pois a mente pode às vèzes funcionar de tal modo que um componente seja dominante, enquanto um outro tenha a desempenhar um papel restrito, embora ainda importante. Assim, não podemos simplesmente registrar "x e y" em qualquer tabulação, mas devemos também estar preparados para distinguir "x e (y)" de "y e (x)", onde os parênteses indicarem o papel subsidiário. Por exemplo, há um tipo de pensamento, comumente chamado de "desapaixonado", ao qual procuramos nos dedicar quando tratamos de certos tipos de problemas. Contudo, revela-se que a emoção não está inteiramente excluída dessa atividade.

Em princípio, portanto, o gráfico tem quatro dados num dos eixos e mais de quinze no outro. Muitas das possibilidades fornecidas permanecem, porém, sem uso na prática. Algumas são impossíveis em termos lógicos.

Um gráfico restrito mostrando os modos que recebem maior atenção no livro está na página 374 (Ver "Uma tabela dos modos"). No entanto, em alguns trechos da argumentação também se fez referência a certas variantes do modo pontual que não estão na tabela, como aquela que é imposta pelo esforço de observação distanciada ou "objetiva". Ocorrem provavelmente, na prática, muitas variantes do modo pontual.

É evidente, também, que existem outras variantes do modo linear, pois é possível pensar sem emoção em acontecimentos específicos no passado ou no futuro. Por exemplo, posso relembrar, se quiser, a partida do primeiro vôo de on-

		Ponto de Interesse			
		Aqui Agora	Lá Então	Em algum lugar Alguma hora	Fora do Espaço-Tempo
Componentes	Percepção Ação Pensamento Emoção	Pontual			
	Pensamento Emoção		Linear	Do construto básico	
	Pensamento (e Emoção)			Do construto intelectual	Transcendente intelectual
	Emoção (e Pensamento)			Do construto de percepção de valor	Transcendente de percepção de valor

Uma tabela dos modos

tem pela manhã de Edimburgo para Londres. Esse acontecimento não teve para mim nenhuma importância, e o pensamento não é acompanhado de emoção. O que chamamos de "conversa fiada" situa-se geralmente nessa variante do modo linear desprovido de emoções. Podemos perguntar, por exemplo, sem grande interesse: "O que você fez ontem à noite?" No entanto, esse tipo de conversa rapidamente passa ao tom do mexerico. A resposta poderia ser: "Bem, fomos jantar no Valentino's, e você nem imagina quem nós vimos sentado numa mesa de canto!" Nesse caso, a emoção de um tipo ou outro costuma voltar a se inserir.

Existe um outro meio de representar por diagrama aqueles modos aos quais o livro basicamente diz respeito (ver "Um mapa dos modos" na página seguinte). Esse meio tem a vantagem de mostrar o sentido do desenvolvimento a partir da primeira infância. Ele também assinala com clareza

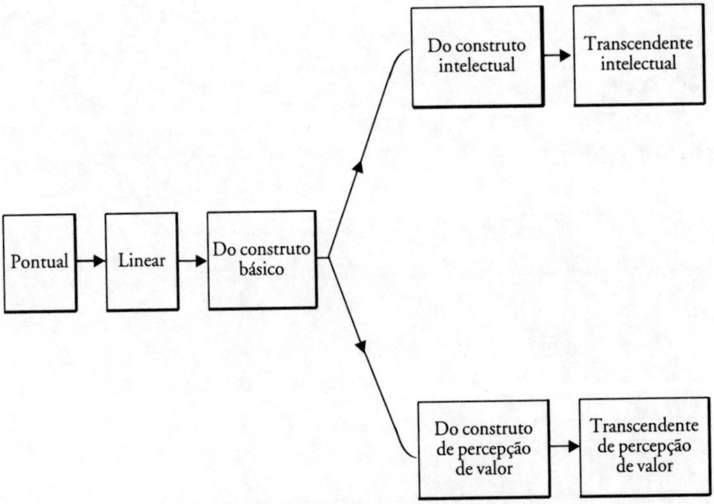

Um mapa dos modos

a importantíssima bifurcação que ocorre para além do modo do construto básico, estágio no qual se torna possível atingir algum grau de separação entre o pensamento e a emoção.

No entanto, se esse mapa for usado, é preciso ter em mente que as setas não indicam a substituição de um modo pelo modo seguinte à medida que a evolução se efetua. Nem se deve considerar ser a bifurcação um ponto de opção necessária – uma inevitável separação dos caminhos.

Os três modos que precedem a bifurcação são coletivamente conhecidos como os modos básicos. Os outros são chamados de modos avançados.

Notas

Primeira Parte: O desenvolvimento na infância

1. Modos da mente: uma introdução

1. A citação exata é

> Então fecha as válvulas da sua atenção
> Como pedra.

Faz parte do poema que começa com a frase "A alma escolhe sua própria companhia..."

2. A. Einstein, *Autobiographical Notes*, La Salle e Chicago, Illinois: Open Court, 1979. (Publicado pela primeira vez em 1949.) Einstein concluiu que, ao se mover com o feixe de luz à velocidade da luz no vácuo, ele o observaria "como um campo eletromagnético espacialmente oscilatório em repouso". O enigma, porém, era que parecia não existir nada dessa natureza. Nesse paradoxo estava o germe da teoria da relatividade restrita.

3. Copiei essa citação para um caderno há muitos anos mas, descuidada, não registrei a fonte e agora não consegui encontrá-la. No entanto, creio tê-la anotado com precisão; e a frase é sem dúvida o tipo de coisa que Einstein diria de si mesmo.

4. O termo "intencionalidade" voltou a ser posto em uso no século XIX por Franz Brentano, que considerava a intencio-

nalidade a marca característica dos fenômenos mentais: aquilo que diferencia o mental do físico. A principal obra de Brentano chamou-se *Psychologie vom empirischen Standpunkt* (A Psicologia do ponto de vista empírico) e foi publicada em Leipzig em 1874.

5. Os motivos para se pensar que esse modo não se encontra disponível antes de passado algum tempo após o nascimento serão examinados no capítulo 4.

6. Isso não deveria ser interpretado com o significado de que o funcionamento independente seja inerentemente superior ao funcionamento integrado. O que se adquire é uma faixa mais ampla de opções.

7. R. Lazarus, "The Self-Regulation of Emotion" em L. Levi [org.], *Emotions: Their Parameters and Measurement*, New York: Raven Press, 1975. Quando Richard Lazarus fala de "lidar com situações", ele está falando não só da ação direta sobre o mundo externo, mas também da ação voltada para o controle da própria mente. Ele examina o que chama de dispositivos de enfrentamento "relacionados à negação" usados por tripulações de vôos de combate – por exemplo, a criação de simulações de invulnerabilidade. Haverá mais a se dizer sobre esse tema em capítulos posteriores.

8. Um relato muito interessante sobre o desenvolvimento das emoções e dos níveis de complexidade que podem surgir é fornecido por K. W. Fischer, P. R. Shaver e P. Carnochan, "How Emotions Develop and How They Organize Development", *Cognition and Emotion*, 1990, 4, pp. 81-127.

9. Avanços recentes nas telecomunicações obviamente apresentam complicadores. Permanece válido que, quando o interesse se transfere do presente para eventos passados ou futuros, geralmente ocorre de a percepção e a ação não mais desempenharem um papel direto.

10. M. Donaldson, *Children's Minds*, London: Fontana, 1978.

2. Alguns processos humanos para lidar com fatos concretos

1. Jean Piaget defendeu essa tese em muitíssimas publicações. J. Piaget e B. Inhelder, *The Psychology of the Child* (London: Routledge and Kegan Paul, 1969; publicado originalmente em francês, 1966), fornece uma introdução à sua obra e uma resenha do seu posicionamento teórico; J. Piaget, *Logic and Psychology* (Manchester: The University Press, 1953), dá muito mais detalhes quanto à natureza postulada das estruturas cognitivas; e J. Piaget, *Biology and Knowledge* (Edinburgh: Edinburgh University Press, e Chicago: Chicago University Press, 1971; originalmente publicado em francês, 1967), apresenta uma explanação do modo pelo qual se crê que as estruturas sejam repetidamente reelaboradas ao longo do processo de desenvolvimento. Um apêndice em M. Donaldson, *Children's Minds* (London: Fontana, 1978), procura fazer um breve resumo da teoria do desenvolvimento intelectual de Piaget.

2. E. Fromm, *To Have or to Be?*, London: Jonathan Cape, 1978.

3. Tversky e Kahneman examinam esse tema em termos da "disponibilidade" de exemplos de perigo. Ver A. Tversky e D. Kahneman, "Availability: A Heuristic for Judging Frequency and Probability", *Cognitive Psychology*, 1973, 5, pp. 207-232.

4. Por exemplo, algumas pessoas têm certos medos ou fobias específicas com as quais não conseguem lidar dessa forma. As fobias são geralmente medos de coisas que, em si, não são perigosas, como os espaços abertos, os espaços fechados ou pequenas aranhas comuns. Um exame da natureza e da causa das fobias iria nos afastar muito da trajetória principal da argumentação.

5. L. Weiskrantz, *Blindsight: A Case Study and Implications*, Oxford: Oxford University Press, 1986.

6. Pode-se perguntar se os processos pelos quais o *status* de algum fragmento de conhecimento muda, de tal modo que ele passe a ser "explícito", são eles próprios conscientes ou não. Desconheço a resposta, mas parece provável que freqüentemente

eles não ocorram em plena consciência. Em termos gerais, temos mais consciência dos produtos do pensamento do que dos seus processos.

Em importante trabalho, Robin Campbell examina a distinção entre os processos e estruturas mentais que são acessíveis ao consciente e os que não o são. Ele chama os primeiros de *fênicos*, e os segundos, de *enigmáticos*. São termos adequados para a distinção que Campbell está fazendo, bem como para os objetivos da sua argumentação. Seriam menos adequados aqui porque também quero levar em consideração o conhecimento que é acessível, mas ao qual nem sempre se procura ter acesso. Ver R. N. Campbell, "Language Acquisition and Cognition" *in* P. Fletcher e M. Garman [orgs.], *Language Acquisition*, Cambridge: Cambridge University Press, 1986 (2ª edição).

7. Freud empregou os termos "repressão" e "defesa" de modos diferentes em ocasiões diferentes à medida que suas teorias foram se desenvolvendo e se transformando. Ele às vezes os usou como sinônimos; às vezes, para traçar certas distinções; mas, para nossos objetivos, as distinções não têm importância. Uma útil resenha sobre esse tópico está em P. Madison, *Freud's Concept of Repression and Defence: Its Theoretical and Observational Language*, Minneapolis: University of Minnesota Press, 1961. Ver também H. Sjöbäck, *The Psychoanalytic Theory of Defensive Processes*, New York: Wiley, 1973. Hans Sjöbäck fornece uma explanação muito detalhada da produção de uma série de teóricos freudianos a esse respeito.

8. D. N. Stern, *The Interpersonal World of the Infant*, New York: Basic Books, 1985. No entanto, ainda podem ocorrer precursores precoces de manobras defensivas em ocasiões nas quais a realidade pareça altamente insatisfatória. Por exemplo, quando a comunicação com a mãe é gravemente perturbada. Lynne Murray (comunicação pessoal) defende a tese de que, nessas circunstâncias, os bebês podem se retrair, ensimesmados.

9. S. Freud, *Analysis Terminable and Interminable*, 1937, Standard Edition, vol. 23.

10. Jerome Bruner tem muitas coisas interessantíssimas a dizer sobre a maneira pela qual elaboramos "autobiografias mais ou menos coerentes, centradas num Eu que age com maior ou menor determinação num mundo social". Ele salienta que as famílias, assim como culturas inteiras, inventam tradições seguindo essencialmente os mesmos passos, e fala do "impulso pela conectividade". Ver J. S. Bruner, "The Narrative Construction of 'Reality'", discurso de encerramento da Quarta Conferência Européia sobre Psicologia Evolutiva, Stirling, Escócia, agosto de 1990.

11. Tendo estudado o tópico experimentalmente, Harris conclui que as crianças pequenas fazem a distinção entre fantasia e realidade e, no entanto, ainda se perguntam se o que sabem ter imaginado não poderia ser real. Ver P. L. Harris, E. Brown, C. Marriott, S. Whittall e S. Harmer, "Monsters, Ghosts and Witches: Testing the Limits of the Fantasy-Reality Distinction in Young Children", *British Journal of Developmental Psychology*, 1991, 9, pp. 105-123.

12. Ouvi Bruno Bettelheim falar sobre esse menino. Não consegui encontrar relato do caso nas suas obras publicadas.

13. S. Freud, *Introductory Lectures on Psycho-Analysis*, 1916, Standard Edition, vol. 16, p. 370. Freud alega que a sedução, quando realmente se dá, ocorre com maior freqüência por parte de outra criança do que por parte de um adulto. Ele se esforça por isentar de culpa os pais, dizendo que, "se no caso das meninas... seu pai com bastante regularidade se apresenta como o sedutor, não pode haver nenhuma dúvida... da natureza imaginária da acusação". Em seguida, algumas frases mais adiante, ele admite que o abuso sexual de uma criança por seus parentes mais próximos do sexo masculino às vezes ocorre – mas ele terá ocorrido em época posterior na infância, sustenta ele, mesmo que a criança o tenha "transposto" para tempos mais remotos. Sua idéia geral é a de que algo profundo na nossa natureza instintiva, oriundo talvez de verdades pré-históricas, *exige* esses eventos na infância. Ele chega a ponto de dizer: "Se eles realmente ocorreram, *tanto me-*

lhor [grifo meu]; mas, se a realidade os negou, eles serão elaborados a partir de insinuações e suplementados pela fantasia". Não li o original em alemão, mas nesse trecho Freud parece estar oferecendo um estímulo e uma justificativa extraordinários aos que praticam o abuso sexual contra crianças.

14. J. M. Masson, *The Assault on Truth: Freud's Suppression of the Seduction Theory*, Harmondsworth, Middlesex: Penguin, 1985, p. 133. (Publicado pela primeira vez em 1984.) Jeffrey Masson foi ferozmente atacado por esse livro. Não creio ter condições de julgar se ele foi totalmente justo com Freud. Ele se baseia em documentos inéditos aos quais não tenho acesso.

3. O modo pontual e suas origens na primeira infância

1. Essa posição precisa ser moderada pelo reconhecimento de que o exame minucioso de casos pouco definidos pode às vezes ser crítico para a formação da teoria. Sou grata a Robin Campbell por ter chamado minha atenção para esse ponto.

2. R. L. Fantz, "Pattern Vision in Young Infants", *Psychological Review*, 1958, 8, pp. 43-47.

3. M. H. Bornstein, "Brain Mechanism and Infant Visual Attention", *Journal of Experimental Child Psychology*, 1978, 26, pp. 174-192.

4. E. J. Gibson, "Exploratory Behavior in the Development of Perceiving, Acting and the Acquiring of Knowledge", *Annual Review of Psychology*, 1988, 39, pp. 1-41.

5. Uma exposição dessa obra é fornecida por J. S. Bruner e B. M. Bruner, "On Voluntary Action and Its Hierarchical Structure", *International Journal of Psychology*, 1968, 3, pp. 239-255. A propósito disso, deveríamos ressaltar as alegações de Nicholas Bernstein quanto à ocorrência amplamente disseminada, na vida animal, daquilo que ele chama de "modelagem de exigências futuras" pelo cérebro. (N. Bernstein, *The Co-ordination and Regulation of Movements*, Oxford: Pergamon, 1967.) Em outras pala-

vras, não deveríamos ter como ponto pacífico que a representação do futuro é algo que só os seres humanos podem alcançar. Bernstein argumenta que todo ato significativo é guiado por algum modelo de um estado de coisas que deve ser provocado – um estado de coisas que ainda não ocorre, que apenas "pode" ser realizado; e que o animal luta ativamente por essa meta, usando programas integrados de comportamento destinados à superação de obstáculos que obstruam o caminho. Assim, a intenção, que se torna explícita na consciência humana, pode ser considerada implícita em toda ação – para Bernstein, até na vida das plantas. No entanto, é claro que há diferenças; e isso me leva de volta ao ponto de partida. Parece ser fato que, quanto mais baixo o nível na escala evolutiva, mais os "modelos de exigências futuras" são fixos e determinados, fora do controle do indivíduo. Os seres humanos têm a capacidade de criar novos modelos com grande diversidade. Além disso, eles podem abrigar mais de um de uma vez. É isso o que proporciona uma escolha de metas, não mais apenas uma escolha de meios para se perseguir uma meta que se impõe por si mesma.

6. Bruner e Bruner, "On Voluntary Action and Its Hierarchical Structure"; J. S. Watson, "Perception of Contingency as a Determinant of Social Responsiveness" *in* E. Thomas (org.), *The Origins of Social Responsiveness*, Hillsdale, New Jersey: Erlbaum, 1979. Ver também H. Papousek, "Individual Variability in Learned Responses in Human Infants" *in* R. J. Robinson (ed.), *Brain and Early Behaviour*, London: Academic Press, 1969. Pesquisadores relataram épocas diferentes para o início desse tipo de comportamento, que iam de quatro ou cinco semanas até três ou quatro meses. Já DeCasper e colaboradores chegaram à conclusão de que os recém-nascidos podem aprender a regular seu comportamento de sugar no caso em que são capazes de acionar uma fita gravada com a voz da sua própria mãe em lugar da voz de um desconhecido. (Ver A. J. DeCasper e W. P. Fifer, "Of Human Bonding: Newborns Prefer Their Mothers' Voices", *Science*, 1980, 208, pp. 1174-1176.)

7. M. S. Mahler, F. Pine e A. Bergman, *The Psychological Birth of the Human Infant*, New York: Basic Books, 1967. Ver também L. Kaplan, *Oneness and Separateness*, London: Jonathan Cape, 1979.

8. J. Piaget, *The Child's Construction of Reality*, London: Routledge and Kegan Paul, 1955; publicado originalmente em francês em 1936. Piaget afirma que a procura autêntica por objetos ocultos começa entre os oito e os dez meses de idade. Pesquisadores mais recentes defenderam, porém, idades anteriores para esse início. Por exemplo, T. G. R. Bower e J. G. Wishart ("The Effects of Motor Skill on Object Permanence", *Cognition,* 1972, 1, pp. 28-35) concluíram que, já aos cinco meses, bebês cujo ambiente era subitamente escurecido estendiam a mão para apanhar um objeto visto imediatamente antes. Essa conclusão foi confirmada por B. Hood e P. Willatts ("Reaching in the Dark to an Object's Remembered Position: Evidence for Object Permanence in Five-month-old Infants", *British Journal of Developmental Psychology*, 1986, 4, pp. 57-65).

9. E. von Holst e H. Mittelstaedt, "Das Reafferenzprinzip", *Naturwissenschaften*, 1950, 37, pp. 464-476. Ver também R. Held e A. Hein, "Movement-produced Stimulation in the Development of Visually Guided Behaviour", *Journal of Comparative and Physiological Psychology*, 1963, 56, pp. 872-876. A citação é de C. N. Johnson, "Theory of Mind and the Structure of Conscious Experience" *in* J. W. Astington, P. L. Harris e D. R. Olson (orgs.), *Developing Theories of Mind*, Cambridge: Cambridge University Press, 1988, p. 50.

10. P. J. Kellman, H. Gleitman e E. S. Spelke, "Object and Observer Motion in the Perception of Objects by Infants", *Journal of Experimental Psychology: Human Perception and Performance*, 1987, 13, pp. 586-593. Os dados apresentados nessa obra podem ser interpretados como indicadores de que os bebês percebem objetos *permanentes* desde o início; mas, quer essa interpretação seja aceita, quer não, as conclusões sem dúvida parecem demonstrar que não falta aos bebês a distinção entre o eu e "alguma outra coisa".

11. A. N. Meltzoff e W. Borton, "Intermodal Matching by Human Neonates", *Nature*, 1979, 282, pp. 403-404.

12. Gibson, "Exploratory Behavior in the Development of Perceiving, Acting and the Acquiring of Knowledge". Ver também G. Butterworth, "Events and Encounters in Infant Perception" *in* A. Slater e G. Bremner (orgs.), *Infant Development*, Hove e London: Erlbaum, 1989. Butterworth, depois de examinar as evidências, conclui que "a percepção de eventos não é um processo específico a uma modalidade. Pelo contrário, ela ocorre através da reunião de informações de muitos canais sensoriais, cada um testemunhando a mesma realidade externa". Há um interessante trabalho de Meltzoff e Moore sobre a importância para o desenvolvimento social da forma pela qual, desde cedo, a representação supramodal possibilita a imitação das expressões faciais de outros. (A. N. Meltzoff e M. K. Moore, "Cognitive Foundations and Social Functions of Imitation and Intermodal Representation in Infancy" *in* J. Mehler e R. Fox (orgs.), *Neonate Cognition: Beyond the Blooming Buzzing Confusion*, Hillsdale, New Jersey: Erlbaum, 1985.)

13. D. N. Stern, *The Interpersonal World of the Infant*, New York: Basic Books, 1985.

14. B. Dodd, "Lip-reading in Infants: Attention to Speech Presented in and out of Synchrony", *Cognitive Psychology*, 1979, 11, pp. 478-484.

15. Dados comprobatórios de que a percepção inicial da fala é supramodal são do trabalho de MacKain *et al.* (K. MacKain, M. Studdert-Kennedy, S. Spieker e D. N. Stern, "Infant Intermodal Speech Perception is a Left-hemisphere Function", *Science*, 1983, 219, pp. 1347-1349) e de P. Kuhl e A. N. Meltzoff ("The Bimodal Perception of Speech in Infancy", *Science*, 1982, 218, pp. 1138-1141).

16. L. Murray, "The Sensitivities and Expressive Capacities of Young Infants in Communication with Their Mothers", dissertação de doutorado não publicada, University of Edinburgh, 1980. Ver também L. Murray e C. Trevarthen, "The Infant's Role

in Mother-Infant Communication", *Journal of Child Language*, 1986, 13, pp. 15-29. Outra obra que trata da natureza e conseqüências de interações perturbadas entre bebês e suas mães é examinada sucintamente, mas com muita clareza, por T. Field, em *Infancy*, Cambridge, Massachusetts: Harvard University Press, 1990 (volume da Developing Child Series, organizada por Jerome Bruner e Michael Cole). Tiffany Field defende a tese de que é possível que as mães tentem extrair reações das crianças com excesso de energia ou de intromissão, da mesma forma que é possível que elas dêem aos seus bebês estímulo e atenção insuficientes. Em termos ideais, a mãe é extremamente sensível aos sinais que o bebê transmite. Já mães deprimidas ou ansiosas, por exemplo, podem não conseguir isso com facilidade. Field relata algumas tentativas que foram feitas para melhorar as interações perturbadas, ensinando-se as mães a agir melhor, mas ela comenta que, embora elas tenham parecido eficazes, é difícil saber com certeza se os ganhos são transferidos para o comportamento de rotina.

17. Ver, por exemplo, C. Trevarthen, "Emotions in Infancy: Regulators of Contact and Relationships with Persons", *in* K. Scherer e P. Ekman (orgs.), *Approaches to Emotion*, Hillsdale, New Jersey: Erlbaum, 1984.

18. Está claro que toda atividade de qualquer natureza ocorre no presente – no "aqui e agora". Mesmo assim, o ponto de interesse pode ser o passado ou o futuro – ou ele ainda pode não estar absolutamente no tempo-espaço.

19. A combinação sistemática desses modos numa única iniciativa é a característica da ciência, como se desenvolveu nos séculos XVII e XVIII. Esse tópico será ainda examinado no capítulo 10. Observe-se que o uso de dois ou mais modos em combinação deliberada, cada um com seu papel designado, é muito diferente da mescla de componentes (emoção, pensamento, etc.) dentro de um modo. É também diferente do vaivém entre modos – um movimento não planejado e, de fato, freqüentemente involuntário – que costuma ocorrer no dia-a-dia.

20. J. Galsworthy, *The Silver Spoon*, London: Heinemann, 1926, p. 65.

21. Stern, *The Interpersonal World of the Infant*.

22. Kaplan, *Oneness and Separateness*, pp. 135-136.

23. M. Konner, *The Tangled Wing: Biological Constraints on the Human Spirit*, Harmondsworth, Middlesex: Penguin, 1984, p. 223. (Publicado pela primeira vez em 1982.)

24. J. E. LeDoux, "Cognitive-emotional Interaction in the Brain", *Cognition and Emotion*, 1989, 3, pp. 267-289.

25. Stern, *The Interpersonal World of the Infant*, p. 67.

4. O surgimento do modo linear: o passado lembrado e o futuro possível

1. J. S. Bruner, "The Growth and Structure of Skills" *in* K. J. Connolly (org.), *Motor Skills in Infancy*, New York: Academic Press, 1971.

2. Ver Mary Warnock (*Memory*, London e Boston: Faber and Faber, 1987) para um interessante exame das opiniões de Proust quanto à distinção entre esse tipo de lembrança, geralmente evocada pelo sabor, olfato ou por alguma sensação inesperada, e a recordação deliberada de "quadros" do passado. Proust acreditava que as lembranças involuntárias podiam às vezes gerar uma alegria extraordinária ao permitir que a pessoa voltasse a captar a verdade plena e rica em detalhes de alguma experiência passada e, assim, ao unir o passado ao presente, ter um vislumbre do que significa escapar para o atemporal. Por outro lado, ele acreditava, como disse Warnock, que "nada que cogitemos deliberadamente traz inerente essa garantia de verdade".

3. Ver, por exemplo, A. E. Milewski e E. R. Siqueland, "Discrimination of Colour and Pattern Novelty in One-month Infants", *Journal of Experimental Child Psychology*, 1975, 19, pp. 122-136. Ver também J. F. Fagan, "Infants' Delayed Recognition, Memory and Forgetting", *Journal of Experimental Child Psychology*, 1973, 16, pp. 424-450.

4. A. J. DeCasper e M. J. Spence, "Prenatal Maternal Speech Influences Newborns' Perception of Speech Sounds", *Infant Behavior and Development*, 1986, 9, pp. 133-150.

5. R. S. Lockhart, "What Do Infants Remember?" *in* M. Moscovitch (org.), *Infant Memory*, New York: Plenum Press, 1984.

6. J. Kagan, R. B. Kearsley e P. R. Zelazo, *Infancy: Its Place in Human Development*, Cambridge, Massachusetts e London: Harvard University Press, 1978.

7. L. Kaplan, *Oneness and Separateness*, London: Jonathan Cape, 1979.

8. H. R. Schaffer, A. Greenwood e M. H. Parry, "The Onset of Wariness", *Child Development*, 1972, 43, pp. 163-175.

9. E. M. Cummings e E. L. Bjork, "Perseveration and Search on a Five-choice Visible Displacement Hiding Task", *Journal of Genetic Psychology*, 1983, 142, pp. 283-291.

10. D. L Schacter e M. Moscovitch, "Infants, Amnesics and Dissociable Memory Systems" *in* Moscovitch (org.), *Infant Memory*.

11. Por exemplo, um adulto que aprendeu uma lista de palavras pode ou não se lembrar especificamente de uma palavra da lista; mas, mesmo que não haja nenhuma lembrança consciente, ainda se pode demonstrar que, mais tarde, as palavras na lista serão tratadas, sob certos aspectos, de um modo diferente do que outras que não constavam dela.

12. K. Nelson, "The Transition from Infant to Child Memory" *in* Moscovitch (org.), *Infant Memory*. Katherine Nelson acredita que o futuro é diferenciado antes do passado. Ela baseia essa idéia principalmente no aparecimento de termos demarcadores do passado e do futuro na fala de Emily. Não creio que isso seja de modo algum conclusivo.

13. Judy Dunn cita um exemplo de referência a um acontecimento anterior específico por parte de uma criança de vinte e um meses. (Ver J. Dunn, "Understanding Feelings: The Early Stages" *in* J. S. Bruner e H. Haste (orgs.), *Making Sense: The Child's Construction of the World*, London e New York: Methuen,

1987.) Durante o café da manhã do mesmo dia, a mãe e a criança haviam se desentendido quanto à comida. A criança começou a conversa posterior da seguinte forma:

CRIANÇA: Como meu Weetabix. Como meu Weetabix. Chorando.
MÃE: Você estava chorando, não estava? Foi uma verdadeira guerra. "Mais um pouquinho, Michael." E o que você fez? Cuspiu tudo! [*Criança finge que chora.*]

O surgimento da conversa sobre acontecimentos passados é examinado mais detidamente no capítulo 7.

14. Ver, por exemplo, C. Trevarthen, "Interpersonal Abilities of Infants as Generators for Transmission of Language and Culture" *in* A. Oliverio e M. Zapella (orgs.), *The Behaviour of Human Infants*, London e New York: Plenum Press, 1983; e "Emotions in Infancy: Regulators of Contact and Relationships with Persons" *in* K. Scherer e P. Ekman (orgs.), *Approaches to Emotion*, Hillsdale, New Jersey: Erlbaum, 1984.

15. J. Dunn, *The Beginnings of Social Understanding*, Oxford: Basil Blackwell, 1988.

5. O "faz-de-conta" e a escolha conceitual

1. A. Leslie, "Some Implications of Pretence for Mechanisms underlying the Child's Theory of Mind" *in* J. W. Astington, P. L. Harris e D. R. Olson (orgs.), *Developing Theories of Mind*, Cambridge: Cambridge University Press, 1988; e "Pretence and Representation: The Origins of 'Theory of Mind'", *Psychological Review*, 1987, 94, pp. 412-426.

2. J. Piaget, *Play, Dreams and Imitation in Childhood*, London: Routledge and Kegan Paul, 1951; originalmente publicado em francês em 1946. Os trechos aqui citados são das páginas 96, 93 e 100, respectivamente.

3. James Russell chamaria essa situação de surgimento de uma "condição de assimetria" entre um objeto e as formas com as quais ele pode ser representado. Ver seu capítulo "Making Judgements about Thoughts and Things" (*in* Astington, Harris e Olson [orgs.], *Developing Theories of Mind*) para alguns argumentos sobre as formas pelas quais chegamos a perceber a distinção entre o mental e o físico.

4. A respeito de provocações, ver, por exemplo, V. Reddy, "Playing with Others' Expectations: Teasing and Mucking About in the First Year" *in* A. Whiten (org.), *Natural Theories of Mind*, Oxford: Basil Blackwell, 1991. Acerca de sorrisos pelo domínio de técnicas, ver por exemplo, H. Papousek, "Individual Variability in Learned Responses in Human Infants" *in* R. J. Robinson (org.), *Brain and Early Behaviour*, London: Academic Press, 1969.

5. Comunicação pessoal da mãe de Julie. (Neste caso, "Julie", "Rob" e "Philip" não são os verdadeiros nomes das crianças.)

6. M. Manning, J. Heron e T. Marshall, "Styles of Hostility and Social Interactions at Nursery, at School and at Home" *in* L. A. Hersov e M. Berger (orgs.), *Aggression and Anti-social Behaviour in Childhood and Adolescence*, London: Pergamon, 1978.

7. W. Shakespeare, *The Merchant of Venice*, I. iii 43-44.

8. Essa é também uma comunicação particular do pai. Mais uma vez, o nome da criança foi alterado.

6. Duas variantes do modo do construto

1. A citação é de "Some Causes of Bias in Expert Opinion", *The Psychologist*, 1989, 2 pp. 112-114. Para uma análise mais ampla, ver J. St. B. T. Evans, *Bias in Human Reasoning: Causes and Consequences*, Brighton: Erlbaum, 1989.

2. Ver, por exemplo, M. Lewis e J. Brooks-Gunn, *Social Cognition and the Acquisition of Self*, New York: Plenum Press, 1979; e J. Kagan, Harvard University Press, Massachusetts, 1981.

Colwyn Trevarthen demonstra, porém, que o interesse em olhar para espelhos tem suas origens muito antes, por volta dos quatro ou cinco meses de idade. Ele relata, que a partir dessa idade os bebês cada vez mais "procuram o espelho, ou melhor, sua imagem nele, para apreciar seu próprio prazer de brincar" e podem fazer "caretas bobas" diante dele. Ver C. Trevarthen, "Signs before Speech" *in* T. A. Sebeok e J. Umiker-Sebeok (orgs.), *The Semiotic Web, 1989*, Berlin: Mouton de Gruyter, 1990.

3. Acerca do uso inicial dos pronomes pessoais, ver Eve V. Clark, "From Gesture to Word: On the Natural History of Deixis in Language Aquisition" *in* J. S. Bruner e A. Garton (orgs.), *Human Growth and Development: Wolfson College Lectures, 1976*, Oxford: Clarendon Press, 1978.

4. G. B. Matthews, *Philosophy and the Young Child*, Cambridge, Massachusetts: Harvard University Press, 1980. Ver também M. Lipman e A. M. Sharp (orgs.), *Growing Up with Philosophy*, Philadelphia: Temple University Press, 1978. Matthew Lipman teve grande influência na criação do Institute for the Advancement of Philosophy for Children, que veio a atuar em muitos países no mundo inteiro.

5. B. Tizard e M. Hughes, *Young Children Learning: Talking and Thinking at Home and at School*, London: Fontana, 1984.

6. P. L. Berger e T. Luckmann, *The Social Constitution of Reality*, London: Allen Lane The Penguin Press, 1967, p. 154. (Publicado pela primeira vez em 1966.)

7. A conversa citada à página 61, entre mãe e filho, sobre o motivo pelo qual não se podia ver a lua no céu também revela que as crianças têm "opiniões independentes" desde muito cedo. Devo esse exemplo a Jess Reid.

8. M. Hughes, *Children and Number*, Oxford: Basil Blackwell, 1986, p. 47.

9. A. N. Whitehead, *Science and the Modern World*, London: Free Association Books, 1985, p. 26. (Publicado pela primeira vez em 1926.)

10. Pelo menos enquanto não o vemos por escrito.

11. J. D. Bransford e N. S. McCarrell, "A Sketch of a Cognitive Approach to Comprehension: Some Thoughts about Understanding What It Means to Comprehend" *in* W. B. Weimer e D. S. Palermo (orgs.), *Cognition and the Symbolic Processes*, Hillsdale, New Jersey: Erlbaum, 1975.

12. No capítulo 4, examinamos o tipo de lembrança que Katherine Nelson ressalta – a lembrança construída a partir de experiências repetidas de eventos de naturezas semelhantes, e que geram o que temos de chamar de *conhecimento*. (Ver K. Nelson, "The Transition from Infant to Child Memory" *in* M. Moscovitch (org.), *Infant Memory*, New York: Plenum Press, 1984.) Nelson usa o termo "*script*" para se referir ao conhecimento que nos diz o que esperar que aconteça em contextos específicos. Ela também fala de "estruturas generalizadas de acontecimentos", e se refere a elas como "elementos de construção" do desenvolvimento cognitivo. (Ver K. Nelson e J. Greundel, "Generalized Event Representations: Basic Building Blocks of Cognitive Development" *in* M. E. Lamb e A. L. Brown (orgs.), *Advances in Developmental Psychology*, Hillsdale, New Jersey: Erlbaum, 1981, vol. 1.) Daniel Stern acredita que, a partir da primeira infância, as interações pessoais são generalizadas e transformadas em conhecimento com o mesmo tipo de procedimento. (Ver D. N. Stern, *The Interpersonal World of the Infant*, New York: Basic Books, 1985.)

13. Isso pode não se aplicar a pessoas gravemente anormais, como os autistas. Alan Leslie apresenta um argumento convincente sobre uma ligação entre as deficiências das crianças autistas e uma carência básica da capacidade para o fingimento, que leva a dificuldades na compreensão do que está se passando nas mentes dos outros.

14. M. Hughes, "Egocentrism in Pre-school Children", Edinburgh: Edinburgh University, tese de doutorado não publicada, 1975. Ver também M. Hughes e M. Donaldson, "The Use of Hiding Games for Studying the Co-ordination of Viewpoints", *Educational Review*, 1979, 31, pp. 133-140.

15. S. Collie, "Making Human Sense: A Study of Preschoolers' Ability to Hide Successfully in Sense and Nonsense Situations", dissertação de mestrado não publicada, University of Edinburgh.

16. M. G. Dias e P. L. Harris, "The Influence of the Imagination on Reasoning by Young Children", *British Journal of Developmental Psychology*, 1990, 8, pp. 305-318.

17. J. W. Astington, P. L. Harris e D. R. Olson (orgs.), *Developing Theories of Mind*, Cambridge: Cambridge University Press, 1988. Esse livro é uma coletânea decisiva de artigos de pesquisadores pioneiros. A introdução do organizador fornece um excelente panorama dos dados disponíveis e de interpretações conflitantes.

18. No entanto, existe também um grande quantidade de evidências posteriores. Ver, por exemplo, J. Flavell, S. G. Shipstead e K. Croft, "Young Children's Knowledge about Visual Perception: Hiding Objects from Others", *Child Development*, 1978, 49, pp. 1208-1211; M. Scaife e J. S. Bruner, "The Capacity for Joint Visual Attention in the Infant", *Nature*, 1975, 253 (5489), pp. 265-266; H. Borke, "Piaget's Mountains Revisited: Changes in the Egocentric Landscape", *Developmental Psychology*, 1975, 11, pp. 240-243; e M. Schatz e R. Gelman, "The Development of Communication Skills: Modifications of the Speech of Young Children as a Function of Listener", *Monographs of the Society for Research in Child Development*, 1973, p. 152.

19. H. Wimmer, G. J. Hogrefe e J. Perner, "Children's Understanding of Informational Access as a Source of Knowledge", *Child Development*, 1988, 59, pp. 386-396.

20. H. Wimmer, G. J. Hogrefe e B. Sodian, "A Second Stage in Children's Conception of Mental Life: Understanding Informational Accesses as Origins of Knowledge and Belief" *in* Astington, Harris e Olson (orgs.), *Developing Theories of Mind.*

21. C. Pratt e P. Bryant, "Young Children Understand that Looking Leads to Knowing (So Long as they are Looking into a Single Barrel)", *Child Development*, 1990, 61, pp. 973-982. Deveria ser acrescentado que Wimmer mais recentemente modifi-

cou suas teorias com base em suas próprias pesquisas. Ele ainda acredita que uma compreensão das fontes informacionais de opinião tenha um papel a desempenhar, mas já não lhe confere mais o papel central. Ele agora concorda com Perner quanto à existência de mais um pré-requisito fundamental, a saber o reconhecimento de que os pensamentos representam o mundo e de que podem fazê-lo com fidelidade ou com falsidade. Tanto Wimmer quanto Perner agora sustentam que essa conclusão geralmente se desenvolve por volta dos quatro anos de idade. Veja H. Wimmer e M. Hartl, "Agains the Cartesian View on Mind: Young Children's Difficulty with Own False Beliefs", *British Journal of Developmental Psychology*, 1991, 9, pp. 125-138.

22. K. Sullivan e E. Winner, "When Three-year-olds Understand Ignorance, False Belief and Representational Change", *British Journal of Developmental Psychology*, 1991, 9, pp. 159-171.

7. A linguagem em relação aos modos

1. D. Premack, "Representational Capacity and Accessibility of Knowledge: The Case of Chimpanzees" *in* M. Piatelli-Palmarini (org.), *Language and Learning: The Debate between Jean Piaget and Noam Chomsky*, Cambridge, Massachusetts: Harvard University Press, 1980.

2. Dados colhidos na Escola Maternal do Departamento de Psicologia da Universidade de Edimburgo. A maioria das crianças não era composta de filhos ou filhas de funcionários ou de estudantes, mas provinha de ambientes diferentes.

3. P. Hubley e C. Trevarthen, "Sharing a Task in Infancy", *New Directions for Child Development*, 1979, 4, pp. 57-80.

4. E. Bates, *The Emergence of Symbols: Cognition and Communication in Infancy*, New York: Academic Press, 1979.

5. *Ibid.*, p. 35. Bates está citando aqui um trabalho de autoria de E. Bates, L. Camaioni e V. Volterra, "The Acquisition of Performatives prior to Speech", *Merrill-Palmer Quarterly*, 1975,

21, pp. 205-226. O exemplo é de interesse por demonstrar como uma criança pode insistir até ser bem sucedida. E é bastante comum que nem tudo seja fácil. O adulto pode às vezes não reagir, e pode às vezes tentar ajudar sem entender. Golinkoff concluiu que muitas das tentativas de comunicação feitas por crianças no estágio pré-verbal inicialmente não tinham sucesso, de tal modo que as crianças tinham de desistir ou de tentar novamente. Com freqüência, elas tentavam mais uma vez, produzindo o que Golinkoff chama de "ajustes", ou seja, repetindo ou amplificando o primeiro sinal, ou usando outro sinal no seu lugar. Havia três crianças no estudo de Golinkoff, entre os doze e os quinze meses de idade, quando a pesquisa começou. Ver R. M. Golinkoff, "'I Beg Your Pardon?': The Pre-verbal Negotiation of Failed Messages", *Journal of Child Language*, 1986, 13, pp. 455-476.

6. Sue Palmer, comunicação pessoal.

7. S. H. Foster, "Learning Discourse Topic Management in the Pre-school Years", *Journal of Child Language*, 1986, 13, pp. 231-250.

8. Ver, por exemplo, P. J. Miller e L. L. Sperry ("Early Talk about the Past: The Origins of Conversational Stories of Personal Experience", *Journal of Child Language*, 1988, 15, pp. 293-315), que estudaram cinco crianças da classe operária entre os dois anos e os dois anos e seis meses de idade. É de especial interesse o fato de a maioria das referências feitas por essas crianças ao passado serem sobre acontecimentos aflitivos, sobretudo aqueles que envolvem danos físicos. As citações de Beth revelam-se, assim, totalmente características. Ver também J. Sachs, "Talking about the There and Then: The Emergence of Displaced Reference in Parent-Child Discourse" *in* K. E. Nelson (org.) *Children's Language*, Hillsdale, New Jersey: Erlbaum, 1983, vol. 4. Com algum aprofundamento, Sachs estudou uma criança, Naomi, entre os dezessete e os trinta e seis meses de idade. Ao final desse período, embora Naomi "pudesse participar de conversas sobre experiências passadas compartilhadas e objetos não-presentes sem nenhum apoio da situação imediata", ela ainda "sempre voltava a

comentários sobre a situação imediata" com muita rapidez. A. Preece ("The Range of Narrative Forms Conversationally Produced by Young Children", *Journal of Child Language*, 1987, 14, pp. 353-373) apresenta indícios de linguagem narrativa entre os cinco e os sete anos, idade na qual já se desenvolveu uma competência considerável.

9. D. I. Slobin e C. A. Welsh, "Elicited Imitation as a Research Tool in Developmental Psycholinguistics" *in* C. A. Ferguson e D. I. Slobin (orgs.), *Studies of Child Language Development*, New York: Holt, Rinehart and Winston, 1973. Ver também L. Bloom, "Talking, Understanding and Thinking" *in* R. Schiefelbusch e L. L. Lloyd (orgs.), *Language Perspectives – Acquisition, Retardation and Intervention*, New York: Macmillan, 1974.

10. N. Bernstein, *The Co-ordination and Regulation of Movements*, Oxford: Pergamon, 1967.

11. Uma obra recente de David McNeill (*Psycholinguistics: A New Approach*, New York: Harper & Row, 1987) revela como as sugestões gestuais são importantes para a fala. David Olson escreveu uma série de trabalhos importantes nos quais ele analisa as diferenças entre a linguagem oral e a escrita e examina as implicações dessas diferenças, tanto para o desenvolvimento da mente do indivíduo quanto para a ascensão da sociedade moderna. Ver, por exemplo, D. R. Olson, "From Utterance to Text: The Bias of Language in Speech and Writing", *Harvard Educational Review*, 1977, 47, pp. 257-281; "The Cognitive Consequences of Literacy", *Canadian Psychology*, 1986, 27, pp. 109-121; e "Mind and Media: The Epistemic Function of Literacy", *Journal of Communication*, 1988, 38, pp. 27-35.

12. A. Bridges, "Comprehension in Context", *in* M. Beveridge (org.), *Children Thinking Through Language*, London: Edward Arnold, 1982.

13. Harris e Kavanaugh fornecem um exemplo muito interessante de linguagem falada da qual se pode dizer ter sido produzida "a pedido", e que depende da elaboração de um contexto imaginado, embora com forte apoio. Eles relatam pesquisas nas

quais crianças de dois anos de idade ficavam observando enquanto o pesquisador fingia que um ursinho de pelúcia levado derramava leite num cavalinho de brinquedo. Em seguida, perguntou-se às crianças o que elas haviam visto. Elas descreveram certos resultados da simulação – por exemplo, que o cavalinho estava molhado – em vez de descrever a situação real. P. L. Harris e R. D. Kavanaugh, "Young Children's Understanding of Pretense", *Society for Research in Child Development Monographs*, no prelo.

Mais tarde, na escola, pede-se com freqüência às crianças que escrevam "a pedido" sobre um tema que exige a elaboração de um contexto imaginado. Na realidade, tradicionalmente essa atitude foi muito comum e, com acerto, considerada importante. Ultimamente houve uma tendência no sentido de criticá-la e de alegar que as crianças deveriam escrever *apenas* quando esse ato cumprisse algum nítido objetivo próprio. Tal política deriva de uma incapacidade de reconhecer a importância de estimular a entrada progressiva no terceiro e no quarto modo. É lamentável que essa conduta seja quase sempre apresentada como se tivesse um brilho especial quando ela pode, de fato, ser bastante restritiva e empobrecedora se for seguida à risca. Para um exame maior desse tópico, ver o capítulo 15.

14. L. A. French e K. Nelson, *Young Children's Knowledge of Relational Terms*, New York: Springer-Verlag, 1985.

15. M. L. Donaldson, *Children's Explanations: A Psycholinguistic Study*, Cambridge: Cambridge University Press, 1986; e "Children's Comprehension and Production of Causal Connectives", trabalho apresentado ao Quarto Congresso Internacional para o Estudo da Linguagem Infantil, Universidade de Lund, Suécia, 1987. Ver também H. F. Emerson, "Children's Comprehension of 'Because' in Reversible and Non-reversible Sentences", *Journal of Child Language*, 1979, 6, pp. 279-300.

16. Shirley Brice Heath (*Ways with Words: Language, Life and Work in Communities and Classrooms*, Cambridge: Cambridge University Press, 1983) relata um interessante estudo de socialização precoce da linguagem em três comunidades diferen-

tes, e conclui que as crianças que em casa são regularmente incentivadas a observar a linguagem e a "falar sobre a fala" são as que têm maior probabilidade de ter sucesso no aprendizado, quando entram para a escola. Para uma breve explanação, ver S. B. Heath, "A Lot of Talk about Nothing", *Language Arts*, 1983, 60, pp. 999-1007.

17. M. Hughes, *Children and Number: Difficulties in Learning Mathematics*, Oxford: Basil Blackwell, 1986.

18. J. Piaget, *The Child's Conception of Number*, London: Routledge and Kegan Paul, 1952. (Publicado originalmente em francês em 1941.)

19. J. McGarrigle, R. Grieve e M. Hughes, "Interpreting Inclusion: A Contribution to the Study of the Child's Cognitive and Linguistic Development", *Journal of Experimental Child Psychology*, 1978, 25, pp. 1528-1550. Ver também T. Trabasso, A. Isen, P. Dolecki, A. McLanahan e C. Riley, "How Do Children Solve Class Inclusion Problems?" *in* R. Siegler (org.), *Children's Thinking: What Develops?*, Hillsdale, New Jersey: Erlbaum, 1978.

20. B. Inhelder, H. Sinclair e M. Bovet, *Apprentissage et structures de la connaissance*, Paris: Presses Universitaires de France, 1974. Não parece ser o caso de a relação de inclusão pôr as crianças diante de que superem, em dificuldade, aqueles levantados pela comparação de conjuntos não-imbricantes. Ver P. Josse, *Classes ou collections?*, Paris: Editions du Centre National de la Recherche Scientifique, 1984. Ver também L. K. Miller e M. D. Barg, "Comparison of Exclusive versus Inclusive Classes by Young Children", *Child Development*, 1982, 53, pp. 560-567.

A literatura sobre o tema da inclusão em classes – e outros testes considerados por Piaget como critérios para determinar quando o pensamento de uma criança passa a ser "operacional" – é agora abundante. Uma valiosa coletânea de trabalhos que fornece um panorama das questões principais – e alguma idéia da complexidade dos argumentos – foi publicada no *British Journal of Psychology* em 1982 (vol. 73, pp. 157-311). Minha própria contribuição a esse volume, intitulada "Conservation: What is the Question?", traz uma formulação mais completa das minhas opiniões quanto ao valor das tarefas piagetianas (como comprovação da sua teoria bem como para outras finalidades) do que seria conveniente apresentar aqui. No entanto, quero acrescentar mais um comentário relacionado a um artigo de Leslie Smith no mesmo volume.

Smith defende com veemência a tese de que a questão teórica que interessava Piaget consistia em saber se as crianças compreendem a *necessidade* da conclusão de que uma classe contém mais membros do que uma das suas subclasses (considerando-se, naturalmente, que as outras subclasses não sejam nulas ou vazias). E ele sem dúvida tem razão: a compreensão da verdade necessária é o que Piaget estava procurando aferir nas tarefas que elaborou para estudar a inclusão em classes, a conservação e coisas semelhantes. Smith também acerta ao afirmar que os críticos de Piaget às vezes perdem esse ponto de vista, especialmente se leram suas obras apenas em traduções, nas quais a ênfase sobre a necessidade pode estar enfraquecida ou perdida.

O advento da compreensão da verdade necessária também me interessa profundamente. O que me causa dúvida é se as tarefas piagetianas fornecem comprovação irrefutável sobre ela. Smith questiona o alcance da conclusão de James McGarrigle de que as crianças cometem erros semelhantes em casos em que existe uma relação de inclusão e em casos em que ela não existe. No entanto, seu argumento nesse trecho me intriga. Diz ele:

> Para dar uma resposta correta a uma pergunta entre-classes, como por exemplo: "Há mais vacas brancas ou mais cavalos?", a criança precisa compreender que a classe dos cavalos é uma classe inclusiva em relação a suas duas subclasses. Assim, embora a comparação sugerida não incorpore uma relação de inclusão, o fato de ela ser capaz de compreender a noção de inclusão é uma condição de a criança ser capaz de quantificar a composição de uma das classes.

O que Smith parece estar dizendo aqui é que uma criança que não compreenda a necessidade dos relacionamentos envolvidos na inclusão de subclasses dentro de uma classe superordenada não será capaz de considerar a classe superordenada em si. Eu, no entanto, desconheço o que possa dar sustentação a essa alegação; e o próprio Piaget não a enunciou. Ele não defende a hipótese de que uma criança pré-operacional não consiga pensar numa classe inteira que tem subclasses óbvias – ou que não consiga levá-la em conta. O que ele sustenta ser impossível é a consideração das classes e das subclasses *simultaneamente*. No caso de um menino lidando com um colar de contas de madeira, algumas das quais são marrons, para citar Piaget: "Se ele estiver apenas contando as contas de madeira, ele incluirá as marrons, mas, se se tratar de contar primeiro as marrons e depois as de madeira, ele... não compreende que o primeiro conjunto faz parte do segundo." Ou seja, levar em conta uma classe superordenada – os cavalos no estudo de McGarrigle – não é considerado um problema em si. Por isso, o argumento de Smith não me parece consistir em nenhum tipo de defesa da posição de Piaget contra as conclusões de McGarrigle.

Permanece a questão de como saber quando uma criança compreende a necessidade de uma conclusão correta. Há alguns anos, trabalhando com crianças entre os quatro e os sete anos de idade, passei algum tempo procurando elaborar meios de determinar esse ponto, mas sempre me deparei com a mesma dificuldade: como estabelecer a diferença entre a convicção de uma criança de que ela está fazendo uma avaliação correta ("Tenho certeza de que...") e sua convicção de que algo tem de ser assim ("É sem dúvida [ou seja, necessariamente] verdadeiro que..."). Não tendo conseguido resolver essa dificuldade em termos que me satisfizessem, não publiquei nenhum relato sobre o trabalho.

A distinção entre esses dois tipos de certeza está relacionada à distinção traçada por Frege entre o conteúdo de uma avaliação e a justificação de uma avaliação; ou como Brian Rotman, a exemplo de Frege, a expressa, entre "as razões psicológicas para acreditar que X é o caso" e "os argumentos lógicos para justificar X". Rotman acredita que o próprio Piaget estava confuso quanto a essa distinção e que essa confusão prejudica sua explanação sobre a natureza do pensamento matemático. Ver G. Frege, *The Foundations of Arithmetic*, Oxford: Basil Blackwell, 1950 (publicado pela primeira vez em 1884), p. vi; e B. Rotman, *Jean Piaget: Psychologist of the Real*, Hassocks, Sussex: Harvester Press, 1977, p. 155.

21. Isso também vale para afirmações. Alison Macrae ("Meaning Relations in Language Development", tese de doutorado não publicada, University of Edinburgh, 1976) observou que pode haver descrições mais naturais ou menos naturais. Por exemplo, é mais natural dizer que "As flores estão em cima da mesa" do que, "A mesa está debaixo das flores".

22. M. Donaldson e J. McGarrigle, "Some Clues to the Nature of Semantic Development", *Journal of Child Language*, 1974, 1, pp. 185-194. James McGarrigle e eu também estudamos as interpretações das crianças de termos quantificadores, como "tudo". Para obras relevantes de publicação mais recente, ver, por exemplo, N. H. Freeman e K. Schreiner, "Complementary Error Patterns in Collective and Individuating Judgements: Their Semantic Basis in Six-year-olds", *British Journal of Developmental Psychology*, 1988, 6, pp. 341-350. Veja também M. Donaldson e P. Lloyd, "Sentences and Situations: Children's Judgements of Match and Mismatch" *in* F. Bresson (org.), *Problèmes actuels en psycholinguistique*, Paris: Centre National de la Recherche Scientifique, 1974.

23. Para a metade das crianças, as duas condições foram invertidas. Ou seja, primeiro elas viam os carros e as garagens. Depois, as garagens eram retiradas.

24. Para um exame mais detalhado, ver M. Donaldson, *Children's Minds*, London: Fontana, 1978.

25. Resulta que o desenvolvimento dessa atitude diante da linguagem é uma conquista elaborada. Ver G. Bonitatibus, "What is Said and What is Meant in Referential Communication", *in* J. W. Astington, P. L. Harris e D. R. Olson (orgs.), *Developing Theories of Mind*, Cambridge: Cambridge University Press, 1988.

26. Surge também a questão de ajudar as crianças a pensar *sobre* a linguagem em vez de *com* a linguagem. Para o aprendizado da leitura, a importância de dispor de palavras para falar sobre a linguagem e saber usá-las foi salientada por uma série de estudiosos. Ver, por exemplo, J. F. Reid, "Learning to Think about Reading", *Educational Research*, 1966, 9, pp. 56-62; e D. R. Olson, "'See! Jumping!' Some Oral Antecedents of Literacy", *in* H. Goelman, A. Oberg e F. Smith (orgs.), *Awakening to Literacy*, London: Heinemann Educational, 1984.

8. O modo intelectual transcendente

1. M. Hughes, *Children and Number: Difficulties in Learning Mathematics*, Oxford: Basil Blackwell, 1986. O trabalho citado foi realizado por Miranda Jones e está relatado em sua totalidade *in* M. Jones, "Children's Written Representations of Number and Arithmetical Operations", dissertação de mestrado não publicada, University of Edinburgh, 1981.

2. Fica evidente, como diz Martin Hughes, que uma criança que pense assim está totalmente despreparada para aprender álgebra. Para se ser justo, é preciso acrescentar que a criança que fez essa recomendação específica tinha apenas sete anos. No entanto, o estudo conduzido por M. Behr, S. Erlwanger e E. Nichols ("How Children View the Equals Sign", *Mathematics Teaching*, 1980, 92, pp. 13-15) cobriu a faixa etária dos seis aos doze. Resultados semelhantes foram obtidos por A. Stallard ("Children's Understanding of Written Arithmetical Symbolism", dissertação de mestrado não publicada, University of Edinburgh, 1982) cujos alvos incluíam crianças de até dez anos e seis meses que freqüentavam uma escola de classe média.

3. Ele também sugere alguns jogos específicos que podem ser muito valiosos para ajudar as crianças pequenas a começarem bem.

4. J. S. Bruner e H. J. Kenney, "Representation and Mathematics Learning", *Monographs of the Society for Research in Child Development*, 1965, 30 (1), pp. 50-59.

5. A. N. Whitehead, *Science and the Modern World*, London: Free Association Books, 1985, p. 33. (Publicado pela primeira vez em 1926.)

6. G. T. Kneebone, *Mathematical Logic and the Foundations of Mathematics*, London: Von Nostrand, 1963.

7. J. Piaget e B. Inhelder, *La Genèse de l'idée de hasard chez l'enfant*, Paris: Presses Universitaires de France, 1951.

8. Às vezes eram permitidos pares contendo dois cartões da mesma cor (os dois azuis, ou a cor que fosse), e às vezes não.

9. Baseei a exposição desse parágrafo nas minhas próprias observações não publicadas; mas elas apresentam uma concordância quase perfeita com o que Piaget e Inhelder concluíram. Eles relatam ter estimulado as crianças de oito anos para cima a "*trouver un truc pour être sûrs de les avoir tous*" (ou seja, "descobrir um meio de ter certeza de ter conseguido todos"). Eu não dei nenhum incentivo explícito dessa ordem, mas as crianças que estudei geralmente faziam a tentativa do mesmo jeito.

10. J. Piaget, "Intellectual Evolution from Adolescence to Adulthood", *Human Development*, 1972, 15, pp. 1-12.

11. J. Piaget, *Logic and Psychology*, Manchester: Manchester University Press, 1953. Uma exposição correta, equilibrada e crítica da obra de Piaget pode ser encontrada no livro de Margaret Boden, *Piaget* (London: Fontana, 1979). Ver, em especial, o capítulo intitulado "Logic in Action". O livro de Brian Rotman, *Jean Piaget: Psychologist of the Real* (Hassocks, Sussex: Harvester Press, 1977), também é valioso, particularmente no tocante às idéias de Piaget acerca da natureza da matemática.

12. Essa obra não foi publicada.

13. G. Frege, na introdução a *The Foundations of Arithmetic* (Oxford: Basil Blackwell, 1986), tece comentários sobre o que E. Schröder chamou de "Axioma da Estabilidade Simbólica" que, nas palavras de Schröder, "nos garante que, em todos os nossos argumentos e deduções, os símbolos permanecem constantes na

nossa memória – ou preferivelmente no papel". Frege é sarcástico com relação a Schröder por tratar esse ponto como um axioma, confundindo, assim, "os elementos de prova com as condições mentais e físicas a serem cumpridas se se quiser provar alguma coisa". E é claro que Frege está certo. No entanto, como pré-requisito psicológico para o raciocínio lógico, seria difícil exagerar a importância da "estabilidade simbólica".

14. Hughes, *Children and Number.* Ver também Jones, "Children's Written Representations of Numbers and Arithmetical Operations".

Segunda Parte: Amplitude e equilíbrio na maturidade

9. Os modos intelectuais e de percepção de valor: uma perspectiva histórica

1. Observe-se, porém, que enquanto indivíduos a maioria de nós talvez não seja, afinal de contas, assim tão desequilibrada – e isso não em decorrência de um desenvolvimento emocional avançado mas, sim, por falta de desenvolvimento intelectual. São apenas alguns entre os milhões do planeta cujos intelectos são a fonte do poder que a ciência e a tecnologia nos proporcionam. Os restantes têm somente um poder derivado. Mesmo assim, o poder derivado ainda é imenso. Um presidente ou primeiro-ministro cujo intelecto possa não ser, em hipótese alguma, extraordinário, não é por isso impedido de dar a ordem para que se aperte um botão. E, para recorrer a um caso mais comum, nenhum talento intelectual notável é necessário para se passar no teste para motorista. No entanto, depois de passar por esse teste, somos legalmente contemplados com o poder de dirigir uma máquina veloz e extremamente perigosa. Assim, o desenvolvimento intelectual de alguns proporcionou um vasto poder derivado para a maioria. Portanto, mesmo que esses poucos tivessem exatamente o mesmo desenvolvimento emocional e moral que têm sob o aspecto inte-

lectual, restaria ainda o problema de se conseguir o uso adequado e prudente do nosso poder derivado.

2. Uma forma de restaurar o equilíbrio consistiria, naturalmente, em podar o intelecto e voltar a algum estilo de vida "mais simples". Essa é, porém, uma solução muito negativa. Além disso, é muito pouco provável que se recorra a ela, a menos que uma devastadora catástrofe ecológica nos forçasse a isso.

3. J. M. Plumley, "The Cosmology of Ancient Egypt" *in* C. Blacker e M. Loewe (orgs.), *Ancient Cosmologies*, London: George Allen & Unwin, 1975.

4. H. R. Ellis Davidson, "Scandinavian Cosmology" *in* Blacker and Loewe (orgs.), *Ancient Cosmologies*, p. 182.

5. Plumley, "The Cosmology of Ancient Egypt".

6. Expressão contida numa fórmula encantatória extraída dos Coffin Texts, citada por Plumley, "The Cosmology of Ancient Egypt", p. 25.

7. A. N. Whitehead, *Science and the Modern World*, London: Free Association Books, 1985, p. 238.

8. E. Cassirer, *An Essay on Man*, New Haven: Yale University Press, 1944, p. 92.

9. C. B. Boyer, *A History of Mathematics*, Princeton, New Jersey: Princeton University Press, 1985, p. 5. (Publicado pela primeira vez em 1968.) G. G. Joseph (*The Crest of the Peacock: Non-European Roots of Mathematics*, London e New York: I. B. Tauris, 1991) fornece algumas explicações com detalhes úteis de como os cálculos egípcios eram efetuados. Ele acredita haver provas de sinais iniciais do que ele chama de "álgebra retórica" – ou seja, um raciocínio algébrico sem um sistema de símbolos no qual se expressasse. Boyer também acredita que certos problemas no papiro de Ahmes são algébricos já que de fato eles exigem a solução de equações do primeiro grau contendo incógnitas. E os dois autores tecem comentários sobre outro documento, o papiro de Moscou, datado de cerca de 1890 a.C. Esse revela que os egípcios dispunham de um método para calcular o volume de uma pirâ-

mide truncada, que está de acordo com a fórmula moderna. Não se sabe como se chegou a esse método antigo.

10. O. Neugebauer, *The Exact Sciences in Antiquity*, New York: Harper and Row, 1962. (Publicado pela primeira vez em 1952.)

11. *Ibid.*, p. 42.

12. K. Ward, *Images of Eternity*, London: Darton, Longman and Todd, 1987.

13. Uma introdução à vida e à obra de São João da Cruz, acompanhada de uma coletânea de seus escritos, está no livro de K. Kavanaugh, *John of the Cross*, London: SPCK, 1987, e Mahwah, New Jersey: Paulist Press, 1987. As citações que se seguem são das páginas 106-107, 119, 139 e 100 respectivamente.

14. Ward, *Images of Eternity*, p. 3.

15. P. Toynbee, *Toward the Holy Spirit*, London: SCM Press, 1982.

16. Ward, *Images of Eternity*, p. 130.

17. *Ibid.*, p. 115.

18. *Ibid.*, pp. 157 e 159.

10. Os modos e o advento da ciência

1. Deanna Kuhn e colaboradores estudaram o desenvolvimento do pensamento científico em crianças em crescimento nos Estados Unidos nos nossos dias. Sua principal conclusão é a de que a competência depende de fazer uma distinção clara e consciente entre a teoria e as evidências antes de uni-las numa "coordenação ideal" que suprimirá os efeitos desvirtuadores das preferências ou preconceitos pessoais. Kuhn *et al.* concluem dos seus estudos que as técnicas envolvidas "são fracas entre as crianças antes da adolescência... revelam algum desenvolvimento entre a média infância e a idade adulta, mas... permanecem num nível de desenvolvimento longe do ótimo, mesmo entre adultos". Ver D. Kuhn, E. Amsel e M. O'Loughlin, *The Development of Scientific*

Thinking Skills, New York: Academic Press, 1988. A citação deste parágrafo é da página 220.

2. A. C. Crombie, *Augustine to Galileo: Science in the Middle Ages* (2. vols.), Harmondsworth: Peregrine Books, 1969, vol. 1, p. 40. (Publicado pela primeira vez em 1952.)

3. K. Ward, *Images of Eternity*, London: Darton, Longman and Todd, 1987. Seria possível questionar-se se o modo dominante entre os séculos IX e XII não teria sido o modo do construto básico em vez do modo do construto de percepção de valor. Creio ter sido este último, pelo motivo de que tentativas de explicação parecem ter sido energicamente criticadas, como revelará a parte seguinte da argumentação.

4. Crombie, *Augustine to Galileo*, vol. 1, p. 35.

5. Citado por Brian Stock a partir de um comentário do século XII sobre a *Eneida* de Virgílio, atribuído a Bernard Silvester. Ver B. Stock, *Myth and Science in the Twelfth Century*, Princeton, New Jersey: Princeton University Press, 1972.

6. Citado por Brian Stock, *Myth and Science in the Twelfth Century*, p. 41. No entanto, essa citação pode ser até certo ponto pouco representativa do pensamento de Erigena, mesmo que não o seja dos modos predominantes. Sua grande obra filosófica *De divisione naturae* deixa claro que ele próprio estava longe de ver o pensamento racional sobre a natureza das coisas como uma atividade a ser evitada.

7. C. B. Boyer, *A History of Mathematics*, Princeton, New Jersey: Princeton University Press, 1985, p. 276. O matemático italiano ao qual é feita referência é Leonardo de Pisa, conhecido como "Fibonacci". Deveria ser acrescentado à avaliação de Boyer que Leonardo havia tido um professor muçulmano e recebeu forte influência dos métodos arábicos. Ele é mais bem lembrado por ter introduzido os algarismos hindu-arábicos na Europa.

8. Apesar da variedade das fontes, a idéia de aceitação comum de que o Renascimento na Europa foi atribuível exclusiva, ou mesmo principalmente, a uma recuperação do antigo conhecimento helenístico é nitidamente enganosa. George

Gheverghese Joseph salienta esse ponto no seu livro *The Crest of the Peacock: Non-European Roots of Mathematics* (London e New York: I. B. Tauris, 1991). Ele considera essa crença apenas uma manifestação de uma tendência geral por parte dos europeus no sentido de adotar uma visão eurocêntrica da história do conhecimento. Ele sem dúvida tem razão quanto ao fato de essa tendência ser forte e de precisar ser corrigida. No entanto, muitos outros estudiosos reconheceram as contribuições de grandes civilizações, como as da Babilônia, da Índia e da China. Charles Everitt, por exemplo, escrevendo sobre álgebra para a *Encyclopaedia Britannica,* décima primeira edição, reconhece as contribuições extraordinariamente impressionantes dos matemáticos indianos para o desenvolvimento desse tema. E Boyer (em *A History of Mathematics*) sem dúvida não a ignora, nem reduz sua importância.

9. Crombie, *Augustine to Galileo*, vol. 1, p. 45. Outro tradutor foi Michael Scot, um filósofo e matemático escocês que, depois de aprender o árabe em Toledo, mudou-se para a corte de Frederico II na Sicília, onde foi incentivado a traduzir Aristóteles. Ele também escreveu suas próprias obras sobre a astrologia e a alquimia, e conquistou grande reputação como mágico.

10. Sou grata a Rosalind Mitchinson por salientar que, durante esse período, um considerável esforço intelectual foi dedicado a questões legais, especialmente ao direito canônico.

11. A. N. Whitehead, *Science and the Modern World*, London: Free Association Books, 1985. (Publicado pela primeira vez em 1926.)

12. H. Butterfield, *The Origins of Modern Science*, London: G. Bell and Sons Ltd, 1949, p. 7. Butterfield também ressalta que surgiram, tanto em Oxford quanto em Paris no século XIV, escolas de pensamento que criticavam aspectos da doutrina aristotélica. E os intelectuais envolvidos, homens como Jean Buridan e Nicole D'Oresme, previram algumas das profundas mudanças nas concepções do universo que estavam por vir. Nicole chegou a sugerir que o universo talvez se revelasse uma espécie de relógio,

posto em funcionamento por Deus, sem dúvida, mas depois deixado a funcionar sozinho. Essa tradição de pensamento perdurou sem interrupção até o século XVI; e acredita-se que ela teria sido do conhecimento de Leonardo e de Galileu. Ver também Crombie, *Augustine to Galileo*, vol. 2, para uma análise da teoria de Buridan do *impetus*, que se antecipou a Newton sob importantes aspectos.

Paul Harris sugere que foi tão difícil superar as idéias de Aristóteles com relação ao movimento em decorrência de como essas idéias se harmonizavam com o senso humano. (Harris, comunicação pessoal.) Quanto ao tema do senso humano, veja a página 132 deste livro.

13. Butterfield, *The Origins of Modern Science*, p. 5. Observe-se que o que Galileu imaginou era, em termos estritos, impossível no mundo físico; no entanto, essa idéia acabou por revelar-se de grande pertinência para uma compreensão do mundo físico.

14. Crombie, *Augustine to Galileo*, vol. 1.

15. F. A. Yates, *The Rosicrucian Enlightenment*, Frogmore, St Albans: Paladin, 1975. (Publicado pela primeira vez em 1972.) Ver também M. L. Righini Bonelli e W. R. Shea, *Reason, Experiment and Mysticism in the Scientific Revolution*, London e Basingstoke: The Macmillan Press, 1975.

16. Yates, *The Rosicrucian Enlightenment*, p. 75.

17. *Ibid.*, pp. 139 *et seq.*

18. G. Naudé, *Apologie pour les grands hommes soupçonés de Magie*, Paris, 1625.

19. A. Baillet, *La vie de Monsieur Descartes*, Paris, 1691.

20. Yates, *The Rosicrucian Enlightenment*, p. 231.

21. *Ibid.*, p. 232.

22. Crombie, *Augustine to Galileo*, vol. 1, p. 181.

23. Ver, por exemplo, R. S. Westfall, "Alchemy in Newton's Career", e P. Casini, "Newton, a Sceptical Alchemist" *in* Righini Bonelli e Shea, *Reason, Experiment and Mysticism.*

24. Butterfield, *The Origins of Modern Science*, p. 24.

25. P. Rossi, "Hermeticism, Rationality and the Scientific Revolution" *in* Righini Bonelli e Shea, *Reason, Experiment and Mysticism.*

26. *Ibid.*, p. 270.

27. B. Barnes, *About Science*, Oxford: Basil Blackwell, 1985.

28. *Ibid.*, p. 66.

11. Os modos avançados após o iluminismo

1. P. Redondi, *Galileo Heretic*, London: Allen Lane The Penguin Press, 1988. (Publicado pela primeira vez em 1983.)

2. R. Descartes, *A Discourse on Method*, London: J. M. Dent and Sons, 1912, Part IV, primeiro parágrafo. (Publicado originalmente em francês em 1637.)

3. Bernard Le Bovier de Fontenelle, *The Utility of Mathematics*, Paris: Collected Works, 1790. A citação pode ser encontrada em H. Butterfield, *The Origins of Modern Science*, London: G. Bell and Sons Ltd, 1949, p. 173.

4. Não é minha intenção sugerir que isso fosse algo de novo sobre a face da terra. Sociedades seculares existiram em todos os tempos e lugares, como nos lembra Mary Douglas (*Natural Symbols*, London: Barrie and Rockliff, 1970). Tratava-se, no entanto, de uma novidade na Europa, em contraste com muitos séculos anteriores a esse.

5. W. Law citado *in* Bullett, *The English Mystics*, London: Michael Joseph, 1950, p. 150.

6. W. Wordsworth, *The Prelude* (edição de 1850). As citações seguintes são do Book II, ll. 302-337, 357-358, 213-215 e 216-219, respectivamente.

7. C. Darwin, *Autobiography*, London: Collins, 1958. Essa e as citações seguintes são das páginas 91, 138 e 139, respectivamente.

8. Adrian Desmond (*The Politics of Evolution*, Chicago e London: University of Chicago Press, 1989) fornece uma exposição detalhada e muito interessante de como, nas décadas anterio-

res à publicação de *A origem das espécies*, as idéias da evolução eram defendidas com veemência por uns e repudiadas e condenadas com igual veemência por outros, por motivos que estavam mais relacionados à convicção política do que às provas científicas ou aos argumentos racionais. Ele chega à conclusão geral de que "as doutrinas biológicas rivais na década de trinta estavam incorporadas a estratégias comerciais e políticas a longo prazo, fosse para conquistar privilégios, fosse para mantê-los" (p. 23). Na minha terminologia, isso equivale a dizer que os modos linear e do construto básico estavam influenciando os debates com muita energia, como costuma acontecer já que é difícil mantê-los excluídos. Darwin tinha tanta consciência disso tudo que, segundo Desmond, postergou a publicação da sua obra principal por cerca de vinte anos, com receio do ostracismo social.

9. A. Alland, Jr, *Human Nature: Darwin's View*, New York: Columbia University Press, 1985. Essa citação encontra-se à página 173. As duas seguintes são das páginas 176 e 181, respectivamente. Todas foram extraídas de *The Descent of Man*.

10. Paul Davies fornece exposições claras de algumas das conclusões perturbadoras que surgiram. Veja, em especial, seu capítulo "The Nature of Reality" *in Other Worlds: Space, Superspace and the Quantum Universe*, London: Sphere Books, 1982. (Publicado pela primeira vez em 1980.)

11. A. N. Whitehead, *Science and the Modern World*, London: Free Association Books, 1985, p. 45. (Publicado pela primeira vez em 1926.)

12. Davies, *Other Worlds*, p. 122.

13. E. Wigner, *Symmetries and Reflections*, Bloomington e London: Indiana University Press, 1967, p. 172. Eugene Wigner passa a se perguntar como o materialismo pôde ser aceito tanto tempo pela maioria dos cientistas. Sua resposta consiste em que talvez se trate de uma necessidade emocional de exaltar o problema ao qual se dedicou toda uma vida. Ele acrescenta a sugestão de que "o principal problema já não é a luta contra a adversidade da

natureza, mas a dificuldade de compreender a nós mesmos se quisermos sobreviver" (p. 177).

14. Davies, *Other Worlds*, p. 75.

15. Um desdobramento inquietante é a tendência no sentido de uma espécie de popularização que estende as novas idéias para muito além da esfera subatômica, sem fazer nenhum esforço sério para justificar essa atitude. T. N. Griffiths escreve, por exemplo: "O caráter somente adquire significado dentro de uma visão de mundo quântica, não-mecanicista, na qual o mundo é para nós indeterminado." E ainda: "O ambiente modificado irá salientar e revelar de modo imprevisível novas características da personalidade dos outros e de cada um (*Uncertainty Principle* de Heisenberg), sobre as quais nós então faremos outras escolhas entre respostas possíveis." As duas citações são de "Teaching and Learning the Trinity-Unity Model of Man", *Holistic Medicine*, 1988, 3, pp. 175-184.

16. W. James, *The Varieties of Religious Experience*, London e New York: Longmans, Green, 1902. Essa citação é da página 491. As que se seguem estão às páginas 519, 122, 47 e 110, respectivamente.

12. Lidando com as emoções: alguns métodos ocidentais

1. Ver S. Vosniadou e W. F. Brewer ("Theories of Knowledge Restructuring in Development", *Review of Educational Research*, 1987, 57, pp. 51-67) para uma análise do tipo de aprendizado ou de "reestruturação do conhecimento" que o segundo exemplo impõe. Para uma análise geral, ver também S. Carey, *Conceptual Change in Childhood*, Cambridge, Massachusetts: MIT Press, 1985.

2. L. Thomas, *The Medusa and the Snail*, Harmondsworth, Middlesex: Penguin Books, 1981, p. 15. (Publicado pela primeira vez em 1979.)

3. M. Milner, *A Life of One's Own*, London: Virago, p. 71, 1986. (Publicado pela primeira vez em 1934 sob o pseudônimo de Joanna Field.)

4. Freud acreditava que os mecanismos de defesa entravam em operação entre os dois e os cinco anos de idade. Veja S. Freud, *Analysis Terminable and Interminable* (1937, Standard Edition, vol. 23), onde ele reconhece o preço que freqüentemente temos de pagar pelos poucos benefícios que eles proporcionam.

5. Ver H. S. Hughes, *Consciousness and Society*, Brighton: Harvester Press, 1979. (Publicado pela primeira vez em 1958.) As afirmações sobre a virtude e o pecado, e a natureza e a história são de Taine. Hughes não informa a fonte exata.

6. T. Nagel, *The View from Nowhere*, Oxford: Oxford University Press, 1986, p. 191.

7. B. Bettelheim, *The Informed Heart*, Harmondsworth, Middlesex: Penguin Books, 1986, p. 16. (Publicado pela primeira vez em 1960.)

8. M. Milner, *A Life of One's Own*.

9. W. James, "What is an Emotion?", *Mind*, 1884, 9, pp. 188-205.

10. Na sua grande maioria, a origem desses acontecimentos é a experiência do indivíduo. Alguns, porém, podem ter origens mais profundas na experiência da raça – ou, em todo caso, há quem acredite que isso seja possível.

11. Não cabe aqui enveredar por nenhuma argumentação sobre os respectivos papéis da linguagem e das imagens no pensamento. Esse tema já foi muito debatido, mas creio que ninguém duvidaria de que as duas têm uma função a desempenhar. Todos nós podemos, sob certas circunstâncias – geralmente quando estamos vivenciando uma emoção forte – descobrir que "não encontramos palavras" ou que "não conseguimos exprimir algo em palavras". Podemos ainda nos descobrir a dizer coisas das quais mais tarde vamos nos arrepender. Portanto, às vezes é a emoção que controla a fala, não o contrário. Da mesma forma, algumas pessoas podem calar-se em decorrência da timidez, da falta de confiança

em si mesmas ou do estresse de alguma ocasião extraordinariamente intimidante. E todos nós cometemos uma certa quantidade de "lapsos", ou seja, todos nós dizemos, eventualmente, coisas que não queríamos dizer. Como Freud percebeu, esses lapsos não são apenas divertidos. Eles podem revelar aspectos das nossas mentes que relutamos em conhecer explicitamente; e, sem dúvida, indicam que o controle consciente da fala tem suas limitações. K. W. Fischer, P. R. Shaver e P. Carnochan ("How Emotions Develop and How they Organize Development", *Cognition and Emotion*, 1990, 4, pp. 81-127) dão exemplos, com base em pesquisas empíricas, do que eles chamam de "*scripts* adultos" para as emoções. Um *script* consiste em "antecedentes", "reações" e "procedimentos de autocontrole". As emoções exemplificadas no trabalho são a raiva e a alegria. No caso da raiva, os procedimentos de autocontrole constituem-se em tentativas no sentido de "reprimir ou ocultar a raiva, ou ainda redefinir ou eliminar a situação para que a raiva não mais se aplique". No caso da alegria, o autocontrole não é considerado, tipicamente, uma questão de importância. Mesmo assim, "a repressão da alegria no interesse do decoro ou de evitar a inveja é possível". Portanto, sob esse aspecto, os adultos americanos dos nossos dias não são assim tão diferentes da heroína de Jane Austen. Fischer e seus colaboradores observam, porém, que os participantes da pesquisa podem ter feito "tentativas sutis ou menos freqüentes no sentido de controlar as emoções positivas", apesar de não mencioná-las.

12. Os pensamentos "ocorrem-nos", "brotam" e até "passam pela nossa cabeça". Os pensamentos também divagam. No entanto, por outro lado, eles podem se tornar obsessivos, difíceis para a pessoa se livrar deles. Eles podem nos perseguir e nos atormentar. Uma questão pertinente é a de saber de onde vêm as perguntas. Pois as perguntas são cruciais para a orientação do pensamento, desde as suas formas mais primitivas às mais sofisticadas. Às vezes sabemos muito bem de onde vêm nossas perguntas, mas nem sempre. Por exemplo, programas de investigação científica, por mais sistemáticos e elaborados que sejam, dependem para seu

sucesso da geração de boas hipóteses, que são de fato perguntas. Não dispomos, entretanto, de nenhuma fórmula que possamos aplicar para produzi-las. As hipóteses encontram-se entre os tipos de idéia que costumam nos "ocorrer subitamente". Elas vêm a nós, mas nós não sabemos de onde, ou como garantir sua chegada. Algumas mentes parecem gerá-las com maior facilidade do que outras. Chamamos essas mentes de criativas.

13. R. Ainsworth, "The Ugsome Thing" *in Ten Tales of Shellover*, London: André Deutsch, 1963.

14. Para ter uma idéia de como é usada a terapia cognitiva, ver por exemplo J. Scott, J. M. G. Williams e A. T. Becj (orgs.), *Cognitive Therapy in Clinical Practice: An Illustrative Casebook*, London e New York: Routledge, 1989.

15. Freud, *Analysis Terminable and Interminable*, 1937, Standard Edition, vol. 23, pp. 229-230.

16. Bettelheim, *The Informed Heart*. As citações a seguir são das páginas 18, 19, 20 e 27, respectivamente.

17. G. Jantzen, *Julian of Norwich: Mystic and Theologian*, London: SPCK, 1987, pp. 184-185.

13. Lidando com as emoções: alguns métodos budistas

1. Ou então, se *ganhar* o jogo passa a ser o que importa, elas permanecem no modo linear, mas com uma mudança de foco que as afasta temporariamente da fonte de tristeza. O livro de Paul Harris *Children and Emotion* (Oxford: Basil Blackwell, 1989) apresenta uma exposição valiosa de quando e como as crianças chegam a desenvolver algum *insight* sobre suas próprias emoções, sobre as emoções de outras pessoas e sobre o modo pelo qual elas interagem. Ele apresenta um panorama das pesquisas sobre esses tópicos, muitas das quais realizadas por ele e seus colaboradores.

2. R. Kipling, "How the Camel Got his Hump", *in Just So Stories*, Harmondsworth: Penguin Books, 1988. (Publicado pela primeira vez em 1902.)

3. A. N. Whitehead, *Science and the Modern World*, London: Free Association Books, 1985. (Publicado pela primeira vez em 1926.)

4. A pesquisa realizada por Harris e Guz está relatada em Harris, *op. cit. Children and Emotion*, pp. 161 *et seq.*, e em P. L. Harris e G. R. Guz, "Models of Emotion", trabalho não publicado, Departament of Experimental Psychology, University of Oxford, 1986.

5. H. Saddhatissa, em *The Buddha's Way* (London: George Allen & Unwin, 1971), fornece uma explanação extraordinariamente acessível (embora confiável) do que Buda "pretendia", para usar suas próprias palavras. Sou muito grata a Tom Thorpe por me ter dado um exemplar dessa obra quando soube que eu estava tentando compreender o budismo.

6. A. W. Watts, *The Way of Zen*, Harmondsworth, Middlesex: Penguin Books, 1962. (Publicado pela primeira vez em 1957.)

7. O termo comumente traduzido como "sofrimento" é *dukkha*. Paul Griffiths (*On Being Mindless*, La Salle, Illinois: Open Court, 1986, p. 150) sugere "insatisfação" como uma boa alternativa. Watts (*The Way of Zen*, p. 66) propõe "frustração" ou "amargor".

8. Watts, *The Way of Zen*, p. 67.

9. Griffiths, *On Being Mindless*, p. 15.

10. W. L. King, *Theravada Meditation: The Buddhist Transformation of Yoga*, University Park e London: The Pennsylvania State University Press, 1980, p. 92.

11. E. Fromm, "Psychoanalysis and Zen Buddhism" *in* D. T. Suzuki, E. Fromm e R. de Martino, *Zen Buddhism and Psychoanalysis*, New York: Grove Press, 1963. Fromm afirma serem íntimas as ligações entre o zen e a psicanálise; mas, embora ele tenha muitas coisas interessantes e pertinentes a dizer, não creio que seja totalmente convincente ao defender a idéia.

12. King, *Theravada Meditation*, p. 34.

13. Isso não é de modo algum exclusivo ao budismo. O cristão que renuncia ao mundo muitas vezes age assim na esperança de alcançar o paraíso.

14. King, *Theravada Meditation.*

15. O termo "ausência de consciência" é o que Paul Griffiths usa. A dificuldade de distinguir entre o estado máximo de cessação e a morte foi reconhecida e muito debatida. Parece considerar-se que somente aqueles processos automáticos essenciais à vida permanecem. Mais uma vez, é necessário salientar a diversidade do budismo. Há muitas ramificações para as quais a "cessação" não é, e nunca foi, considerada uma realização suprema. Mesmo assim, Buddhaghosa, que afinal de contas foi escolhido por Keith Ward como uma figura impecavelmente ortodoxa, lhe atribuía grande valor. Portanto, não podemos meramente descartá-la como uma simples aberração.

16. Tenho consciência de ter praticamente passado ao largo da célebre escola maaiana do norte da Índia. No entanto, este livro não é uma história do budismo e, até onde vai minha compreensão, não omiti nada que fosse de grande pertinência ao assunto tratado aqui.

17. D. T. Suzuki, "Lectures on Zen Buddhism" *in* Suzuki, Fromm e De Martino, *Zen-Buddhism and Psychoanalysis*, pp. 52 *et seq.*

18. Sokei-an Sasaki é citado por Watts em *The Way of Zen*, à p. 141. Watts fornece a fonte original como sendo "The Transcendental World", *Zen Notes*, vol. 1, nº 5, New York: First Zen Institute of America, 1954.

19. Watts, *The Way of Zen*, p. 140.

20. Ver Saddhatissa (*The Buddha's Way*, p. 83.), que fala da crença do budismo theravadin de que, após quatro experiências de consciência do Caminho, atinge-se a libertação total ou a iluminação. Não sei por que o quatro é visto como o número crítico.

21. Suzuki, "Lectures on Zen Buddhism", p. 16.

22. Watts, *The Way of Zen.* Essa citação e as que se seguem são dos capítulos 2 e 3.

23. King, *Theravada Meditation*, p. 122.

24. Saddhatissa (*The Buddha's Way*, pp. 54 *et seq.*) adverte, porém, para o perigo de se ser "objetivo" ou "mecanicista" em

excesso. Devemos ficar distanciados e alerta, observando calmamente, "permitindo que cada estado venha e vá sem obstáculos". No entanto, não devemos pensar em nós mesmos como objetos. E devemos nos incluir na "*metta*" – ou amor e ternura – que devemos sentir por todos os outros dentro do código da moral budista.

25. K. Ward, *Images of Eternity*, London: Darton, Longman and Todd, 1987. As citações são das páginas 63 e 69.

26. Segundo algumas tradições, a meditação se distingue da "concentração" e/ou da "contemplação"; mas com freqüência no emprego moderno essas distinções não são feitas, e a palavra "meditação" veio a servir como um termo geral. É assim que o usarei.

27. E. Wood, *Yoga*, Harmondsworth, Middlesex: Penguin Books, 1962, p. 76.

28. Griffiths, *On Being Mindless.*

29. J. Blofeld, *The Tantric Mysticism of Tibet*, London: George Allen 7 Unwin, 1970.

30. Para um panorama da pesquisa sobre o assunto, ver M. A. West (org.), *The Psychology of Meditation*, Oxford: Clarendon Press, 1987. De acordo com Michael West – e outros colaboradores – não há nenhuma comprovação sólida de que a meditação reduza os efeitos fisiológicos do estresse, como costumam alegar que ela faça, especialmente aqueles que procuram "vendê-la" hoje em dia. West argumenta, porém, que a pesquisa se concentrou demasiadamente na procura de mudanças rápidas dessa natureza durante a prática da meditação, em vez de investigar a possível ocorrência de mudanças a longo prazo naqueles que meditam com regularidade.

31. E. Pagels, *The Gnostic Gospels*, Harmondsworth, Middlesex: 1982, p. 141. (Publicado pela primeira vez em 1979.) Pagels apresenta uma extensa discussão desse aspecto do gnosticismo. Ela acredita que outras ramificações da igreja cristã primitiva se sentiam extremamente ameaçadas pela atribuição de tanta confiança à experiência pessoal em vez de às fontes de revelação. Ela também mostra que os textos de Nag Hammadi contêm instru-

ções para práticas de meditação como técnica para um movimento no sentido da iluminação.

32. Wood, *Yoga*, p. 225. É claro que os budistas não fazem relatos desse tipo de experiência unitiva em termos do "eu", mesmo escrito com letra maiúscula. Para eles, o ideal é a perda do eu. No entanto, a experiência transcendente parece ser muito semelhante, ao que se possa dizer.

33. Platão, *A República*, VII.

34. *A República*, VI, 510.

35. *A República*, VI, 508 e 509.

36. I. Murdoch, *The Sovereignty of Good over Other Concepts*, Cambridge: Cambridge University Press, 1967, pp. 21-22.

37. Platão, *Philebus*, 52c.

38. I. Murdoch, *The Fire and the Sun: Why Plato Banished the Artists*, Oxford: Clarendon Press, 1977.

14. Experiências de percepção de valor: alguns indícios contemporâneos

1. D. Hay, *Exploring Inner Space* (2nd edition), London e Oxford: Mowbray, 1987.

2. M. Laski, *Ecstasy: A Study of Some Secular and Religious Experiences*, London: The Cresset Press, 1961. Laski reconhece sua condição de pesqüisadora amadora, mas ela dispõe de um intelecto aguçado e um escrupuloso respeito pela investigação empírica. Seu estudo é de grande valor. No entanto, deve-se ter em mente que os participantes formaram uma amostra muito pouco representativa da população.

3. D. Hay, "The Bearing of Empirical Studies of Religious Experience on Education", *Research Papers in Education*, 1990, 5, pp. 3-28. A citação é da página 15. O exemplo foi extraído dos arquivos do Alister Hardy Research Centre. Esses arquivos contêm mais de 5.000 relatos enviados em resposta a pedidos feitos através dos meios de comunicação de massa.

4. G. Ahern, *Spiritual and Religious Experience in Modern Society: A Pilot Study*, Oxford: The Alister Hardy Research Centre, 1990. O próprio Ahern salienta que esse foi um estudo piloto. A amostragem é bem pequena, e os resultados deveriam ser tratados com cautela.

5. Como disse David Hay: "Parece haver uma impressão de que a 'sociedade' de algum modo não dá permissão para que essas experiências se integrem à vida normal." E as pessoas ficam secretamente irritadas com isso, como Hay descobriu. Ele solicitou descrições dos tipos de pessoas que jamais relatariam experiências dessa ordem e descobriu o que chama de "catálogo de extraordinária veemência", atribuindo aos que não relatariam qualidades como a apatia, o conformismo, a insensibilidade, a superficialidade, a falta de imaginação e a covardia, entre outras. Foi uma pergunta interessante a fazer. Hay comenta sobre a falta de quaisquer evidências para essas avaliações. Ele as considera um meio de expressar raiva contra a sociedade, por ela não nos permitir reconhecer nossas próprias percepções interiores. Ver Hay, *Exploring Inner Space*, pp. 164-165.

6. Hay também analisa a evidência de vínculos com a educação, passando em revista uma série de estudos que relatam uma ligação estatística. Ele salienta, porém, que existem fatores perturbadores como por exemplo a idade e a raça; já que os negros têm maior propensão do que os brancos a relatar experiências religiosas. Ver *Exploring Inner Space* e o trabalho citado na nota 3.

7. Em *Exploring Inner Space*, Hay observa que a maioria dos participantes dos seus estudos não conseguiu recordar nenhum detonador externo específico, mas que cerca de metade deles estava angustiado ou enfermo na ocasião em que ocorreu a experiência. Há, portanto, uma disparidade aqui.

8. Laski, *Ecstasy*. Esse trecho e o seguinte são das páginas 176 e 183.

9. Ahern, *Spiritual and Religious Experience in Modern Society*.

10. M. Milner, *A Life of One's Own*, London: Virago, 1986. (Publicado pela primeira vez em 1934, sob o pseudônimo de

Joanna Field.) As citações que fiz até agora são das páginas 22, 28 e 31. As que se seguem são das páginas 106 *et seq.*, 123, 150 e 186. Milner reconhece uma série de influências no seu pensamento apesar da sua determinação a encontrar seu próprio caminho. No princípio da sua iniciativa, ela estava impressionada com os ensaios de Montaigne e, especialmente, com sua idéia de que a alma pode se revelar bem diferente do que se supõe que ela seja. (Ver a introdução a *Eternity's Sunrise*, seu livro mais recente – London, Virago, 1987.) Ela também considerou a obra inicial de Piaget sobre a linguagem e o pensamento das crianças útil para a análise das suas próprias formas imaturas de pensar. E foi influenciada pela noção de Freud do inconsciente, embora nesse estágio ela não tenha aprofundado o uso da teoria freudiana. Mais tarde, formou-se psicanalista. Num epílogo a *A Life of One's Own*, Marion Milner procura usar a noção junguiana do "masculino" e do "feminino" em cada um de nós para explicar algumas das suas conclusões. Na minha opinião, entretanto, isso não acrescentou nenhum *insight* valioso.

11. M. Milner, *An Experiment in Leisure*, London: Virago, 1986. (Publicado pela primeira vez em 1937, sob o pseudônimo de Joanna Field.)

12. D. Freedberg (*The Power of Images: Studies in the History and Theory of Response*, Chicago e London: University of Chicago Press, 1989) tem algumas idéias relevantes a apresentar sobre a natureza das nossas reações às imagens e sobre os motivos pelos quais "amamos a arte e a detestamos; damos valor a ela e sentimos medo..." (p. 388). Ele analisa todos os tipos de imagens públicas, não apenas o que comumente chamamos de "arte".

13. Milner, *An Experiment in Leisure*, p. 226.

15. Desejos diferentes e melhores: perspectivas para uma iluminação dual

1. Isso não equivale a negar a existência de limitações decorrentes de deficiências. Por exemplo, é difícil imaginar como até mesmo

Beethoven poderia ter composto sua música se ele tivesse *nascido* surdo. No entanto, ele compôs suas melhores obras apesar de ter ficado surdo. Grande parte das deficiências podem ser superadas.

2. A. N. Whitehead, *The Aims of Education*, London: Ernest Benn, 1936, p. 15. (Publicada pela primeira vez em 1932.)

3. M. Donaldson, *Children's Minds*, London: Fontana, 1978. Para exemplos do conceito como o defino agora, ver o capítulo 6 do presente volume.

4. Ver o ensaio intitulado "Common Sense as a Cultural System" *in* C. Geertz, *Local Knowledge*, New York: Basic Books, 1983. A citação é da página 85.

5. Não pretendo insinuar que o aprendizado deliberado esteja *ausente* nos primeiros anos de vida. A questão é perceber o quanto é realizado espontaneamente nessa fase.

6. Sob esse aspecto, surge uma questão dificílima sobre o ensino segregado em qualquer cultura onde coexistam subgrupos conscientes das suas diferenças acentuadas. Não pode haver nenhuma dúvida de que a diferenciação cultural faz parte do sentido de se possuir uma identidade pessoal segura. A questão, entretanto, consiste em saber se a diferenciação da minoria deveria ser promovida na escola, ou se a escola deveria ter como objetivo unificar a sociedade como um todo. O debate a esse respeito costuma se exacerbar no que diz respeito ao ensino de religião e de história. No entanto, mesmo no ensino de matemática, raramente estão ausentes as influências culturais. O modo do construto intelectual envolve o uso de contextos imaginados. E se houver um descuido ou uma insensibilidade por parte do professor, "simples contas" podem evocar imagens culturais que podem ofender ou minar o sentido de identidade de uma criança. Isso também vale, sem dúvida, para os livros de histórias. E é difícil, para os autores desses livros, a tarefa de permanecer imaginativamente conscientes da extensão do problema. Sou grata a Alison Elliott pela valiosa análise desse tópico.

7. Piaget estava convencido – acertadamente, na minha opinião – de que constitui erro crasso considerar que as crianças são

recipientes passivos de "dados", "estímulos" ou "informações". Essa convicção levou-o a dar ênfase às atividades construtivas da própria criança. Ele na realidade não ignorou totalmente as influências sociais, mas em geral não fez muita referência a elas. Assim, as pessoas em geral, e os educadores em particular, apresentam a tendência a depreender da sua obra a conclusão – totalmente errada a meu ver – de que as crianças, sob todos os aspectos importantes, conseguem encontrar seu próprio caminho.

8. J. S. Bruner, "The Growth of Mind", *American Psychologist*, 1965, 20, pp. 1007-1017. Tive o privilégio de participar, até certo ponto, da pesquisa que Bruner descreve nesse texto.

9. A. N. Whitehead, *The Aims of Education*, p.19.

10. *Yani's Monkeys*, Beijing: Foreign Language Press, 1984. A citação é da introdução intitulada "The Heart of a Child", de autoria de Huang Qingynn. (As páginas não estão numeradas.)

11. *Ibid.* A citação é do prefácio de autoria de Jiang Feng.

12. J.-P. Sartre, *Words*, London: Hamish Hamilton, 1964, p. 30.

13. R. Kipling, *Kim*, London: Macmillan, 1930. (Publicado pela primeira vez em 1908.)

14. "Satire on the Trades" *in* J. B. Pritchard (org.), *Ancient Near-Eastern Texts*, Princeton, New Jersey: Princeton University Press, 1955.

15. Examinei o tópico da alfabetização e do desenvolvimento intelectual em publicações anteriores; ver *Children's Minds*; ver também *Sense and Sensibility: Some Thoughts on the Teaching of Literacy* (Reading: University of Reading, Reading and Language Information Centre, 1989). Parece-me que a *forma pela qual* a alfabetização é feita tem enorme importância – e isso vale desde o início do ensino.

16. H. S. Hughes, *Consciousness and Society: The Reorientation of European Social Thought, 1890-1930*, Brighton: Harvester Press, 1979, p. 27. (Publicado pela primeira vez em 1958.)

17. F. Braudel, *On History*, London: Weidenfeld and Nicolson, 1980, p. 215. (Publicado originalmente em francês em 1969.)

18. Braudel fala da importância também desse aspecto, ao mencionar a obra de Lucien Febvre, "La Religion de Rabelais", na qual Febvre procurou calcular "que gama de palavras, conceitos, raciocínio e sensibilidades" Rabelais teria tido à sua disposição. Observe-se a inclusão de "sensibilidades". Ver Braudel, *On History*, p. 208.

19. P. Rossi, "Hermeticism, Rationality and the Scientific Revolution", *in* M. L. Righini Bonelli e W. R. Shea (orgs.), *Reason, Experiment and Mysticism in the Scientific Revolution*, London: Macmillan, 1975, p. 272.

Índice

Segunda Parte
Amplitude e equilíbrio na maturidade

Impressão e acabamento
CROMOSET
GRÁFICA E EDITORA LTDA.
Rua Uhland, 307 - Vila Ema
CEP: 03283-000 - SP
Tel/Fax: (011) 271.0149 - 271.0324
271.8196 - 216.3325